LA GUÍA COMPRENSIVA DEL ESTUDIANTE PARA LA UNIVERSIDAD

&

Otras Lecciones de Vida

"Qué Esperar & Cómo Tener Éxito"

Por

Valarie R. Austin

LIGHTING UP THE WORLD

Vauboix Publishing LLC

Esta publicación contiene las opiniones e ideas de su autora. Se vende partiendo de la comprensión de que ni la autora o el editor están comprometidos con la prestación de asesoramiento o servicios legales, fiscales, de inversión, financieros, contables u otros. Si el lector requiere tales consejos o servicios, debe consultar a un profesional competente en la materia. Las leyes vigentes varían de estado a estado. Las estrategias descritas en este libro pueden no ser adecuadas para cada individuo y no están garantizadas ni aseguradas para producir ningún resultado en particular.

No se ofrece ninguna garantía con respecto a la exactitud o integridad de la información contenida en este documento, y tanto la autora como el editor se eximen específicamente de cualquier responsabilidad, pérdida o riesgo, personal o de otro tipo, que se incurra como consecuencia, directa o indirectamente, del uso y aplicación de cualquiera de los contenidos de este libro.

La Guía Comprensiva del Estudiante para la Universidad & Otras Lecciones de Vida
© 2019 Valarie R. Austin

Publicado en los Estados Unidos por Vauboix Publishing LLC, 15210 Dino Drive Unit 764, Burtonsville, MD 20866, info@vauboixpublishingllc.com

Datos de Catalogación en la Publicación de la Editorial.

Nombres: Austin, Valarie R., autora.
Título: La Guía comprensiva del estudiante para la universidad & otras lecciones de vida / por Valarie R. Austin.
Descripción: Traducción al español de la guía comprensiva del estudiante para la universidad y otras lecciones de vida
| Incluye referencias bibliográficas e índice. | Burtonsville, MD: Vauboix Publishing, LLC, 2019.
Identificadores: LCCN 2018914641 | ISBN 978-1-7325096-3-4 (pbk.) | 978-1-7325096-4-1 (Kindle)
Temas: LCSH: Orientación para estudiantes universitarios--Estados Unidos--Libros de referencia, manuales, etc. | Estudiantes universitarios--Guías de habilidades para la vida. | Habilidades de estudio. | Éxito. | Estudiantes universitarios--Estados Unidos. | Universidades y colegios--Estados Unidos - Admisión. | Estudiantes de primer año de universidad | Estudiantes universitarios--Psicología. | Logro académico. | Adultos jóvenes. | Edad adulta. | Conducta de la vida. | BISAC: EDUCACIÓN / Superior
Clasificación: LCC LB2343.3 .A97 2019 | DDC 378.1 / 98--dc23

Diseño de portada por germancreative, Fiverr.com y Diseño de Interiores por ankittodi, Fiverr.com y Traducción al Español por Zeina Mirella Barzaga Arencibia
Impreso en los Estados Unidos de América en papel libre de ácido.
Primera edición impresa 2019.

10 9 8 7 6 5 4 3 2 1

SOBRE LA AUTORA

En *La Guía Comprensiva del Estudiante para la Universidad & Otras Lecciones de Vida,* la autora, Valarie Austin, Teniente Coronel (Retirada) comparte su conocimiento sobre la universidad, puesto que se graduó y adquirió cuatro títulos universitarios de cuatro escuelas diferentes. La TC Austin obtuvo su título más reciente de Licenciatura en Ciencias, en la Universidad de Maryland, College Park. También tiene una maestría en Administración Pública de la Universidad de Wisconsin-Milwaukee, una Licenciatura en Ciencias de la Academia Militar de los Estados Unidos, West Point, Nueva York, y un Título Asociado en Ciencias Aplicadas en Redes y Tecnologías Inalámbricas de la Universidad de Montgomery, Rockville, Maryland. En su distinguida carrera, la TC Austin también enseñó liderazgo y ciencias militares como instructora en el programa de Cuerpo de Entrenamiento de Oficiales de la Reserva (ROTC, en sus siglas en inglés) en la Universidad de Georgetown, Washington D.C. Desde su experiencia personal, tiene ideas únicas sobre cómo mantenerse y graduarse de la universidad.

Después de su carrera de servicio en las Fuerzas Armadas, incluida una gira de combate durante la Guerra del Golfo, la TC Austin se retiró con numerosos premios y condecoraciones militares. Actualmente reside en Maryland.

¡Tu opinion importa! Actúe ahora y publique una reseña de un libro en https:// www.amazon.com. Tu opinión ayudará a otros lectores a descubrir este autor y libro. Gracias.

AGRADECIMIENTOS

Me gustaría agradecer a todos aquellos que hicieron posible este libro. Sin ellos, este libro habría seguido siendo solo una mera idea. Primero ante todo, le agradezco al Señor por todas sus bendiciones y luego a los que han estado en mi esquina desde el inicio. Primero, me gustaría agradecer a mis padres, Albertha y Rayward. A pesar de que ya han fallecido, cada uno de ellos sentó las bases para convertirme en la persona que soy hoy en día. Me mostraron la importancia de la educación, la perseverancia en el logro de los objetivos y la confianza para alcanzarlos. En segundo lugar, a mis hermanas del corazón; quiero expresar mi agradecimiento y gratitud a Dawn, Stephanie, Anna, Terrie, Nadine, Raffie, Melody, Robin y Rachel por sus sugerencias y consejos. Me dieron la percepción para ver los conceptos y comportamientos desde otra perspectiva mucho mejor. Tercero, quiero agradecer profundamente a Ben Jr., Ruth S., Deborah, Josephine, Florence, David Sr. y Sylvia por su apoyo y sabiduría en todas las cosas. Aprecio el trabajo de mis lectores beta: Maggie R., Ph.D. y maestra extraordinaria, Dawn, LaChara, Terrence, Anna, Terrie, Raffie, Melody, Deja, Kenneth, Ruth, Asia, Parker y Carolyn. Su aliento y edición de los borradores de mis libros fueron invaluables. A todos mis lectores, gracias por seleccionar este libro para realizar su viaje a través de la universidad. Espero que disfruten leyendo *La Guía Comprensiva del Estudiante para la Universidad & Otras Lecciones de la Vida* tanto como yo disfruté al escribirla.

PREFACIO

La universidad es una experiencia maravillosa para aquellos que pueden asistir a ella; sin embargo, el truco es quedarse y poder graduarse. Al escribir este libro, quería transmitir las lecciones aprendidas de mis experiencias y conocimientos sobre la universidad. Estoy especialmente calificada para brindar asesoramiento sobre la universidad a los que asisten por primera vez a ella. A lo largo de mi vida, obtuve cuatro títulos avanzados: un título de asociado, dos títulos de licenciatura y un título de maestría. Me gradué con un título de asociado del Montgomery College (MC) en Maryland; asistí y obtuve una licenciatura de la Academia Militar de los Estados Unidos (USMA o West Point) en Nueva York; obtuve una segunda licenciatura de la Universidad de Maryland, en el College Park (UMCP); y otra de la Universidad de Wisconsin-Milwaukee (UWM), donde me gradué de master. Por lo tanto, no soy una teórica de libro. Al ir asistiendo a cada escuela, iba adquiriendo una cada vez mayor comprensión de las herramientas necesarias, y que son vitales para que todos los estudiantes se gradúen de la universidad. Mi experiencia como estudiante universitario proporciona esa única perspectiva para definir las claves del éxito en la universidad.

Al investigar para este libro, advertí una profunda falta de información acerca de los temas que deberían abordar la transición entre la escuela secundaria y la universidad, específicamente, las alternativas a la universidad, la preparación para ella y su terminación. Con frecuencia, diferentes libros abordan el tema del ingreso a la universidad, que incluyen escribir ensayos para la universidad, obtener los puntajes apropiados en el Examen de Aptitud Académica (SAT) / SAT, y tomar los cursos adecuados en la escuela secundaria. Otros son gran plétora de libros que analizan los aspectos financieros de la universidad, como la solicitud de subvenciones y préstamos Pell. Por lo tanto, la escasez de libros que hablen exhaustivamente sobre la preparación y permanencia en la universidad hasta la graduación ha sido gravemente perjudicial para los estudiantes universitarios actuales y para los futuros estudiantes de secundaria que quieran ir a la universidad.[1] Cuando un estudiante entra en su primera clase de la universidad, el reloj comienza a correr. Lamentablemente, la ignorancia acerca de la cultura universitaria y los requisitos académicos impiden que muchos estudiantes pasen por la etapa de graduación y reciban su diploma. Tengo la intención de romper el misterio y ayudar a los estudiantes a comprender los mecanismos de la universidad que son esenciales para el éxito.

Entonces, querido estudiante, esto es lo que te propongo: quiero que me veas como un amigo o familiar de confianza que quiere lo mejor para ti y para tu futuro. Ahora, tendrás acceso a mi conocimiento sobre el asistir, graduarme y obtener cuatro títulos universitarios de cuatro escuelas diferentes a lo largo de mi vida. Sin lugar a dudas, poseo una comprensión completa de los pasos necesarios para obtener un diploma universitario en una institución de dos o cuatro años. Aunque me enfoco en el hecho de graduarse de la universidad, también discuto si un título universitario de cuatro años es la mejor opción para algunas personas más que para otras y exploro las posibles alternativas. Sin embargo, la universidad es necesaria cuando no se tienen habilidades, conocimientos o talento comercializables. Si te quedas con este libro hasta el final, te prometo que tendrás adquirirás muchos puntos de vista e ideas sobre la universidad y sobre ti mismo. También quiero resaltar las acciones específicas que deberías considerar para que puedas graduarse de la universidad a tiempo.

Dado que cada universidad es diferente, es completamente imposible para mí cubrir todos los temas dentro del alcance de este libro. Por lo tanto, te encontrarás con el "factor X"- las incógnitas sobre tu experiencia escolar específica. Además, cada individuo es diferente. Ofrezco mi consejo basado en las acciones que me han funcionado y que igualmente deberían funcionar para ti, porque ya tienes el deseo de asistir. A medida que leas los títulos de los capítulos, podrás o leer algunos de los capítulos individualmente o todos ellos, en secuencia, en función de dónde te encuentras en tu trayectoria universitaria. Espero que este libro se convierta en una guía de bolsillo que leas antes de ir a la universidad, que leas mientras estás en la universidad y que transmitas a amigos y familiares que puedan asistir a la universidad después de ti. Los graduados de la escuela secundaria y los estudiantes universitarios actuales deben obtener una gran cantidad de ideas y acciones prácticas para hacer realidad su sueño universitario. Cuando obtengas tu título universitario, tendrás el poder de lograr grandes cosas a través del trabajo arduo, los recursos financieros, un poco de suerte y, con suerte, muchas bendiciones. Te ofrezco mis mejores deseos para ti y tu éxito universitario. Una graduación universitaria a tiempo es el objetivo. Ahora, vamos a alcanzarlo juntos.

TABLA DE CONTENIDOS

CAPÍTULO 1: ¿Es la Universidad Para Ti? 1

Sección A: Costos 5

Sección B: Rendimiento Académico en la Escuela Secundaria . 7

Sección C: Talento, Conocimiento o Habilidades Especializadas
.... 10

Sección D: Trabajar 12

Sección E: Falta de Tiempo 16

CAPÍTULO 2: ¿Es Graduarte de la Universidad tu Meta? ... 21

Sección A: Se Requiere de la Universidad para Carreras
Profesionales 25

Sección B: Preparación para la Universidad 27

Sección C: Matemáticas 33

Sección D: Consideraciones Finales 35

CAPÍTULO 3: Selección de la Universidad 39

Sección A: Investigación de la Universidad 44

Sección B: Universidades Locales 48

Sección C: Universidades Comunitarias 52

Sección D: Instituciones Privadas con Fines de Lucro 58

Sección E: Visitas a la Universidad 63

CAPÍTULO 4: Finanzas 67

Sección A: Matrícula Universitaria 71

Sección B: Becas, Fondos Universitarios, y Otras Fuentes 76

Sección C: Subvenciones y Préstamos 82

Sección D: Cuentas Universitarias y Facturación 97

Sección E: Finanzas Personales 100

Sección F: Tarjetas de Crédito y de Débito 107

CAPÍTULO 5: Finalmente en el Campus............................ **117**

Sección A: Orientación al Estudiante 118

Sección B: Selección de Campo Principal de Estudio 120

Sección C: Asesores Académicos 128

Sección D: Programas de Honores, Pasantías, y Estudios en el
Extranjero 132

CAPÍTULO 6: Registro a Clases **141**

Sección A: Descripciones de los Cursos 142

Sección B: Listas de Espera 144

Sección C: Agregar/Abandonar/Retirarse 145

CAPÍTULO 7: El Salón de Clases **149**

Sección A: Instructores y Auxiliares Docentes..................... 150

Sección B: El Programa de Estudios 153

Sección C: Asistencia a Clases 155

Sección D: Tomar Notas.. 158

Sección E: Lectura.. 163

Sección F: Exámenes.. 165

CAPÍTULO 8: Trabajos y Proyectos................................. **173**

Sección A: Códigos de Honor y Plagio 173

Sección B: Escritura 175

Sección C: Proyectos de Grupo 180

CAPÍTULO 9: Recursos Académicos.................................. 183

Sección A: Horas de Oficina.................................... 185

Sección B: Departamentos Académicos y Otros Recursos
Universitarios 189

Sección C: Recursos en Línea.................................... 190

Sección D: Tutores Pagados 193

CAPÍTULO 10: Cursos Reprobados 197

Sección A: Calificación (es) Reprobada (s)........................ 199

Sección B: Cambiar de Especialidad................................. 201

Sección C: Contarle a tus Padres 204

CAPÍTULO 11: Fuera del Salón de Clases 207

Sección A: Seguridad en el Campus 208

Sección B: Seguridad Personal 209

Sección C: Interacciones en Línea 214

Sección D: Sexo Responsable y Control de la Natalidad 216

Sección E: Autoestima.................................. 221

Sección F: Violación y Agresión Sexual............................ 226

CAPÍTULO 12: Vida Universitaria.................................. 233

Sección A: Conexión Universitaria......................... 234

Sección B: Compañeros de Cuarto.......................... 236

Sección C: Tolerancia 243

Sección D: Aptitud Física 246

Sección E: Dieta 247

Sección F: Salud Mental 251

CAPÍTULO 13: Drogas, Alcohol, y Fumar 259

Sección A: Drogas 261

Sección B: Alcohol 268

Sección C: Fumar 272

CAPÍTULO 14: La Graduación 277

Sección A: Asesoramiento de Salida 277

Sección B: Costos de la Graduación 281

Sección C: Día de la Graduación 283

Sección D: Después de la Graduación 285

Sección E: Conclusión 289

Acrónimos 293

Lista de Figuras 295

Índice 296

Bibliografía 301

Notas 325

CAPÍTULO 1:
¿Es la Universidad Para Ti?

La universidad no es ni accesible, ni para todos. Lamentablemente, es posible que no veas la universidad como una opción porque no tienes el dinero, o no tienes la preparación académica necesaria, o porque simplemente no tienes ganas de asistir o no tienes tiempo. En este capítulo, exploraré las razones por las que puedes pensar que la universidad no es para ti. No pretendo juzgar tu elección. En el Capítulo 2, me gustaría ofrecerte argumentos válidos de que la universidad es necesaria, a menos de que tengas un talento, conocimientos o destrezas comercializables especializadas. El problema con el sistema actual de asistencia a la universidad es que muchos estudiantes no se gradúan a tiempo dentro de su programa de grado de dos o de cuatro años. Además, muchos también se gradúan con una aplastante deuda de préstamos estudiantiles. En los EE. UU., la cantidad de estudiantes que asisten a colegios y a universidades anualmente es asombrosa. Por ejemplo, las estadísticas de otoño de 2014 proyectaron que aproximadamente 21 millones de estudiantes asistieron a una institución de educación superior en todo el país.[2] Con millones de jóvenes adultos matriculados en la universidad, cualquiera esperaría en los EE. UU. un nivel espectacularmente alto de logros educativos, algo así como el 60% o más en las licenciaturas para toda su población mayor de 25 años. Pero según las estadísticas de la Oficina del Censo de EE. UU., ese no es el caso. Las cifras muestran que solo alrededor del 30,3% de la población de los EE. UU. obtuvo una licenciatura o un título mayor en 2016 (ver la Figura 1).[3]

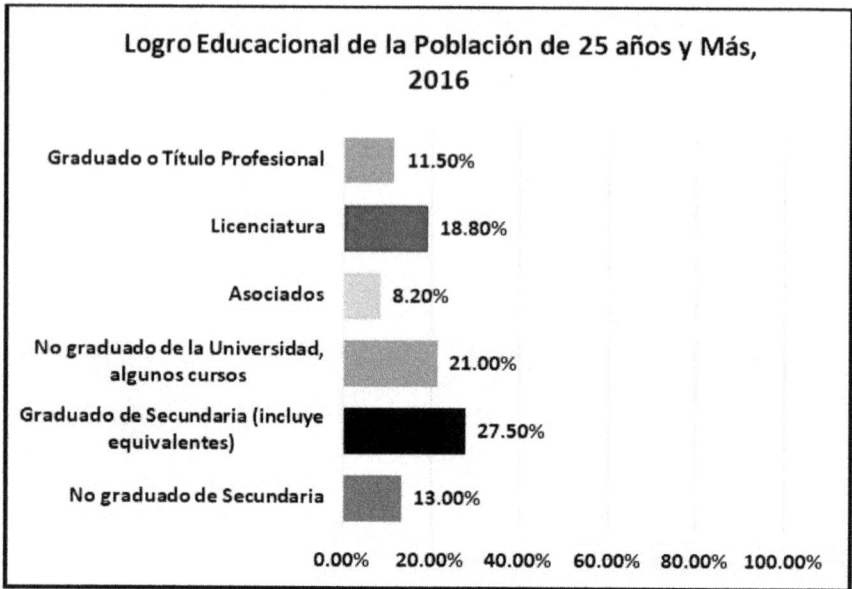

Figura 1: Logro Educativo de la Población de 25 años y Más, 2016

Fuente: Fuente: Oficina del Censo de los Estados Unidos. Dominio Público. Los datos se derivaron de la tabla B15001 del Investigador Oficial Americano (*factfinder2.census.gov/*), para una población total de 213.649.147 para mayores de 25 años, con un margen de error porcentual de +/-. 01.

Aunque las tasas aumentan de manera exponencial, aproximadamente el 31% de la población de los EE. UU. obtiene de forma consistente los títulos de licenciatura y de posgrado de año en año.[4] A partir de 2014, 167.5 millones estadounidenses se clasificaron como en edad laboral, en unas edades comprendidas entre 25 y 64 años de edad. Los niveles de educación para estas personas se muestran a continuación (ver Figura 2).[5]

Niveles Educacionales para Residentes de los Estados Unidos,
edades 25-64 años.

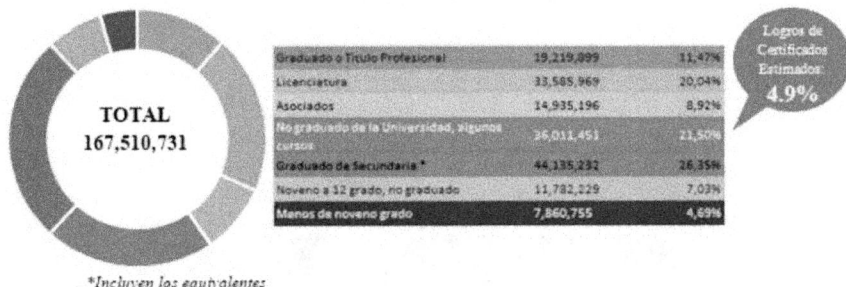

Graduado o Título Profesional	19,219,099	11,47%
Licenciatura	33,585,969	20,04%
Asociados	14,935,196	8,92%
No graduado de la Universidad, algunos cursos	36,011,451	21,50%
Graduado de Secundaria *	44,135,232	26,35%
Noveno a 12 grado, no graduado	11,782,229	7,03%
Menos de noveno grado	7,860,755	4,69%

TOTAL
167,510,731

Logros de
Certificados
Estimados:
4.9%

*Incluyen los equivalentes

Fuente: Buró del Censo de los EEUU, Encuesta Comunitaria Americana 2014

Nota: La figura anterior muestra el porcentaje estimado de los Americanos en edad laboral que han alcanzado certificados con un alto valor postsecundaria, este porcentaje es derivado de los resultados de encuestas a partir de una muestra representativa de hombres y mujeres, de 25 a 64 años de edad. La encuesta fue conducida por NORC en la Universidad de Chicago, una institución de investigación independiente.

Figura 2: Niveles Educacionales para Residentes de los Estados Unidos, edades 25-64 años.
Fuente: Una Nación más Fuerte 2016 © 2016. Fundación Lumina. Traducción del contenido original en Inglés no proporcionado por Fundación Lumina. Reproducido bajo Permiso.

Para 2014, alrededor del 31.5% de la población obtuvo una licenciatura o un título superior. A pesar de estas estadísticas, las disparidades en los logros educativos de los títulos universitarios todavía se mantienen por raza y etnia (ver Figura 3).[6]

La Guía Comprensiva del Estudiante para la Universidad & Otras Lecciones de
Vida

Logros Educativos de la Fuerza Laboral de 25 años o más por Raza y Etnia Hispana o Latina, promedios anuales de 2014

- ■ Noveno a 12 grado, no graduado
- ■ No graduado de la Universidad, algunos cursos
- ▒ Licenciatura o mayor título
- ■ Graduado de Secundaria, no universidad
- ■ Asociados

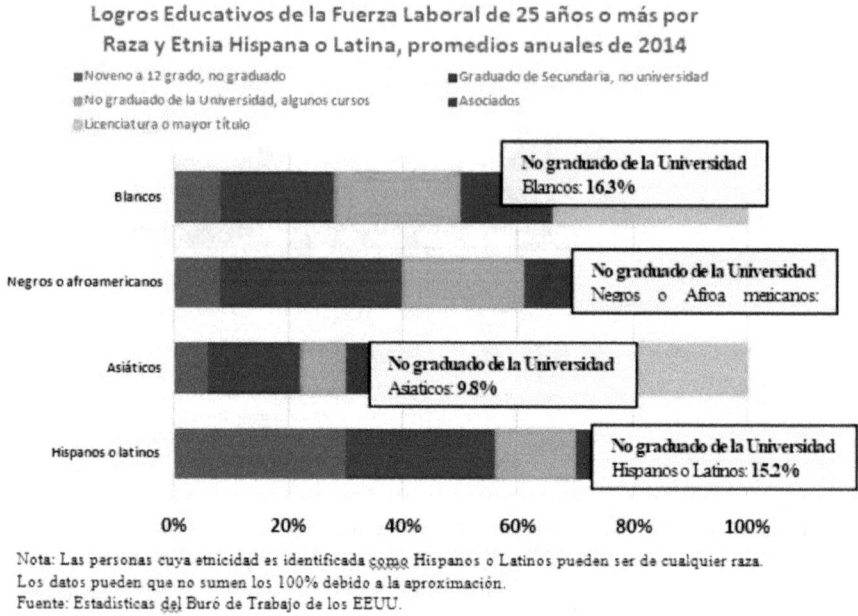

Nota: Las personas cuya etnicidad es identificada como Hispanos o Latinos pueden ser de cualquier raza. Los datos pueden que no sumen los 100% debido a la aproximación.
Fuente: Estadísticas del Buró de Trabajo de los EEUU.

Figura 3: Logros Educativos de la Fuerza Laboral de 25 años o más por Raza y Etnia Hispana o Latina, promedios anuales de 2014
Fuente: Oficina de Estadísticas Laborales de los Estados Unidos. Dominio Público.

El cuadro anterior destaca que el 16.3% de los blancos, el 21.8% de los afroamericanos, el 9.8% de los asiáticos y el 15.2% de los latinos tenían alguna educación universitaria, pero no un título. Los estudiantes que abandonan la universidad desperdician su tiempo y dinero cuando no obtienen sus títulos. Para graduarse de la universidad, cada estudiante requiere un plan de juego que involucre los pasos necesarios para lograr su ambición de graduación. De lo contrario, la meta de graduación de la universidad para un estudiante se vuelve algo inalcanzable.

4

Sección A: Costos

Muchos estudiantes universitarios potenciales están bloqueados en la búsqueda de su título debido a los costos universitarios. Estos candidatos universitarios simplemente no tienen el dinero para asistir a la universidad o terminarla. La universidad es cara, es cierto. Los costos incluyen matrícula, alojamiento y comida, planes de comidas, libros y suministros, transporte y otros gastos diversos.[7] Aunque los gastos no deben ser un factor disuasivo, algunas personas simplemente no pueden pagar los costos asociados con una universidad que dura de cuatro a seis años. Estas personas suelen evaluar si la universidad vale la pena o incluso si es necesaria. Alentando el uso de préstamos, algunos administradores universitarios, oficiales de préstamos y otros, afirman que los estudiantes están invirtiendo en su futuro. La ironía es que muchos graduados no pueden encontrar trabajo después que se gradúan. En su artículo de 2013, "Solo Explíquelo: ¿Se está Recuperando la Clase Media de Estados Unidos?" Zelkadis Elvi afirmó que un recién graduado universitario promedio tiene alrededor de $ 35,000 en deudas totales de préstamos.[8] Sin lugar a dudas, las consecuencias pueden ser terribles cuando un estudiante obtiene demasiados préstamos. Los graduados universitarios con una gran deuda de préstamos estudiantiles pueden tener que mudarse nuevamente con sus padres, pueden no poder comprar una casa, pueden que tengan que posponer el inicio de sus propias familias, en resumen pueden perder muchas de las puertas abiertas, que se esperan en la edad adulta. Al igual que los préstamos hipotecarios de alto riesgo que ponen en peligro el futuro financiero y el crédito de los beneficiarios, los préstamos estudiantiles indignantes pueden destruir el futuro financiero de los estudiantes.[9]

Otra opción es retrasar o alargar la universidad por algunos años más si el dinero no está disponible. Desafortunadamente, muchos estudiantes universitarios tardan más de dos años en graduarse de la universidad comunitaria y más de cuatro años en obtener un título universitario. Mientras tanto, algunos estudiantes tienen problemas personales / financieros u otros contratiempos que les impiden terminar la escuela. En tu mejor interés, deberías graduarte de la universidad en la vía rápida de la institución de dos o cuatro años. Podrías preguntarte: *"¿Por qué?"* Ahorrar dinero es la razón principal, específicamente en la matrícula, los libros, las tarifas de residencia y otros costos. Otros beneficios para graduarte en tiempo incluyen:

- Disminución de la deuda de préstamos estudiantiles
- Mantener la elegibilidad para una ayuda financiera
- La aplicación de la matrícula de pregrado ahorrada hacia un título de grado
- Ingresar lo antes posible a la fuerza laboral para recibir un salario, o
- Obtener la ventaja competitiva que implica tener un empleo sobre aquellos estudiantes que todavía están en la escuela.

Por lo tanto, la falta de dinero para pagar la universidad tendrá un profundo impacto en tu capacidad para obtener tu título universitario inmediatamente después de graduarte de la escuela secundaria.

Sección B: Rendimiento Académico en la Escuela Secundaria

Al determinar si la universidad es la opción correcta, debes evaluar tu rendimiento académico en la escuela secundaria. Debes considerar si la universidad será una extensión de dos a cuatro años de la miseria de la escuela secundaria. En la escuela secundaria, las calificaciones reflejan la capacidad de un estudiante para concentrarse en la materia y completar con éxito los cursos, lo que indica tu potencial para obtener buenos resultados en un entorno de educación superior. Cada año, los estudiantes de secundaria de último año con bajas calificaciones cruzan la etapa de graduación y reciben sus diplomas de escuela secundaria. Pero desafortunadamente, algunos de ellos progresaron sin aprender las habilidades adecuadas y esperadas de lectura, escritura o comunicación. Es posible que estos estudiantes hayan estado aburridos, o no hayan sido desafiados lo suficiente o simplemente querían irse. Varios pueden tener discapacidades de aprendizaje no diagnosticadas, como problemas de visión, problemas de audición o dislexia. Otros estudiantes de escuela secundaria tuvieron experiencias académicas terribles y deseaban salir de la escuela tan pronto como la tinta se secara en su diploma de escuela secundaria. La escuela secundaria de su vecindario pudo haber sido terrible en las áreas de instrucción, clima y normas. Hoy en día, algunas áreas urbanas son zonas de guerra con niños que mueren por disparos o drogas. La América rural también enfrenta desafíos para preparar a los estudiantes, especialmente con la pobreza rampante, el aumento del uso / adicción a los opioides, el alto desempleo y los ingresos medios bajos.[10]

Los padres u otros miembros de la familia también pueden crear una situación insostenible e inestable en el hogar. Por lo tanto, muchos adultos jóvenes pueden estar expuestos a un estilo de vida criminal, abuso sexual o físico, tráfico de personas, negligencia, privación de alimentos, abuso de alcohol / drogas, falta de vivienda, participación de pandillas familiares o un padre ausente sin apoyo. Cada uno de estos factores influye en la capacidad de una persona joven para concentrarse y hacer frente a un entorno escolar. Pueden sentir que sus vidas están fuera de control y con pocas opciones. Para muchos estudiantes de secundaria, la escuela toma el significado de un asiento trasero para sobrevivir. Los estudiantes que tienen un bajo historial académico en la escuela secundaria probablemente no estén preparados para enfrentar los desafíos académicos de la universidad. En un entorno altamente competitivo, los administradores de admisiones universitarias y las juntas de becas tampoco suelen seleccionar a los alumnos con un desempeño deficiente en la escuela secundaria para sus filas de pregrado. Si estás viviendo en una situación así, incluso graduarte de la escuela secundaria pudiera parecerte desalentador. Con el caos de tu entorno, puedes obtener calificaciones de C, D y F en la escuela secundaria. Puedes sentir que tu familia o el sistema educativo te han fallado. Como resultado, es posible que no desees poner un pie en otra aula después de graduarte de la escuela secundaria.

Otro problema puede ser que tu escuela secundaria no te haya preparado adecuadamente para la universidad. Es posible que no hayas tenido un consejero en la escuela secundaria u orientación de un adulto para asegurarte de que tomaste los cursos apropiados de preparación para la universidad, especialmente en matemáticas, inglés y ciencias. En un artículo de 2012, por ejemplo, la autora Annie Paul señaló que la mayoría de los adultos jóvenes con padres que no asistieron a la universidad provienen de hogares de bajos ingresos.[11] También afirmó que "más de una cuarta parte de los adultos jóvenes de hogares de bajos ingresos abandonan la escuela después del primer año, mientras que el 89% no se gradúa en un plazo de seis años."[12] Sin orientación y preparación académica, los estudiantes universitarios primerizos deben aprender todo desde cero.[13] Básicamente, los estudiantes no están preparados para navegar por la interacción con los profesores, la elección de carreras, programar un nivel manejable de clases y otras prácticas necesarias para graduarse.

A pesar de los obstáculos mencionados, tendrás la capacidad de superar muchos desafíos. Te aconsejo que busques un modelo de conducta en adultos de confianza que te ayude a canalizar tu enojo, frustración o decepción hacia una salida positiva. Puedes elegir el cerebro del mentor / modelo a seguir sobre los requisitos de la universidad. Si no has identificado a un mentor, debes observar a los adultos que forman parte de tu vida, especialmente a entrenadores, maestros, predicadores, dueños de negocios y otras personas que quieran lo mejor para ti. Debes decirles que te gustaría asistir y graduarte de la universidad. Con suerte, la guía no será una interacción de una sola vez, sino que se extenderá desde la escuela secundaria hasta la universidad y más allá. Si la universidad no es una opción ahora, puedes solicitar asesoría sobre cómo ingresar a un oficio a través de un aprendizaje o asistir a una escuela vocacional.

Quiero advertirte que observes la interacción de tu mentor potencial contigo y con otros adultos jóvenes. Los depredadores humanos existen. Esas personas traicionan y explotan la confianza de los jóvenes. Por ejemplo, ningún maestro, predicador, entrenador, médico, pariente, profesor universitario, asistente de enseñanza o cualquier otra figura de autoridad debe estar en una relación sexual con ningún adulto joven menor de 21 años de edad. Además, una figura de autoridad que esté en una posición de poder no debe participar en ninguna relación sexual o inapropiada con su subordinado o estudiante, independientemente de su edad. La relación no se considera consensuada debido a los elementos de poder e influencia. Estos tipos de violaciones del decoro son inaceptables. El comportamiento inadecuado incluye contacto físico inapropiado, intimidación, acoso sexual, agresión sexual, violación, lenguaje abusivo o suministro de alcohol / drogas a menores. Si algo así sucede, debes denunciar al delincuente a tus padres, a un adulto de confianza, a los administradores de la escuela, al personal médico o a la policía de inmediato. Quiero que sepas que no tienes la culpa. Cuando sea necesario, debes buscar asesoramiento para abordar los efectos persistentes del abuso. En contraste, conozco que hay muchos adultos que se preocupan y que voluntariamente ofrecen consejos y apoyo apropiados a los adolescentes y adultos jóvenes. Debes tomarte el tiempo para buscar modelos y mentores adecuados. No pierdas la esperanza porque tu vida temprana no tiene que definir tus logros como adulto. Tienes valor y la opción de vivir una vida rica y productiva.

Sección C: Talento, Conocimiento o Habilidades Especializadas

Cada uno de nosotros es diferente en nuestro deseo de asistir a la universidad. Cuando una persona tiene un talento inherente en artes, deportes, tecnología, diseño de vestimenta, etc., puede prosperar en una carrera sin ir a la universidad. Algunas personas famosas, como John D. Rockefeller, Mario Andretti, Richard Branson,[14] la primera dama Eleanor Roosevelt y Thomas Edison siguieron su propio camino en la vida y nunca obtuvieron un título universitario. Sin un título formal, Thomas Edison fue un inventor autodidacta que inventó la bombilla, el fonógrafo y el prototipo de las películas modernas. En su momento, sus inventos revolucionaron el mundo y lo convirtieron en un hombre rico, famoso y muy respetado. Con creatividad, ingenio y valentía, cualquier persona puede convertirse en un éxito en los negocios, la política u otros sectores sin la universidad.

En la escuela secundaria, muchos hombres y mujeres jóvenes se entrenan diariamente para convertirse en competidores olímpicos o deportistas profesionales en fútbol, fútbol americano, baloncesto, tenis, golf, gimnasia, natación competitiva, etc. Cuando sus talentos producen la oportunidad deseada, estos atletas ponen todos los esfuerzos en su profesión. La vida útil para el mejor desempeño atlético o las carreras de alta remuneración puede ser solo de unos pocos años. La universidad entonces puede no parecer una prioridad mientras un atleta profesional está en su mejor momento. O bien, un hombre o una mujer joven pueden no asistir inmediatamente a la universidad porque tienen talento artístico y desean emular los logros de Aretha Franklin, Garth Brooks, Miles Davis, Ava DuVernay, Tom Hanks, Celine Dion o Judith Jamison. A pesar de las probabilidades, estas pocas personas seleccionadas tienen talentos especializados que las hacen únicas en música, danza, arte u otras áreas. Espectáculos como American Idol, The Voice, Top Chef de América y el Showtime en el Apollo crean muchas estrellas instantáneas. Las recompensas pueden ser la fama, la riqueza y un lugar en el escenario nacional o internacional. Otros individuos que buscan fama constantemente se apresuran, esperando su gran oportunidad en el negocio. Estos tipos siempre buscan el próximo espectáculo, tour o evento para mantener la relevancia artística. Cualquiera sea la razón, muchas personas con talentos especializados pueden tomar la decisión consciente de posponer o incluso saltarse la universidad.

Más allá de cualquier talento especializado, deberías asistir a la universidad en algún momento como una inversión para el futuro.

Los periódicos están llenos de hombres y mujeres, jóvenes y talentosos, que se declaran en bancarrota o que quiebran financieramente después de que se les termina la fama, sobreviene la jubilación o una lesión termina su carrera. Nunca adquirieron las habilidades y el conocimiento para administrar su dinero o sus carreras. Cuando tengas la oportunidad, al menos debes obtener un título universitario como plan de respaldo para tu carrera deportiva o artística, en áreas como la Administración de Empresas, el Teatro, Ciencias Culinarias, Gestión Deportiva, Promotor Deportivo, Finanzas, Derecho o dondequiera que pueda estar tu pasión. Además, debes estar financieramente alfabetizado para preservar tu riqueza. O bien, abogados, agentes, socios comerciales, gerentes, asesores financieros, amigos, familiares y muchos otros explotarán tu ignorancia. Para los modelos que han adquirido con éxito fortunas no relacionadas más allá de sus carreras deportivas o de entretenimiento, debes investigar e imitar la visión para los negocios de los empresarios, en particular Earvin "Magic" Johnson, Serena Williams, Paul "Bono" Hewson, Sean "Diddy" Combs, Dolly Parton, Ion Tiriac, Kris Jenner, Ashton Kutcher o Gloria y Emilio Estefan.

Sección D: Trabajar

A pesar de la presión de tus padres, tú serás quien tendrá que asistir a clases, vivir en el dormitorio y sumergirte en la cultura universitaria. Si la universidad no es tu sueño, entonces es mejor que no vayas. En su lugar, puedes trabajar. Trabajar y hacer un trabajo bien hecho tienen una importancia inmensa para la comunidad y para ti. Investiga las oportunidades de empleo en tu ciudad o localidad, debes revisar los anuncios clasificados de trabajo en tu periódico local, preguntar a tus amigos o familiares sobre las vacantes de empleo, buscar empleo en la oficina de empleo de tu estado o presentar una solicitud directamente a las empresas que están contratando. O bien, podrías consultar en línea las oportunidades de trabajo disponibles en sitios web como la Oficina de Estadísticas Laborales, LinkedIn, Monster o Indeed.com. Cuando las ofertas de trabajo son escasas a nivel local, quizás debieras mudarte dentro de tu estado y / o a nivel nacional para explotar las oportunidades de empleo en otros lugares. Por lo tanto, no puedes permitir que el miedo o la complacencia te impidan reubicarte, porque el mundo es un lugar enorme más allá de tu patio trasero. Tus búsquedas de empleo también ilustrarán los salarios para trabajos específicos, las calificaciones necesarias y cualquier requisito educativo. Notarás las diferencias monetarias en aquellos trabajos disponibles para graduados de la escuela secundaria frente a los trabajos que requieren un título universitario de dos o cuatro años. Una nota de precaución: debes comenzar tu búsqueda con empresas de renombre, limitando tu exposición al trabajo desde tu casa, solo a comisiones u otras estafas de trabajo. No deberías tener que pagar dinero por adelantado o reclutar amigos para vender un producto / servicio de baja calidad. De lo contrario, es probablemente que seas el objetivo de un estafador. Recuerda: si el salario te parece demasiado bueno para ser cierto, lo más probablemente es que no lo sea.

Además, debes obtener una habilidad si vas a ingresar al mercado laboral inmediatamente después de la escuela secundaria. Puedes obtener conocimientos y habilidades especializados y comercializables asistiendo a un programa técnico / vocacional de la escuela secundaria o convirtiéndote en aprendiz en la escuela secundaria. Con este tipo de capacitación técnica, es posible que no necesites un título universitario de cuatro años. Sin embargo, mientras te capacitas en el trabajo, puedes ganarte la vida como profesional de cuello azul en lugar de acumular una deuda de préstamo de estudiante universitario. Numerosas asociaciones de escuelas secundarias, empresas y comunidades como Academias de Louisville en Kentucky patrocinan el aprendizaje de estudiantes en una variedad de oficios para satisfacer las necesidades locales de mano de obra calificada.[15] Puedes investigar programas similares dentro de tu comunidad o sistema escolar. Además, debes investigar las perspectivas futuras de empleo, el crecimiento del empleo a largo plazo y los ingresos potenciales para tu (s) ocupación (s) de interés. Una buena fuente de información sobre diversas carreras es el sitio web de la Oficina de Estadísticas Laborales, http://www.bls.gov/ooh/.

Por lo tanto, debes poder traducir la experiencia laboral, el conocimiento, la capacitación formal y las certificaciones / licencias en altas ganancias dentro de una carrera de cuello azul.[16] Tales carreras podrían incluir el ser mecánico, soldador, carpintero, electricista, ajustador de reclamos, fontanero, techador, agricultor, operador de cámara de medios, técnico de torres, director de funerarias, editor de efectos de sonido y banda sonora, editor de películas, ingeniero de audio, reparador de computadoras, cosmetólogo, chef culinario, higienista dental, agrimensor o bombero.[17] La mayoría de los profesionales de cuello azul, en particular los dueños de negocios, tienen carreras satisfactorias y ganan más que algunos graduados universitarios con títulos de cuatro años. Por ejemplo, los electricistas experimentados se ganan la vida, cobrando a los clientes las visitas domiciliarias y las piezas y la mano de obra. Para un proyecto completo en la casa de un cliente, un electricista puede irse con una suma entre $ 140 y $ 500 en sus manos. Él / ella pueden vivir cómodamente, trabajando en cuatro o cinco trabajos diarios. Los profesionales de cuello azul encuentran a la mayoría de sus clientes entre las personas con educación universitaria que no pueden cambiar el aceite de su propio automóvil, eliminar los virus de sus computadoras o simplemente reemplazar un ventilador de techo para salvar su vida.

O bien, puedes ser capaz de iniciar un negocio. Con algo de capital, un individuo trabajador puede convertir una idea o producto en una marca. Por ejemplo, Leanna Archer comenzó su negocio a los nueve años, ofreciendo productos para el cuidado del cabello desde su casa y en su sitio web.[18] Ella es la CEO de Leanna's Inc., una compañía que genera ingresos anuales de $110,000.[19] Al igual que Leanna, tus aspiraciones pueden convertirse en éxito con un gran producto, trabajo arduo y perseverancia. Puedes obtener orientación sobre cómo iniciar un negocio en una búsqueda en línea de recursos, específicamente en la Administración de Pequeños Negocios de los Estados Unidos o en las escuelas secundarias / colegios locales que ofrecen campamentos de verano, talleres y clases de negocios / capacidad empresarial. Si existen vacíos o problemas en el mercado dentro de tu comunidad, debes identificar soluciones, productos o servicios efectivos que puedan convertirse en un negocio. En consecuencia, puedes buscar oportunidades de trabajo por cuenta propia en el cuidado del césped, recolección / eliminación de desperdicios, limpieza de casas, cuidado de niños, servicios de traslado, limpieza de vitrinas, recolección / entrega de comestibles, personalización de automóviles, o lo que sea. Según sea necesario, debes obtener los permisos / licencias correspondientes de acuerdo con los requisitos de tu gobierno local. Tu negocio podría incluso convertirse en un generador de empleo al emplear a otros. En verdad, las nuevas empresas comerciales pueden prosperar en comunidades desatendidas, específicamente en áreas urbanas y rurales. Sólo estarás limitado por tu imaginación. Tu objetivo será crear un negocio que invierta en tu comunidad y satisfaga una necesidad. Para aumentar tu base de clientes a lo largo del tiempo, debes tener una fuerte ética de trabajo que se traduzca en ser puntual, trabajador, confiable, competente, honesto, organizado, amigable, cortés y bien preparado. Comenzar un negocio requiere dedicación, largas horas, sacrificio e inteligencia financiera. Puedes ganarte la vida y cosechar las recompensas financieras de dirigir un negocio exitoso. Si la universidad no está en tu futuro inmediato, puedes trabajar y ser un líder en tu comunidad.

Sección E: Falta de Tiempo

Tu tiempo puede estar dedicado regularmente a otras prioridades. Entonces, debes considerar cuidadosamente si la universidad de dos o cuatro años es para ti. Puede que seas un empleado a tiempo completo, un padre que trabaja o un padre que se queda en casa con sus niños pequeños. Aunque muchos lo hacen, tienes que determinar si tienes el tiempo y el dinero para asistir a la universidad mientras haces malabares con una vida tan ocupada. Como estudiante universitario adulto que regresa a clases, es posible que no hayas cogido un libro de texto en cinco años o más. También es posible que no estés seguro de las demandas y los beneficios de obtener tu título de asociado o de licenciatura. Siempre puedes irte incorporando gradualmente en el ambiente universitario tomando clases en línea o tomando una o dos clases en tu universidad comunitaria local. Estos pequeños pasos en el aula verificarán si tienes el enfoque y el tiempo necesario para dedicarte a regresar a la escuela.

Sin embargo, antes de decidirte a volver a ingresar al aula, debes investigar un poco. La información más importante que debes averiguar es la disponibilidad y el tipo de empleo en tu mercado laboral local; el mayor / grado de interés aumentará tus ganancias y te abrirá oportunidades de carrera; las posibles universidades que ofrecen tu especialidad / título; y el costo para obtener los mismos. Además, debes investigar los métodos para pagar la universidad, es decir, becas, subvenciones, asistencia para la matrícula o el reembolso de la matrícula del empleador. Para que quede claro, debes enfocarte en obtener un título universitario comercializable con la menor cantidad o sin deuda alguna. No debes gastar dinero en un título costoso e inútil que no mejore tu nivel de vida actual y futura. Si no puedes usar tu nuevo título para encontrar un trabajo local, obtén una promoción en tu trabajo existente (pregunta primero a tu empleador) o aumenta tus ingresos actuales, sino entonces es posible que tengas que mudarte de tu ciudad, estado o región. Si reubicarte en una nueva área o trabajo no está en tus planes futuros, es posible que tengas que replantearte tu mayor potencial / grado de interés. Por lo tanto, investiga y ejerce la diligencia debida antes de ingresar a un campus universitario. Al utilizar el análisis de costo-beneficio junto con tu introspección personal, debes decidir si la universidad es algo que vale la pena para ti.

Lecciones de vida - Capítulo 1: ¿Es la universidad para ti?

- El costo puede afectar tu capacidad para obtener inmediatamente tu título universitario
    - La universidad es cara
    - La deuda de préstamos estudiantiles sin terminar la universidad puede tener graves consecuencias
    - Se ahorra dinero el completar el título dentro del tiempo requerido para una institución de dos o cuatro años
- Los administradores de admisiones universitarias y las juntas de becas no seleccionan a los estudiantes de secundaria que tienen credenciales académicas deficientes para sus rangos de pregrados
    - Trabaja para mejorar tus calificaciones
    - Busca un modelo de conducta en adultos de confianza que te ayuden si tus calificaciones son bajas
- Con un talento comercial especializado en deportes, artes u otras áreas, puedes esperar para ingresar a la universidad; pero eventualmente, deberías asistir a la universidad como un plan de respaldo
- Si la universidad no es tu sueño, entonces no vayas
    - Consigue un trabajo o inicia un negocio
    - Asiste a una escuela vocacional o conviértete en aprendiz para obtener habilidades y conocimientos comercializables
    - Si las ofertas de empleo son escasas a nivel local, ve al lugar donde hayan mejores oportunidades de puestos de trabajo
- Aprovecha la experiencia de la universidad tomando cursos en línea o algunos cursos en la universidad de tu comunidad local si estás haciendo malabarismos con el trabajo, los niños u otras prioridades
    - Investiga y haz la diligencia debida para que una potencial especialización / título / certificación te lleve a un nuevo trabajo, a un ascenso en un trabajo existente o a un mayor ingreso.
    - No obtengas un título universitario costoso e inútil que no mejore tu nivel de vida actual
    - Investiga los métodos para pagar la universidad

específicamente becas, subvenciones, asistencia de
matrícula o reembolso de matrícula del empleador

CAPÍTULO 2:
¿Es Graduarte de la Universidad tu Meta?

Graduarse de la universidad debe ser tu meta número uno. La universidad es necesaria para un estilo de vida financiero estable. De lo contrario, necesitarás talentos, conocimientos o habilidades comerciales especializados para obtener ingresos sustanciales para vivir cómodamente. Antes de graduarme de la escuela secundaria, mi madre me dio tres opciones: que podría ir al ejército, ir a la universidad o mudarme. No podía quedarme en su casa a menos que tuviera un plan para mi vida. La universidad fue la conclusión inevitable, porque mi familia lo esperaba de mí. Sin embargo, no tomé una decisión espontánea. Con las aportaciones desde muy temprano de mis padres y maestros, tomé cursos avanzados y de honores en la escuela secundaria. También obtuve calificaciones que parecían atractivas para los reclutadores universitarios. Solicité y me gradué de la Academia Militar de los Estados Unidos. La universidad fue una de las mejores decisiones que tomé en mi vida.

En la economía de los EE. UU., el mercado laboral está parcializado contra los que abandonan la escuela secundaria y sus graduados en relación a las tasas de desempleo e ingresos anuales. Las estadísticas muestran que los estudiantes que abandonan la escuela secundaria y los que se gradúan, sistemáticamente tienen tasas de desempleo más altas en comparación con las personas con alguna educación universitaria o graduados universitarios, abril de 2005 hasta abril de 2015 (consulte la Figura 4).[20]

Tasas de Desempleo para Personas de 25 años o mas, por nivel educativo, ajustado por temporada, de Abril de 2005 a Abril de 2015

------- Menos que un Diploma de Secundaria
------- Graduado de Secundaria, no Universidad
·········· Algunos cursos en la Universidad, sin graduarse
——— Licenciado o mayor

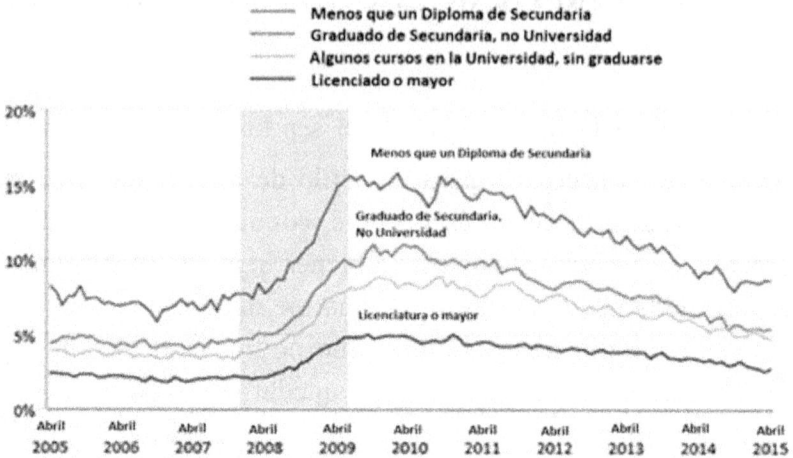

Nota: Las áreas sombreadas representan recesión, según el Buró Nacional de Investigaciones Económicas.
Fuente: Estadísticas del Buró de Trabajo de los EEUU

Figura 4: Tasas de desempleo para personas de 25 años o más, por nivel educativo, ajustado por temporada, de abril de 2005 a abril de 2015
Fuente: Oficina de Estadísticas Laborales de los Estados Unidos. Dominio Público.

La disparidad de las tasas de desempleo es alarmante. Reforzando la información sobre las tasas de desempleo, las estadísticas de la Oficina de Trabajo de EE. UU. de octubre de 2016 a octubre de 2017 destacaron que los que abandonaban la escuela secundaria, que tenían 25 años de edad y más, tenían casi tres veces más probabilidades de estar desempleados que aquellos con un título universitario.[21] De las estadísticas, poseer un título universitario reducía la probabilidad de desempleo en la fuerza laboral.

¡Redoble de tambor! ¡Uf! Las dificultades para los que abandonan la escuela secundaria y los graduados de la escuela secundaria se extienden a sus ganancias e ingresos anuales medios. A partir de 2015, las estadísticas de la Oficina del Censo de EE.

UU. mostraron que los estudiantes que abandonaron la escuela secundaria, mayores de 25 años, ganaban anualmente un ingreso medio de aproximadamente $ 27,200 y los graduados de la escuela secundaria ganaban aproximadamente $ 36,800 (ver Figura 5).[22]

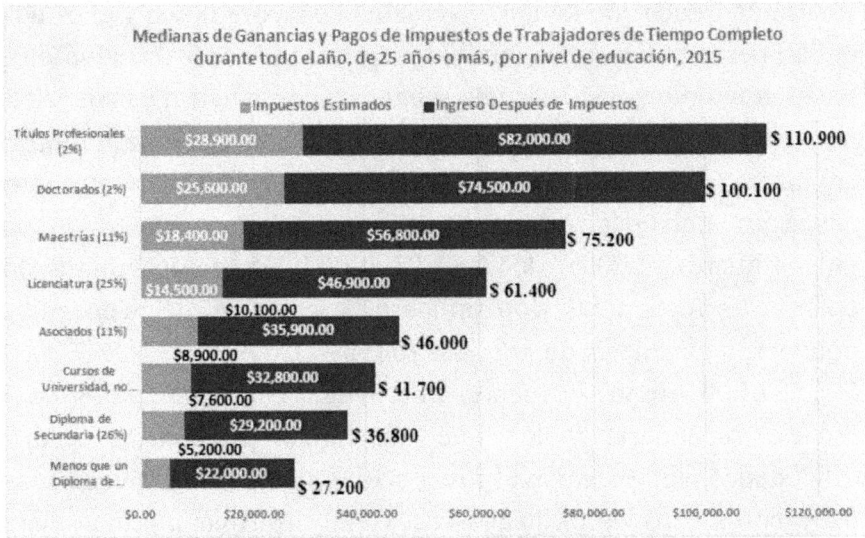

Figura 5: Medianas de Ganancias y Pagos de Impuestos de Trabajadores de Tiempo Completo durante todo el año, de 25 años o más, por nivel de educación, 2015

Fuente: Pagos Educacionales 2016 © 2016. La Junta Universitaria. Datos derivados de la Oficina del Censo de EE. UU., 2015, Tabla PINC-03; Servicio de Impuestos Internos, 2014; Davis et al., 2015; Cálculos de los autores. La traducción del contenido original en Inglés en esta publicación no es proporcionada, aprobada o aprobada por el College Board. Reproducido bajo Permiso.

En contraste, un trabajador con una licenciatura obtiene un ingreso promedio de aproximadamente $ 61,400. Para todos, los impuestos reducen significativamente el salario neto. En cualquier caso, los no titulados en comparación con los titulados universitarios tienen una enorme brecha de ingresos que superar. En un análisis, el Proyecto Hamilton concluyó que un graduado universitario típico, con una licenciatura, ganaría en promedio $ 1.19 millones.[23] Esta cantidad es el doble de lo que un graduado típico de escuela secundaria ganará ($ 580,000) de por vida. Por ejemplo, según el Centro de Educación de la Universidad de Georgetown y el estudio de la Fuerza Laboral, los auxiliares de enfermería y de salud en el hogar con diplomas de escuela secundaria obtuvieron ganancias de por vida (dólares, 2009) de $ 966,000.[24] En el mismo estudio, los auxiliares de enfermería y de salud en el hogar, con alguna educación universitaria/ sin título, obtuvieron ganancias de por vida (dólares, 2009) de $ 1,030,000. En comparación, las enfermeras registradas, con títulos de asociado y de licenciatura, obtuvieron ganancias de por vida (dólares, 2009) de $ 2,267,000 y $ 2,527,000, respectivamente. Por lo tanto, los graduados de la escuela secundaria y los que abandonan la escuela tendrán dificultades para elevarse al nivel económico de la generación del baby boom. Los duros hechos de vivir y trabajar con un salario mínimo son indiscutibles. En los niveles de salario mínimo, una persona que paga la renta, compra comida, paga las utilidades, gasta dinero en el pago de un automóvil con el seguro / gas asociado y los impuestos estatales / locales, no tendrá prácticamente nada para ahorros, entretenimiento, mantenimiento de automóviles o de vivienda en general. Por lo tanto, debes decidir lo antes posible el plan para tu vida después de la escuela secundaria. No te dejes engañar por el mito de que puedes compensar el déficit de dinero con horas extras o ganar la lotería. Al vivir con el salario mínimo, siempre estarás viviendo al día con tus ingresos, de por vida y poco ahorrarás para la jubilación.

Te estoy proporcionando estas estadísticas para convencerte de que obtener un título universitario es lo mejor para ti. A menos que tengas un gran talento reconocido en las artes, las ciencias o los deportes; o conocimientos, habilidades y experiencia en soldadura, reparación de automóviles, reparación de acondicionadores de aire, programación de computadoras u otros intercambios comerciales; o un coeficiente intelectual de más de 140, que te convierte en un genio y candidato a Mensa; o un par de millones de dólares escondidos; o que te vas a retirar de la civilización para convertirte en ermitaño; o que planeas casarte con un cónyuge rico, tú serás más comercial y valioso para los empleadores con un diploma universitario en el mundo de hoy, que sin él. Las estadísticas anteriores demuestran que un título universitario, ya sea un título de asociado o de licenciatura, proporciona una medida de separación contra el desempleo y la baja remuneración. En tus planes para el futuro, deberías ver más en tu vida que simplemente quedarte en casa después de graduarte de la escuela secundaria.

Sección A: Se Requiere de la Universidad para Carreras Profesionales

A pesar de todas las opciones no relacionadas con la universidad, la universidad es importante y beneficiosa de una manera única. Si aspiras a unirte a una profesión especializada como medicina, derecho, ingeniería, ciencias de la computación, etc., tendrás que ir a la universidad y graduarte con una licenciatura o algo superior. Estos títulos profesionales son muy apreciados en el mundo de los negocios. De acuerdo con BusinessDirectory.com, tales profesiones indican "dominio de un conjunto complejo de conocimientos y habilidades avanzadas a través de la educación formal y la experiencia práctica."[25] Por lo general, un profesional no depende del trabajo físico o calificado para ganarse la vida. Por lo general, un profesional es un asalariado que recibe una remuneración por mantener los altos estándares de la profesión y por haber adquirido conocimientos a través de un título avanzado. Además, las juntas profesionales, en particular las juntas médicas estatales o las asociaciones de abogados, acreditan, gobiernan y hacen cumplir las normas para las personas que ejercen dentro de sus profesiones. Nadie querrá contratar a un abogado que nunca asistió a la escuela de leyes o que fue inhabilitado por robar el dinero de sus clientes.

Muchas personas exitosas que admiro han contribuido a su comunidad y al mundo. Son líderes ambiciosos e innovadores. Los pocos que me vienen a la mente son el presidente Barack Obama, el gobernador LeRoy Collins, Warren Buffet, el congresista de Ohio William M. McCulloch, la congresista Shirley Chisholm, Stephen Hawking, Katherine G. Johnson, de la Administración Nacional de Aeronáutica y del Espacio, y la profesora de la Secundaria Lowell, Flossie Lewis (así como también otras educadoras como ella). Cada uno de ellos obtuvo un título universitario. Dadas sus profesiones y aspiraciones, tuvieron que ir a la universidad. En realidad, la mayoría de los empleadores seleccionan candidatos para puestos gerenciales, y algunos puestos de nivel de entrada basados en su educación. Dependiendo de la carrera, los especialistas en recursos humanos ni siquiera colocarán el currículum de un candidato en la pila de entrevistas de la firma si el candidato no tiene el título universitario deseado. Para muchos posibles empleadores, un título universitario muestra que puede integrar una avalancha de información, analizarla y aplicarla para resolver problemas. No debes pensar en la universidad como una extensión de la escuela secundaria, sino como una entrada al mundo de los negocios.

Sección B: Preparación para la Universidad

Tan pronto como estés en el noveno grado, deberías ya analizar tus opciones universitarias con tus padres, consejero vocacional y maestros. La competencia por programas y colegios es feroz; por lo tanto, debes comenzar lo antes posible. Tu consejero de escuela secundaria, especialmente, debería poder ayudarte a desarrollar un plan. Esta reunión cara a cara no debe ser una reunión de una sola vez. Al comienzo de cada año escolar, tú (y tus padres) deben reunirse con tu consejero y hacerle preguntas para que te asegures de que continúas en el camino correcto. Numerosas escuelas secundarias no guían a sus estudiantes apropiadamente sobre cómo prepararse para los cursos universitarios y dónde ir a la universidad. A menudo se deja esta labor a los padres y al niño. Quiero enfatizar que tus clases y otras actividades extracurriculares deben hacer que tus transcripciones académicas sean más atractivas para los funcionarios de admisión a la universidad. Sé proactivo. Entonces, podrás implementar la rigurosa carga necesaria de cursos de secundaria a través de tu último año de secundaria que te preparará académicamente para la universidad.

Mientras estés en la escuela secundaria, debes concentrarte en estudiar y retener el conocimiento requerido para graduarte de la universidad. Por esa razón, tienes que tomar cursos desafiantes de preparatoria que te prepararán para la universidad. Por ejemplo, la Academia Militar de los Estados Unidos (West Point) alienta a todos los solicitantes de preparatoria a completar cuatro años de inglés, cuatro años de matemáticas de preparación universitaria, dos años de un idioma extranjero, dos años de ciencias de laboratorio, un año de historia, y si es posible un curso básico de informática.[26] Anteriormente, es posible que no hayas recibido orientación sobre qué clases preparatorias universitarias deberías tomar. A pesar de esto, debes considerar estructurar un programa académico para reflejar el plan de estudios de la universidad a la que te gustaría asistir, a partir del noveno grado. Debes comunicarte con la oficina de admisiones de la universidad para obtener el plan de estudios recomendado de la escuela secundaria.

Si está disponible, debes tomar clases de colocación avanzada (AP, en sus siglas en inglés) académicamente rigurosas o cursos del Programa de Diploma de Bachillerato Internacional (IB, en sus siglas en inglés). Ambos te prepararán para cursos de nivel universitario y te ofrecerán la oportunidad de obtener créditos universitarios.[27] Administrados por la Junta Universitaria, los cursos AP están diseñados para ayudar a los estudiantes de preparatoria de los EE. UU. a prepararse para la universidad. La Junta de Universidades también publica un libro de cursos que enumera las escuelas secundarias que ofrecen los cursos AP.[28] Los cursos AP son más populares y ampliamente reconocidos que los cursos IB en los EE. UU. Esencialmente, los cursos AP son paralelos a los cursos universitarios de primer año, que requieren el mismo trabajo de curso, participación en clase y pensamiento crítico. En contraste, los cursos IB se desarrollaron en Suiza. Los estudiantes del IB pueden obtener un certificado de finalización para cada clase. Cuando un estudiante de secundaria completa todos los cursos, él / ella puede obtener un diploma reconocido internacionalmente, que se conoce como Programa del Diploma IB. El Programa del Diploma IB es un plan de estudios de dos años que se toma durante el tercer y cuarto año de secundaria.[29] Debes preguntar a tu consejero o maestros si tu escuela secundaria ofrece cursos AP o IB.

Otro beneficio de completar con éxito los cursos AP o IB es la preparación para los exámenes de AP o IB. Las universidades usan los exámenes AP e IB para evaluar la competencia de un estudiante en varias áreas de materias, incluyendo matemáticas, lectura y escritura. Por ejemplo, el plan de estudios de los cursos AP de la escuela secundaria cubre las áreas académicas evaluadas en los exámenes AP de la universidad. Además, los exámenes AP e IB no son aprobados ni reprobados. Un estudiante puede obtener un puntaje en el examen AP que va desde un mínimo de 1 hasta un máximo de 5.[30] Un estudiante puede tomar los exámenes AP sin tomar los cursos AP asociados. Cuando un estudiante toma los exámenes AP, él / ella puede solicitar que la Junta de Universidades envíe los puntajes oficiales de los exámenes AP a las posibles universidades. En contraste, los exámenes IB tienen un rango de puntuación de 1 a un máximo de 7.[31] Los estudiantes no pueden tomar un examen IB a menos que hayan tomado el curso IB. Con los resultados del examen IB, un estudiante puede solicitar que se envíen las transcripciones oficiales a seis universidades diferentes.

La distinción entre los cursos AP e IB realmente no importa. Más importante aún es que los oficiales de admisiones de las universidades ven favorablemente a los estudiantes que completan con éxito los cursos AP o IB. Muchas universidades pueden establecer los puntajes mínimos requeridos para los exámenes AP o IB en los que pueden otorgar créditos académicos para cursos introductorios o universitarios generales seleccionados en matemáticas, ciencias, etc. Cuando a un estudiante se le otorga un crédito académico por los resultados de sus exámenes, él / ella se ha "evaluado." Al evaluarse, el estudiante puede ahorrar dinero de la matrícula porque él / ella no tiene que tomar esos cursos universitarios específicos. El alumno recibe las horas de crédito para su titulación. Algunas universidades no otorgan créditos académicos por los puntajes de los exámenes AP o IB. En cambio, estas universidades les permiten a los estudiantes ingresar a clases de nivel superior que los ubican más allá de los cursos generales de primer año y así los estudiantes no están atascados cubriendo material que ya conocen. Si estás interesado en universidades específicas, debes verificar sus políticas sobre la concesión de créditos académicos o la colocación avanzada para cursos seleccionados en función de las puntuaciones AP o IB mínimas requeridas.

Puedes estar leyendo este libro, sintiéndote abrumado o preocupado. Como estudiante de secundaria o preparatoria, tienes tiempo para estudiar para los exámenes de colocación avanzada. Recuerda, tú tienes la opción de tomar exámenes AP sin tomar cursos AP. Puedes revisar exámenes de práctica para tu preparación para los exámenes de ubicación en la universidad. A continuación te presento algunos recursos para revisar los exámenes de práctica de AP:

- El sitio web CollegeBoard.org[32]
  - Proporciona pruebas de práctica de AP, lo que se conoce como ACCUPLACER, en cada materia de prueba
- Universidad (es)
  - Pueden proporcionar talleres de examen de AP gratuitos que cubran el formato de la prueba, los temas que se cubren y las estrategias sobre la mejor manera de tomar la prueba.
  - Proporcionar exámenes de práctica / preguntas en el sitio web de la universidad
  - Las Universidades Comunitarias se destacan en explicar el proceso de prueba AP

- ▪ El sitio web de la Universidad Comunitaria de Portland tiene ejemplos de pruebas dentro de su paquete de revisión[33]
  - ▪ El sitio web de enlaces de aprendizaje de la Universidad de Grays Harbor contiene hipervínculos útiles para la preparación de exámenes[34]
- El sitio web EnglishTestScore.net[35]
  - o Proporciona buenas preguntas / ejercicios de práctica de gramática inglesa
- El sitio web de Math.com[36]
  - o Proporciona preguntas de práctica de matemáticas.
- El sitio web de la Sociedad Americana de Matemáticas[37]
  - o Publica ayuda de matemáticas, programas de verano, clubes locales de matemáticas, competencias de matemáticas y otros eventos relacionados con las matemáticas

Estos recursos deberían ayudarte a mejorar tu dominio en diversas áreas temáticas y prepararte para tomar los exámenes de ubicación.

Desafortunadamente, innumerables graduados de la escuela secundaria deben tomar cursos de recuperación universitaria en materias como matemáticas e inglés. Estos estudiantes no están preparados para el trabajo de nivel universitario. Algunos graduados de la escuela secundaria no pueden comprender o realizar matemáticas básicas. No tienen la habilidad para aprobar cursos universitarios de matemáticas que cuentan para su título. Otros son deficientes en la estructuración de las oraciones en inglés, ortografía y gramática. Las estadísticas muestran que, con frecuencia, las escuelas secundarias no preparan a sus estudiantes lo suficiente para cursos de nivel universitario. En su libro, "Nivel más Alto: Preparando Niños Afroamericanos para la Universidad," Leah Latimer encontró que en 1999 los estudiantes afroamericanos asistían a los cursos de recuperación a una tasa del 30% para las universidades de cuatro años y del 25% para los programas de universidades comunitarias de dos años.[38] Dependiendo de los resultados de tu examen de ubicación, tu universidad o especialización, puede ser necesario que necesites tomar cursos universitarios de recuperación por debajo del nivel que esperas. Aunque te costará tiempo y dinero de la matrícula, ninguna de estas clases de recuperación contará para tu título. No quiero que te sientas frustrado. Deberías ver el tomar esos cursos de recuperación de la universidad como una forma de mejorar tus conocimientos y habilidades. Con suerte, los cursos te llevarán al nivel necesario para aprobar los cursos requeridos más avanzados.

Sin lugar a dudas, lo mejor es cumplir con los resultados del examen de ubicación. Por ejemplo, un estudiante del College Park (UMCP) de la Universidad de Maryland que se inscribió en un curso de matemáticas más allá de la recomendación de su examen de ubicación en matemáticas es muy probable que termine retirándose u obteniendo una calificación de "D" o "F" en el curso.[39] En UMCP, yo misma aprendí una gran lección sobre este tema. Mi examen de colocación UMCP prescribió un curso de matemáticas por debajo del cálculo II. No obstante, haciendo caso omiso, me inscribí en el cálculo II porque pensé que podía ingresar a la clase y sobresalir. Había hecho cálculo I en la Academia Militar de los Estados Unidos. Con lo que no había contado era que tenía una brecha de varios años entre ese curso de cálculo I y mi curso de cálculo II en la UMCP. Los resultados del examen de colocación UMCP fueron correctos. Después del primer día, dejé el cálculo II porque estaba completamente perdida. Más tarde, pasé cálculo I en la UMCP y después pasé el cálculo II. Los exámenes de colocación avanzada son unas muy buenas herramientas para determinar la competencia potencial de un estudiante en materias universitarias. Te conviene inscribirte en los cursos correspondientes según los resultados de tus exámenes AP. No debes permitir que las transcripciones de la universidad reflejen calificaciones reprobadas simplemente porque no estabas preparado para el nivel del curso.

Sección C: Matemáticas

Las matemáticas desarrollan el pensamiento crítico y un sentido de indagación, que son vitales para el éxito en la universidad y en la vida. El pensamiento crítico es importante porque nadie debe tomar las respuestas a su valor nominal. Las matemáticas obligan a los estudiantes a comprender los conceptos detrás de obtener las respuestas correctas a una ecuación. Además, las habilidades matemáticas tienen un gran impacto en la preparación para la universidad y numerosas carreras futuras. Si planeas realizar estudios de ciencias, tecnología, ingeniería o matemáticas (STEM) en la universidad, debes tomar la mayor cantidad posible de cursos avanzados de matemáticas en la escuela secundaria para adquirir y mantener la competencia. La matemática es la base para que los estudiantes ingresen a campos como actuarios (consulte, :O), física, bioinformática, informática, ingeniería, arquitectura, control de tráfico aéreo, sistemas de información geoespacial / geográfica, contabilidad, derecho y medicina. Incluso si te especializas en inglés u otra materia que no sea STEM, se te pedirá que tomes cursos de matemáticas en la universidad. Además, muchos trabajadores de cuello azul, como técnicos de aviónica, electricistas, maquinistas y trabajadores de la construcción a menudo deben tener una sólida formación en matemáticas, así como certificaciones o títulos de asociados para la progresión profesional. Por lo tanto, debes prepararte en la escuela secundaria para el futuro de tu carrera tomando cursos desafiantes de matemáticas ahora.

La mayoría de los estudiantes de secundaria evitan los cursos de matemáticas de nivel superior. Ese es un grave error para ellos y para la nación. Como precursores en asistir a la universidad, los estudiantes y los adultos jóvenes deben ser escépticos y curiosos. Para canalizar esa curiosidad, las matemáticas desarrollan la resolución de problemas y los procedimientos para responder preguntas de manera metódica. En el mundo de los negocios, cada empleador premia a los empleados que pueden resolver problemas de manera efectiva y eficiente. Además, estas cualidades hacen que los ciudadanos voten mejor. Cuando los ciudadanos tienen una educación superior, están involucrados y no son fáciles de persuadir, investigan temas y toman decisiones basadas en hechos. También responsabilizan a los que están en el poder por sus acciones y políticas. Un público informado e interrogador es peligroso para los demagogos y los políticos.

Si tu escuela secundaria no ofrece cursos de honor, de AP o IB de matemáticas, debes unirte o crear un club de matemáticas. Reclutando a un maestro competitivo, tú y los demás miembros pueden practicar ecuaciones matemáticas avanzadas, competir en competencias / eventos de matemáticas o participar en programas universitarios de verano de matemáticas. La matemática no es como andar en bicicleta después de un gran lapso en el tiempo. Si no usas tus habilidades matemáticas, las perderás. La mayoría de los estudiantes tienen que practicar y practicar matemáticas para sobresalir. ¿Piensa en cuántos adultos han olvidado los principios de la geometría? Sin embargo, muchas personas altamente remuneradas, como ingenieros, joyeros, diseñadores de automóviles, desarrolladores de juegos y arquitectos, utilizan su conocimiento de la geometría todos los días. Con la motivación adecuada, creo que puedes dominar las matemáticas avanzadas y divertirte al mismo tiempo.

Sección D: Consideraciones Finales

Honestamente, el trabajo duro no le hace daño a nadie. La mayoría de los ciudadanos estadounidenses no se dan cuenta de la posibilidad de éxito que tienen con el acceso a la educación pública gratuita, la igualdad de género, la movilidad social, un clima empresarial positivo y un mercado laboral diverso. Cada persona tiene que buscar la oportunidad y agarrarla. De hecho, la oportunidad es un concepto que no caerá en tu regazo mientras te sientas cómodamente en el sofá, mirando televisión mientras comes papas fritas. En cambio, los EE.UU. siguen siendo la tierra de las oportunidades; de lo contrario, la gente no viajaría en condiciones duras y violentas para llegar aquí. Todos los días, inmigrantes de China, India, Haití, Siria, El Salvador y otros países emigran a los Estados Unidos para asistir a la universidad, buscar trabajo y buscar fortuna. Escapando de la persecución, los desastres naturales y la crisis económica, algunos llegan a los Estados Unidos sin nada: sin dinero, familia o amigos. Sin embargo, pueden prosperar y contribuir a sus comunidades y al nuevo país. Por lo tanto, con iniciativa, habilidades y conocimiento, puedes tener éxito al crear ideas innovadoras, productos y / o servicios que tu empleador y / o comunidad apreciarán y necesitarán.

Sin una educación universitaria, puedes seguir un camino no tradicional; sin embargo, las estadísticas muestran que una persona con un título de dos o cuatro años disfrutará de salarios más altos que un estudiante que abandona la escuela secundaria o se gradúa. A menos que tengas habilidades, conocimientos o talento comercializables especializados, debes asumir la responsabilidad del camino de tu vida futura. En otras palabras, tienes que aprovechar el éxito: tener un objetivo, imaginar cómo lograrlo y hacerlo. Por lo tanto, debes comenzar la comunicación temprana con tus padres, maestros y consejero de orientación para desarrollar y planificar el logro de los objetivos de tu vida después de graduarte de la escuela secundaria.

Lecciones de vida - Capítulo 2: Tu Meta es Graduarte de la Universidad en Tiempo
- Graduarte de la universidad es tu meta número 1
  - o El mercado laboral está parcializado contra los que abandonan la escuela secundaria y sus graduados, en altas tasas de desempleo y bajos ingresos de por vida
  - o Los graduados universitarios ganan en promedio $ 1.19 millones en ganancias de por vida, mientras que los graduados de la escuela secundaria ganan alrededor de $ 580,000
- Necesitarás un título universitario para ingresar a una profesión especializada en medicina, derecho, ingeniería, etc.
- Comienza tan pronto como sea posible a decidir si deseas asistir a la universidad
  - o La competencia para universidades y programas es irreal.
  - o Habla con tus padres, consejero vocacional y maestros sobre la universidad y los cursos que debes tomar en la escuela secundaria para prepararte
  - o Inscríbete y pasa con éxito la Colocación de Avanzada (AP) o Cursos del Programa de Diploma de Bachillerato Internacional (IB) si están disponibles
  - o Toma los exámenes AP o IB para "probar" los cursos universitarios en busca de créditos académicos o la colocación en cursos universitarios de nivel superior Estudia los recursos disponibles para practicar exámenes avanzados.
  - o Los cursos universitarios de recuperación desperdician tiempo y dinero, pero es posible que los necesites para adquirir los conocimientos necesarios para aprobar las materias universitarias seleccionadas
- Las matemáticas son una habilidad para resolver problemas que debes dominar para prepararte para la universidad y aplicar a la vida
  - o Toma tantos cursos avanzados de matemáticas en la escuela secundaria como puedas
  - o ¡Diviértete!

- A menos que tengas habilidades, conocimientos o talento comercializables especializados, debes asumir la responsabilidad del camino de tu vida futura y desarrollar un plan para alcanzar tus metas universitarias

CAPÍTULO 3:
Selección de la Universidad

Buscar la universidad correcta es un rito anual de paso para los estudiantes de secundaria. Si asistes a la universidad que mejor se adapte a tus necesidades, es más probable que te quedes y te gradúes. Tienes que disfrutar y sentirte cómodo en la escuela que asistas. Durante la escuela secundaria, debes comenzar a investigar las universidades durante tu segundo/tercer año. Luego, tendrás por lo menos de nueve meses a un año para realizar una evaluación completa y relajada. Para septiembre, pero a más tardar en noviembre de tu último año, debes saber adónde quieres postularte para la universidad. En noviembre, los colegios y universidades generalmente aceptan solicitudes de admisión temprana para encontrar su cosecha de estudiantes de primer año para el próximo semestre de otoño. Por lo que aceptan solicitudes de admisión regular entre enero y marzo.[40]

Puedes aplicar a tantas universidades posibles como quieras. Propongo que apliques según el deseo de tu corazón, a una segunda, tercera y cuarta opción. Sin embargo, existen diferentes tipos de colegios y universidades, incluidos colegios comunitarios, universidades privadas y universidades públicas (consulte la Figura 6).[41]

La Guía Comprensiva del Estudiante para la Universidad & Otras Lecciones de Vida

Tipos de Colegios y Universidades	
Colegio	Una institucion de educacion superior, particularmente una que brinda educación general o de artes liberales en lugar de capacitación técnica o profesional, a veces llamada institución de cuatro años.
Colegio comunitario	Una institucion publica financiada con fondos de impuestos locales, regionales o estatales, que proporciona educación general y profesional / tecnica y otorga certificados y titulos asociados, a veces llamada universidad de dos años o escuela semisuperior.
Fabrica de diplomas	Una organizacion que dice ser una universidad pero que solo existe con fines de lucro y para distribuir titulos.
Universidad con fines de lucro	Un colegio o universidad que es propiedad y es administrado por una entidad privada con fines de lucro y que no ha alcanzado un estado fiscal sin fines de lucro, algunos de los colegios mas grandes con fines de lucro que estan acreditados regionalmente incluyen Universidad Capella, Universidad de Phoenix, Universidad DeVry, Universidad Strayer, Universidad Kaplan, Universidad Walden, Universidad American InterContinental, Colegio de Negocios y Finanzas New England, y Universidad International Jones, entre otras.
Escuela semisuperior	Un termino mas antiguo que se refiere a los colegios universitarios comunitarios, una institución pública financiada por impuestos locales, regionales o estatales, que proporciona educación tanto general como vocacional / tecnica y ofrece certificados y titulos asociados, que a veces se llama una universidad de dos años.
Colegio de artes liberales	Un colegio de artes liberales es uno con un enfasis especial en estudios de pregrado destinados a impartir conocimientos generales y desarrollar capacidades intelectuales generales, en contraste con un plan de estudios profesional, vocacional o tecnico.
Post-secundaria	Tambien llamada educacion superior, se refiere a cualquier educacion despues de completar un diploma de escuela secundaria.
Universidad privada	Un colegio o universidad que no es operado por una entidad gubernamental; sin embargo, muchos reciben subsidios públicos y estan sujetos a regulaciones gubernamentales; la matricula y las tarifas en las universidades privadas tienden a ser mas altas que en las universidades publicas.
Universidad publica	Un colegio o universidad que es predominantemente financiado con fondos de impuestos públicos (locales, estatales o regionales); la matricula de una universidad publica para estudiantes en el estado o en la región tiende a ser mas baja que en instituciones privadas.
Escuelas privadas	Una escuela organizada como una empresa primaria con fines de lucro para enseñar habilidades vocacionales o tecnicas de superacion personal.
Universidad	Una institucion de educacion superior que tiene varios colegios universitarios, en particular un colegio de artes liberales y un programa de estudios de posgrado junto con varios colegios profesionales, como teologia, derecho, medicina e ingenierias, y autorizado para otorgar titulos de pregrado y postgrado; a veces se llama institucion de cuatro años.
Escuela Vocacional	En general, una escuela postsecundaria, a veces los ultimos años de la escuela secundaria, que proporciona preparacion para trabajos especificos y / o educación tecnica; puede ser publica o privada, sin fines de lucro o con fines de lucro

Figura 6: Tipos de Colegios y Universidades

Fuente: "Una Guía del Consumidor para Ir a la Escuela," Tabla, Tipos de colegios y universidades. Chicago: Consejo para el Aprendizaje Experimental, Susan Kannel, 2013. Traducción del contenido original en Inglés no proporcionado por CAEL. Reproducido bajo permiso.

Luego, los tipos de colegios pueden dividirse aún más en subcategorías, en particular colegios de un solo género, colegios militares, colegios religiosos o instituciones que atienden a minorías.[42] Después de seleccionar el tipo de universidad y / o subcategoría que mejor se adapte a tus necesidades, puedes comenzar tu búsqueda de nombres de universidades específicas. El reducir las opciones universitarias a unas pocas seleccionados, te ahorrará dinero en las tarifas de solicitud en línea. Si aplicas a cinco o más escuelas diferentes, te darás cuenta de que las tarifas de solicitud se acumulan rápidamente. Además, tú y tus padres pueden visitar tantas escuelas como desees, pero esos viajes cuestan grandes cantidades de dinero en facturas de hotel, transporte y comidas. Solo debes gastar dinero en las universidades a las que realmente quieres asistir.

Por ejemplo, los colegios y universidades privadas, sin fines de lucro, tienden a tener una población estudiantil y un tamaño de clase más pequeños en comparación con las instituciones públicas / estatales. Reciben fondos de la matrícula y dotaciones de ex alumnos. Las universidades privadas sin fines de lucro suelen costar mucho más que las universidades públicas. En contraste, las universidades públicas / estatales pueden tener campus en expansión que cubren varias ubicaciones satelitales. En lugar de donaciones, las universidades públicas dependen principalmente de los dólares de los impuestos locales y estatales para funcionar. El tamaño de la población estudiantil de una institución pública puede ser inmenso. Las instituciones públicas también pueden ofrecer un número muy diverso de carreras.

Incluso tipos similares de colegios / universidades pueden ser diferentes en sus tamaños y entornos. Por ejemplo, la Universidad de Maryland, College Park (UMCP) y la Academia Militar de los Estados Unidos (USMA) en West Point son instituciones públicas de cuatro años. Normalmente, la UMCP tiene una inscripción de pregrado de aproximadamente 29,000 estudiantes frente a la población estudiantil de la USMA de aproximadamente 4,400. Sinceramente, mi primera clase de matemática de pregrado en la UMCP fue un poco un choque cultural. Estaba preparada para clases pequeñas de pregrado de 10 a 12 estudiantes comparables a las de la USMA. La realidad fue un poco diferente. En contraste, más de 250 estudiantes esperaban a que el profesor de Cálculo II comenzara la clase en un auditorio en la UMCP. Cuando llegó, el profesor de matemáticas no se presentó. De espaldas a la clase, comenzó a escribir desde un extremo de la pizarra hasta el otro. La pizarra se extendía por toda la longitud del aula. Cuando tuvimos una pregunta, tuvimos que llamarle por su nombre para llamar su atención. No hace falta ni decir que me fui de esa clase después del primer día. Con escuelas más grandes, los profesores nunca aprenderán tu nombre ni te reconocerán en la calle. Si el anonimato es un problema, debes verificar el tamaño de las clases y la proporción de estudiantes por facultad.

En verdad, puedes sentirte abrumado por la gran cantidad de colegios / universidades y confundirte sobre a qué escuela asistir. Algunos estudiantes solo se aplican a las mejores escuelas de la Ivy League con nombres de reconocimiento como Harvard, Yale, Northwestern, Boston College, Columbia, Stanford, etc. La competencia para la aceptación en estas escuelas es dura. Las personas que planean asistir a la universidad deben pensar fuera de la caja de estas escuelas bien conocidas. Tienes que determinar lo que sientes que es importante para tu experiencia universitaria. Puedes investigar universidades a través de libros, internet o visitas. En ese momento, debes tener en cuenta sus carreras universitarias disponibles, el costo, la ubicación, los servicios, la composición del cuerpo estudiantil, la proporción de profesores por alumno, las tasas de admisión y cualquier otro factor que valores. Estos factores pueden afectar si tú prosperará en la universidad. Luego, hazte algunas preguntas básicas como:

- ¿En qué ambiente universitario seré feliz?
- ¿Quiero estar cerca de una ciudad grande o pequeña?
- ¿Deseo estar en clases pequeñas?
- ¿Quiero asistir a una institución de dos o cuatro años?
- ¿Ofrece esta escuela muchas carreras y títulos diversos?
- ¿Está disponible el transporte alrededor y fuera del campus?
- ¿El mercado laboral local es fuerte y los diferentes tipos de empleos abundan si los graduados permanecen en el lugar después de la graduación?

Investigar y tomar una decisión final para seleccionar una universidad son habilidades esenciales para ti en la vida, porque estas habilidades te ayudarán a elegir una carrera universitaria, trabajo, automóvil, cónyuge o cualquier otro elemento que sea más adecuado para ti. Como analogía, tu elección de una universidad específica es muy similar a la de decidir tu sabor favorito de helado Baskin Robbins ™. Durante tu primera visita con tus padres, ellos pueden seleccionar un sabor de helado para ti. Más que probable, el sabor será vainilla o chocolate. Por supuesto, te encanta el frescor, la textura y la novedad del helado. Podrías hasta quedarte con ese sabor hasta que llegues a la adolescencia. Cuando tengas tu propio dinero para usar, te percatarás de otros sabores. Puedes probar algunos hasta que encuentres el que más te guste. De manera similar, escucharás a tu familia o amigos acerca de las universidades. Las sugeridas pueden ser universidades a las que ellos asistieron o que escucharon. Durante tu segundo/tercer año, tendrás que investigar las universidades que te interesen. Incluso puedes visitar cada universidad para probar si se adecuan a ti. Al final, debes usar tu propio criterio y preferencias para seleccionar la mejor universidad o colegio al que puedas asistir.

Sección A: Investigación de la Universidad

La universidad a la que decides asistir puede ser una de las decisiones más importantes de tu vida y un componente crítico de tu graduación. Debes hacer la mayor investigación posible antes de llegar a la puerta de la universidad para determinar si es adecuada para ti. De lo contrario, es posible que no tengas el incentivo suficiente para quedarte y graduarte si odias a dónde asistes para tus estudios universitarios. Deberías elegir una escuela a la que disfrutes asistir. En tu segundo/tercer año, debes reunirte con el consejero de orientación universitaria / profesional de tu escuela secundaria para comenzar a investigar sobre las universidades. Él / ella pueden tener algunas recomendaciones o pedirte que revises algunos catálogos universitarios. Los estudiantes ya no están limitados a unos pocos catálogos de universidades polvorientas y desactualizadas en la oficina de un consejero de escuela secundaria. Internet proporciona una gran cantidad de recursos *gratuitos* sobre admisiones universitarias, financiamiento, búsquedas de universidades, etc. Tú y tus padres no necesariamente tienen que pagar tasas de inscripción para obtener información de la universidad porque hay mucha información disponible de forma *gratuita* en Internet. A continuación hay recursos adicionales y útiles que pueden ayudarte en tu búsqueda de la universidad.

- Escuela o biblioteca pública.
  - ○ Guías actualizadas y gratuitas sobre universidades.
  - ○ Acceso gratuito a internet
  - ○ Lectores electrónicos como Nook o Kindle para hacer una revisión.
  - ○ Publicaciones gratuitas o libros electrónicos disponibles sobre temas, incluida tecnología informática, idiomas extranjeros, ciencias y ayudas de estudio.
- College Navigator del Centro Nacional de Estadísticas de la Educación (NCES)[43]
  - ○ Suministra datos sobre matrícula, costo de asistencia, acreditación, tipo de institución, inscripción, ayuda financiera y precio neto
  - ○ Utiliza criterios de búsqueda específicos como programas / especializaciones, resultados de exámenes, nombres de escuelas, entornos de campus o universidades por estado para encontrar información sobre universidades
- El sitio web de Princeton Review (no afiliado a la Universidad de Princeton)[44]
  - ○ Clasifica 633 universidades según la excelencia académica de cada escuela y la información de la encuesta de los estudiantes que asisten
  - ○ Proporciona información básica sobre cada universidad clasificada específicamente sobre academia, especializaciones, admisiones, cuerpo estudiantil, instalaciones / vida en el campus, costos de matrícula y ayuda financiera

- o Permite la búsqueda de escuelas por una especialidad específica, proporcionando un currículo universitario de muestra y sugerencias de preparación para la escuela secundaria
- Naviance.com[45]
  - o Es un software que ayuda a los estudiantes a combinar sus intereses con objetivos a largo plazo y futuras opciones de carrera.
  - o Ofrece un método para identificar opciones universitarias basadas en intereses y fortalezas
  - o Desarrolla un curso de estudio para la preparación universitaria.
  - o Solo puede ser comprado por una escuela o distrito, pero un estudiante puede verificar si el software está disponible en su escuela
- Sitio web de Forbes.com[46]
  - o Proporciona una calificación anual de sus 100 mejores colegios y universidades
  - o Muestra información básica particularmente la clasificación de la escuela en la lista de Forbes, población estudiantil, población de pregrado, información de matrícula e información de contacto[47]
- Sitio web de las Noticias de los Estados Unidos e Informe Mundial[48]
  - o Publica una calificación en línea de colegios y universidades.
  - o Divide las calificaciones en categorías dentro de las calificaciones particulares de las universidades nacionales, clasificaciones de universidades de artes

liberales, escuelas de mejor valor y otras agrupaciones
- El sitio web de la Junta Universitaria de Petersons[49]
  - Ofrece herramientas y artículos gratuitos sobre cómo elegir una universidad, cómo ingresar y cómo pagarla
  - Utiliza los criterios de búsqueda para identificar las universidades y ofrece una instantánea de la escuela, incluida su ubicación
- El sitio web de YouUniversityTV[50]
  - Tiene una extensa biblioteca de video de tours / clips de universidades
  - Debes registrarte en el sitio para acceder a todos los videos.

Otra parte de la investigación universitaria es verificar la acreditación de cada escuela. Una escuela acreditada cumple con los estándares generales en su misión general, objetivos y metas, requisitos de admisión y reputación docente de acuerdo con 50States.com.[51] En particular, las universidades acreditadas solo aceptan créditos de transferencia de estudiantes de otras universidades o universidades acreditadas. En su sitio web, el Consejo para la Acreditación de la Educación Superior proporciona información de acreditación para 19,000 programas y 7,700 escuelas vocacionales acreditadas, colegios y universidades.[52] Aunque el Departamento de Educación de los EE. UU. no acredita instituciones educativas,[53] el sitio web del Departamento le permite al usuario verificar la acreditación de una universidad por el nombre de una institución o por estado.[54] A diferencia de las escuelas acreditadas, las fábricas de diplomas o títulos otorgan credenciales y educación inútiles.[55] El rigor académico de la escuela fabricadora de diplomas es cuestionable porque los estudiantes generalmente obtienen títulos en períodos de tiempo improbables y por costos exorbitantes de matrícula. De hecho, ningún paciente quiere acudir a un médico que obtuvo su título de médico en un año en una escuela en línea no acreditada por $ 2,000. Además, el personal de recursos humanos de las empresas contrata a graduados universitarios calificados según su educación de universidades acreditadas y con basta reputación. Los graduados universitarios deben tener una sólida base académica para trabajar en campos profesionales como la ciencia, la tecnología, la ingeniería, las matemáticas y el derecho. La calidad de la educación está en duda si una escuela no está acreditada. Después de haber investigado su elección de escuelas, debe ejercer la diligencia debida para verificar su acreditación. Si un colegio no está acreditado, hazte un favor y aléjate. No debes gastar tu dinero duramente ganado en un título que no vale nada.

Sección B: Universidades Locales

Algunos estudiantes se resisten a la idea de asistir a un colegio o universidad loca o estatal. Piensan que una universidad local está muy cerca de sus padres. Esos estudiantes deberían repensar su aversión. A menos que un estudiante universitario se establezca en una especialización de una universidad específica, él / ella pueden estar ignorando las grandes escuelas locales de dos y cuatro años. Los colegios universitarios y las universidades estatales ofrecen muchos beneficios adicionales y gastos instruccionales notablemente más bajos en comparación con los colegios universitarios de fuera del estado, puesto que no solo asisten a un favorito de su ciudad natal, sino que también ahorran en gastos de vida si el estudiante vive en casa en lugar de en el campus. En realidad, aun cuando quieras vivir lejos de casa, debes comparar las universidades y los programas que se te ofrecen en todo tu estado. Por ejemplo, Maryland tiene 16 colegios comunitarios según la Asociación de Colegios Comunitarios de Maryland.[56] Todos ofrecen matrícula estatal a los residentes de Maryland, incluso si los residentes viven fuera de sus respectivos condados. Sin embargo, si eliges fuera de tu estado, tendrás que presupuestar costos adicionales, a saber, vivienda y transporte. A medida que consideras posibles universidades, también debes investigar tus escuelas estatales locales. Es posible que te sorprendas gratamente con la calidad y el costo en comparación con los colegios / universidades de fuera del estado.

Otro beneficio de una universidad local, específicamente una universidad comunitaria, es la capacidad de un estudiante para ahorrar dinero al completar cursos de educación general y transferir esos créditos a una universidad más costosa de cuatro años. La mayoría de estas clases de materias generales requeridas se superponen en materias como matemáticas, inglés, humanidades, ciencias del comportamiento / sociales y ciencias no relacionadas con el laboratorio o laboratorio. Dado que las universidades locales suelen ser más baratas de asistir, puedes estirar el monto de una beca, subvención o préstamo para cubrir más costos de matrícula.[57] Independientemente de la especialidad, todas las instituciones educativas de dos y cuatro años exigen que cada estudiante debe completar la educación general o los cursos básicos para graduarse. Estos cursos de materias generales requeridos aseguran que cada estudiante tenga la misma base académica necesaria para sobresalir en la universidad. Por ejemplo, los cursos de asignaturas generales requeridos del Montgomery College (MC) se conocen como cursos de educación general (Gen

Ed), mientras que los cursos obligatorios de la UMCP se denominan cursos CORE.[58] Los estudiantes del MC deben tomar sus cursos Gen Ed en la secuencia requerida por semestre. La finalización de un programa de educación general de MC por parte de un estudiante se traduce en 34 créditos. Si el estudiante de MC se transfiere a la UMCP, él / ella automáticamente adquiere 34 créditos para los cursos CORE requeridos por la UMCP.[59] En tu situación debes hablar con la oficina de admisiones de tu universidad local o de la universidad comunitaria para asegurarte de que estás tomando los cursos de educación general apropiados. Como resultado, podrás transferir esos créditos y optar por cursos similares en una futura institución de cuatro años.

Mientras completas los cursos hacia tu especialización en un colegio comunitario, tú puedes tener garantizada la admisión / transferencia a instituciones seleccionadas de cuatro años. Al considerar un colegio comunitario, debes preguntarte al funcionario de admisiones si es miembro de un programa de articulación o preparatoria de alumnos.[60] La articulación significa que los cursos de una institución para un programa de estudio son reconocidos por otra institución que luego acepta la transferencia de esos créditos asociados. Generalmente, los programas de articulación facilitan las transferencias de estudiantes de colegios comunitarios a colegios de cuatro años. Por ejemplo, MC tiene acuerdos de transferencia con varias universidades de cuatro años, concretamente con la Universidad Americana, D.C.; con el Colegio de Arte & Diseño Savannah, GA; y la Universidad de Maryland, College Park, MD.[61] De hecho, el Centro de Investigación del Centro Nacional de Información para Estudiantes afirma que el 20% de los estudiantes de colegios comunitarios se transfieren a una institución de cuatro años.[62] Por lo tanto, las transferencias de universidades comunitarias llenan un gran porcentaje de las poblaciones estudiantiles en las universidades locales de cuatro años. A menudo, los estudiantes de colegios comunitarios tienen problemas para transferir créditos hacia su especialidad a una universidad de cuatro años.[63] Los programas de articulación ayudan a garantizar que los estudiantes reciban la admisión, así como el crédito completo para toda la educación general y las clases específicas principales. Debes investigar si existe un programa preparatorio o de articulación en tu posible colegio comunitario.

Esencialmente, cuando obtienes 60 horas de crédito de los cursos en tu universidad de dos años o comunitaria, probablemente tengas suficientes créditos para obtener tu título de asociado / diploma.[64] Muchos estudiantes se van o se transfieren del colegio comunitario, pero nunca obtienen su diploma. Si es elegible, debes investigar el proceso a través de la Oficina del Registrador de tu universidad de dos años o comunitaria y solicitar tu título de asociado / diploma. Si tu posible carrera solo requiere un título de asociado, entonces habrás ahorrado una gran cantidad de gastos en matrícula y costos porque ya habrás terminado. De lo contrario, puedes utilizar tus créditos adquiridos para transferirlos a una escuela de cuatro años para completar tu programa de estudios universitarios. Con tu título de asociado en el bolsillo, ya estarás a mitad de camino hacia tu título de licenciatura. En ese caso, tu programa de estudios debe ser una progresión natural de un programa de grado asociado a un programa de licenciatura. Recuerda, un título de asociado es de 60 horas de crédito y un título de licenciatura es de 120 horas de crédito.[65] Debes investigar y coordinar para la transferencia de los 60 créditos a la institución de cuatro años. Luego, te transferirás como estudiante universitario junior en lugar de un estudiante de primer año. Una vez más, ¡piensa en el dinero que ahorrarás! Si no estás seguro de una estrategia de transferencia, debes visitar el CollegeTransfer.net.[66] Este sitio web ofrece artículos gratuitos e información de transferencia como instituciones amigables con la transferencia y perfiles de transferencia para escuelas específicas en su base de datos. Asimismo, Campus Explorer, Inc. es otro excelente sitio web que proporciona una guía paso a paso de transferencia entre universidades.[67]

Sección C: Universidades Comunitarias

Aunque los colegios comunitarios tienen mucho a su favor, quiero abordar algunas dificultades para asistir. La base de datos de la Asociación Americana de Colegios Comunitarios (AACC, por sus siglas en inglés) observó que 1.108 colegios comunitarios acreditados obtuvieron títulos de asociados en 2017.[68] Numerosos estudiantes de colegios comunitarios no pueden graduarse a tiempo o nunca debido a las finanzas, la mala preparación académica, el estrés familiar, y que no hay un plan claro de graduación, trabajo, u otras razones. Por ejemplo, muchos estudiantes de escuelas secundarias de bajo rendimiento pueden tener que tomar cursos académicos de recuperación. Estos cursos alargan el tiempo de los estudiantes en la escuela y aumentan los costos. Los estudiantes pueden no tener los fondos suficientes para estas clases adicionales. Por lo tanto, los estudiantes de secundaria deben prepararse financiera y académicamente para la universidad comunitaria con el mismo rigor que para una institución de cuatro años para graduarse de la universidad a tiempo.

Los colegios comunitarios suelen atender a las comunidades locales. En todo el país, los estudiantes asisten a la universidad comunitaria por muchas razones, en particular por los horarios flexibles de clases, admisión a programas técnicos / vocacionales acreditados, menores costos de matrícula y proximidad. Según una encuesta de otoño de 2015 de la AACC, el mayor número de estudiantes de colegios comunitarios asistieron en una modalidad de tiempo parcial en un 62% (4,5 millones) en comparación con los estudiantes a tiempo completo con un 38% (2,7 millones).[69] Además, la mayoría de los colegios comunitarios tienen políticas de inscripción abierta que aceptan a casi cualquier persona para ingresar, siempre y cuando el estudiante cumpla con los estándares académicos y pague la matrícula y las tarifas. El modo de tiempo parcial de algunos estudiantes y las políticas de inscripción abiertas pueden crear algunos problemas de retención y tasas de graduación. Según el Centro Nacional de Investigaciones de Estudiantes Clearinghouse, desde el otoño de 2007 hasta la primavera de 2013, las escuelas públicas de dos años o las universidades comunitarias tuvieron el porcentaje más bajo (26.5%) de estudiantes que obtuvieron un título dentro de los seis años.[70] En contraste, las instituciones públicas sin fines de lucro de cuatro años y las privadas de cuatro años tuvieron porcentajes más altos de estudiantes que completaron el curso con un 50.6% y un 59.0%, respectivamente.[71] En seis años, las instituciones privadas con fines de lucro de dos años tuvieron un porcentaje de finalización del 57,4% para los estudiantes.[72] Por segunda vez, te enfatizo que tu objetivo aquí es adquirir los 60 créditos necesarios para obtener tu título y graduarte de la universidad comunitaria tan pronto como sea posible. ¡Mantente enfocado!

Después del ejército, me inscribí en MC, la universidad comunitaria más grande de Maryland.[73] Valoré mi asistencia allí porque mis clases de MC fueron desafiantes e interesantes. Los instructores fueron de gran ayuda y estaban muy bien informados en sus campos. La mayoría de las clases eran pequeñas, con alrededor de 25 a 30 estudiantes. Por lo que los estudiantes tuvieron más acceso y tiempo cara a cara con sus instructores. Al ser un colegio comunitario local, la población estudiantil de MC consistía en estudiantes adultos, militares, estudiantes extranjeros, padres solteros, amas de casa, estudiantes que trabajan y una gran cantidad de estudiantes nuevos. Había una gran variedad de experiencias de vida entre los estudiantes de MC. En línea con las estadísticas de AACC, la proporción era más de estudiantes de medio tiempo que de estudiantes de tiempo completo. En 2016, MC tenía una población de pregrado de 23,916.[74] Los estudiantes universitarios de MC se dividían en un 63% que eran de medio tiempo, en comparación con el 37% que eran estudiantes de tiempo completo y primerizos.[75]

Sin embargo, cuando asistí, observé que la mayoría de los estudiantes de MC de tiempo completo estaban dedicados a cultivar una narrativa académica con altos promedios de puntuaciones, excelentes calificaciones y logros ejemplares para garantizar la facilidad de transferencia a una institución de cuatro años. También presencié que algunos de mis compañeros más jóvenes no estaban muy concentrados. Muchos eran adolescentes, estudiantes de medio tiempo que trataban el colegio comunitario como una extensión de la escuela secundaria. Estos estudiantes de medio tiempo asistían a clases por la mañana y luego se tomaban el resto del día de manera similar a los semi-jubilados. Recuerdo en particular a uno de mis compañeros de clase de la MC quien ya iba por cuatro años. Aunque a la edad de veinte años, no tenía un plan para graduarse y a pesar de ser muy inteligente y articulado, este joven adulto tomaba cursos de temas que le interesaban. Aunque nunca pregunté quién estaba pagando su factura de matrícula, me intrigó mucho esa estrategia sin rumbo. Estaba perdiendo dinero y tiempo mientras intentaba descubrir su objetivo en la vida. Para tener éxito, debes tomar tus clases en serio. La universidad comunitaria te proporciona una gran importancia y oportunidad, haciendo que tu experiencia universitaria sea excepcional, si la aprovechas al máximo. Sin embargo, se supone que los estudiantes deben asistir a la universidad comunitaria solo por dos años en lugar de cuatro a seis años.

Para evitar quedarse más tiempo que lo estrictamente necesario, debes identificar un campo potencial y de carrera importante antes de inscribirte en un colegio comunitario. Numerosas carreras de colegios comunitarios ofrecen capacitación técnica / vocacional y certificaciones / títulos asociados para carreras como mecánico, fontanero, o técnico de calefacción, ventilación y aire acondicionado.[76] Al obtener un título de Asociado en Ciencias Aplicadas, inmediatamente comenzarás un curso de vocación específica para tu campo profesional si solo se requiere un título de asociado.[77] Por lo tanto, debes saber si tu carrera de interés requiere una certificación o un título de asociado. Nuevamente, solo tienes dos años para obtener tu título, lo que no es un gran problema de tiempo. Debes crear y seguir un plan académico de dos años para graduarte. El plan académico debe describir todos los cursos necesarios para graduarte de la universidad a tiempo, según el programa de grado asociado. Al final de cada semestre, tú y tu asesor académico deben reunirse para revisar el plan y verificar que están en camino con los créditos necesarios para tu título de asociado.

Cuando requieres un título de cuatro años para tu carrera profesional, debes planear tu plan de transferencia a una universidad de cuatro años.[78] Si no estás seguro acerca de tu especialización, debes investigar y seleccionarla mientras tomas cursos de educación general en el colegio comunitario. Tendrás más tiempo para decidir tu especialización. Esto es importante porque puedes decidir entre obtener un título de Asociado en Artes o de Asociado en Ciencias.[79] Para ambos, el curso es más general en lugar de vocacional o técnico. Tu asesor académico u oficina de admisiones deberían ayudarte y guiarte en tu decisión. Tan pronto como identifiques tu especialidad, si corresponde, debes buscar inmediatamente tu programa de licenciatura en las posibles universidades de cuatro años. Debes comunicarte con la oficina de admisiones de cada universidad para averiguar si la escuela aceptará todos tus créditos universitarios. Por ejemplo, puedes decidir ahorrar dinero tomando clases específicas de la especialidad en la universidad de tu comunidad. Por lo que, realmente necesitas asegurarte de que esos créditos se transfieran. En esta coyuntura, quiero insistir en que no existe nada a menos que haya un registro escrito. Si quieres disputar una política de una entidad, o decisión, o memoria de eventos u otra acción, debes tener evidencia. Como resultado, debes obtener todo por escrito de la persona o de la entidad. Para evitar una futura denegación de créditos universitarios, debes obtener una garantía potencial de la escuela por escrito de que todos tus créditos (educación general y específicos) se transferirán. Además, debes confirmar el proceso para facilitar la transferencia.

Cuando investigas colegios comunitarios, debes investigar sus tasas generales de graduación y transferencia.[80] Unas bajas tasas de graduación o las altas tasas de transferencia podrían indicar que las especializaciones que se ofrecen en esas universidades requieren transferencias a universidades de cuatro años, problemas académicos estudiantiles, una administración / facultad indiferente o un sinfín de otros problemas. Varios sitios útiles brindan excelente información que puedes usar para investigar posibles colegios comunitarios:

- El sitio web de la NCES College Navigator[81]
  - Proporciona información sobre las tasas generales de graduación de los colegios comunitarios y las tasas de transferencia para estudiantes; y, ofrece una función de motor de búsqueda para investigar programas / especialidades universitarias, matrícula y cuotas, y otros criterios
- El sitio web CNNMoney, Collegemeasures.org[82]
  - Compila y publica una calificación de "éxito" para las universidades comunitarias en todo el país, incluidas las tasas de graduación y transferencia de cada universidad comunitaria para asignar sus calificaciones.
- StateUniversity.com[83]
  - Clasifica a los 500 mejores colegios comunitarios
  - Recopila datos sobre la retención de estudiantes, el salario de la facultad, la proporción de estudiantes por facultad, el costo total de cada universidad, la información de ayuda financiera, la información sobre deportes y los criterios de admisión.

Estos sitios son solo herramientas porque cada universidad comunitaria es única. En contraste, una visita a la universidad te ayudará a obtener una imagen completa de una posible universidad comunitaria. También debes reunirte con un oficial de admisiones durante la visita. Si asistes, debes concentrarse en obtener su título en dos años.

Sección D: Instituciones Privadas con Fines de Lucro

Quiero alertarte sobre un tipo de institución de educación superior a la que debes tener cuidado al asistir. Durante las últimas dos décadas, las universidades privadas con fines de lucro han estado en auge. En los anuncios de televisión, estas universidades privadas con fines de lucro a menudo exageran la admisión, clases de fin de semana / noche, cursos en línea, planes de trabajo específicos para un grado y mayor flexibilidad en el horario de clases. Las instituciones educativas privadas con fines de lucro son administradas por propietarios o accionistas que buscan ganancias. Muchas de estas escuelas tienen tasas de graduación muy bajas y altos costos de matrícula en comparación con las universidades públicas de dos o cuatro años. Según un artículo de 2012, las instituciones privadas con fines de lucro de cuatro años obtuvieron una tasa tan baja como el 22% para estudiantes de licenciatura que se graduaban en un plazo de seis años.[84] Además, las instituciones privadas con fines de lucro no tienen un estado fiscal sin fines de lucro.[85] Dado que no reciben dinero de los impuestos del gobierno, las escuelas privadas con fines de lucro generalmente tienen costos de matrícula más altos que los colegios y universidades públicas de la comunidad. Por lo general, los títulos que ofrecen las escuelas privadas con fines de lucro son limitados. Además, los créditos de sus cursos no se pueden transferir a otras universidades de dos y cuatro años. Es posible que muchos estudiantes de estas universidades que quieran transferirse a otra escuela no conozcan los requisitos de transferencia de la otra escuela.[86] Estos estudiantes pierden tiempo y dinero volviendo a tomar cursos en su nueva escuela. Si estás considerando una escuela privada con fines de lucro, ¡debes verificar si otras escuelas aceptarán tus créditos de transferencia! Además, la asistencia a escuelas privadas con fines de lucro no garantiza mejores empleos o salarios más altos que la asistencia a universidades públicas de dos y cuatro años. Muchos estudiantes de universidades privadas con fines de lucro han encontrado altos costos de matrícula y cuotas, dificultades para transferir créditos, prácticas de préstamos estudiantiles depredadores y retornos de empleo cuestionables, lo que suscita preocupaciones alarmantes. Por lo tanto, muchos educadores y legisladores han aumentado el escrutinio sobre la calidad de las escuelas privadas con fines de lucro, las prácticas de reclutamiento y las tasas de éxito de sus graduados para encontrar trabajo.[87]

Las escuelas privadas con fines de lucro están ubicadas en todo el país. Normalmente, se dirigen a audiencias a través de anuncios en televisión o radio, que ofrecen principalmente capacitación profesional en línea. Las escuelas privadas con fines de lucro atrajeron a 2.4 millones de estudiantes para el año académico 2010-2011.[88] Las universidades con fines de lucro más populares tienen varias ubicaciones en varios estados. En realidad, algunas escuelas privadas con fines de lucro han cerrado sin previo aviso. En septiembre de 2016, 136 ubicaciones del Instituto Técnico de ITT en 38 estados cerraron sus puertas en una declaración voluntaria de bancarrota.[89] Los estudiantes del Instituto Técnico de ITT perdieron la matrícula, no obtuvieron títulos y posiblemente se vieron obligados a comenzar de nuevo en otras universidades.

Asistir a una universidad privada con fines de lucro puede parecer que se ajusta a las necesidades de muchos estudiantes debido a los horarios flexibles y la fácil admisión. Para ser clara, no estoy descartando a ningún estudiante pasado o actual que haya trabajado arduamente para obtener sus títulos en escuelas privadas con fines de lucro. Los miembros militares son especialmente susceptible debido a las implementaciones y el acceso a la asistencia de matrícula para asistir a la universidad. Aunque quiero advertirte sobre la información que debes investigar antes de seleccionar una universidad privada con fines de lucro a la que asistir. Si algo es demasiado bueno para ser verdad, normalmente lo es. En comparación con un aumento del 31% en la inscripción para otras instituciones postsecundarias, la inscripción creció en un 225% para las instituciones privadas con fines de lucro de 1998 a 2008.[90] El aumento en la inscripción de las instituciones privadas con fines de lucro también se correlacionó con un aumento en el porcentaje de préstamos estudiantiles privados emitidos.[91] El Proyecto de Deuda Estudiantil de 2008 afirmó que "casi uno de cada cuatro (24%) de todos los graduados de 2008 de universidades de cuatro años con fines de lucro debían al menos $ 40,000 en préstamos estudiantiles." En comparación, solo el 6% de los graduados de escuelas públicas de cuatro años las universidades de un año y el 15% de las universidades privadas sin fines de lucro de cuatro años tenían la misma cantidad de deuda.[92] Debido a sus altos costos de matrícula y cuotas, muchas de estas universidades convencen a los estudiantes para que soliciten préstamos estudiantiles federales para asistir y luego presuntamente promueven préstamos privados para estudiantes para compensar la diferencia. Un estudiante que tiene una crisis financiera / un contratiempo puede quedarse con una alta deuda estudiantil pero sin un título.[93] O, si el estudiante tiene dificultades para encontrar un trabajo después de la graduación, será menos probable o no podrá hacer los pagos de los préstamos estudiantiles. Los datos del Proyecto sobre Deuda Estudiantil también mostraron que las tasas de incumplimiento de préstamos estudiantiles federales fueron del:

- 9.8% para los estudiantes que asistieron a universidades privadas con fines de lucro de cuatro años, más del doble que las de otras universidades de cuatro años;
- 3.6% para estudiantes universitarios privados de cuatro años sin fines de lucro; y,
- 4.3% para estudiantes universitarios públicos de cuatro años.[94]

Estas estadísticas resaltan que algunos estudiantes de escuelas privadas con fines de lucro poseen los montos más altos de deuda de préstamos estudiantiles y tasas de incumplimiento.

Un ejemplo de una ubicación satelital privada de cuatro años con fines de lucro es la Universidad DeVry en Arlington, Virginia.[95] El campus es la Universidad DeVry-Virginia. La herramienta College Navigator del NCES proporciona información que un usuario puede usar para comparar escuelas como la Universidad DeVry-Virginia y la Universidad de Maryland, College Park (UMCP), una institución pública de cuatro años. A partir del año académico 2018-2019, el College Navigator del NCES estima que la matrícula total y los aranceles de la Universidad DeVry-Virginia durante la duración de su programa de cuatro años es de $ 73,873.[96] Esta universidad no hace distinción entre los costos de matrícula dentro del estado y los de fuera del estado. El costo total estimado de la licenciatura y los aranceles de la Universidad DeVry-Virginia a lo largo de su programa de cuatro años es mucho más alto que el costo estimado de un estudiante de UMCP en el estado de $ 45,213.[97] Para los cálculos, la tasa de inflación de matrícula seleccionada para ambas universidades fue del 2%. Para aclarar, estos costos totales de pregrado a lo largo del período de cuatro años son solo estimaciones que no cuentan con fondos de ayuda financiera. Aun así, la diferencia de costos entre las dos escuelas de muestra vale la pena comparar este tipo de datos para las escuelas potenciales de tu elección.

A continuación, la tasa de incumplimiento de una universidad es el porcentaje de sus estudiantes que no pagaron los préstamos federales para estudiantes. En el año fiscal 2014, la tasa de incumplimiento de la Universidad DeVry fue de 12.5%[98] y de la UMCP fue de 2.4%.[99] Además, la población total de estudiantes de pregrado de DeVry en el otoño de 2016 fue de 370,[100] en comparación con la inscripción de 28,472[101] estudiantes universitarios de la UMCP. Mientras que la tasa de graduación de DeVry para los estudiantes de tiempo completo que buscan su primer grado fue del 27%, la tasa de graduación de UMCP fue del 86%. Los créditos de transferencia de referencia, en 2018, de la UMCP incluyeron seis cursos de la Universidad DeVry-Arlington en su base de datos de transferencia.[102] Solo uno de esos cursos de la Universidad DeVry tenía un equivalente UMCP, mientras que los otros requerían la presentación de un programa de estudios para su revisión. Las comparaciones anteriores resaltan información preocupante sobre los costos, las tasas de incumplimiento, las tasas de graduación y la transferencia de créditos que podrían aplicarse a muchas universidades privadas con fines de lucro.

¡Los hechos sobre las escuelas privadas con fines de lucro son muy importantes de conocer! Las escuelas privadas con fines de lucro, supuestamente, ofrecen flexibilidad de horarios y fácil admisión para estudiantes no tradicionales o trabajadores. A pesar de estos beneficios, no garantizan un mejor empleo, salarios más altos o tasas de graduación más altas para sus estudiantes que las universidades públicas o sin fines de lucro. Debes enfocarte en graduarte a tiempo con un título universitario; sin embargo, no todas las universidades son iguales. Por esa razón, debes investigar a fondo la transferencia de créditos a otras escuelas y los costos totales de asistir a universidades privadas con fines de lucro; sé bien cauteloso.

Sección E: Visitas a la Universidad

Durante la escuela secundaria, debes explotar cualquier oportunidad de visita a las universidades. Los recorridos universitarios pueden ayudarte a decidir si una universidad determinada es la mejor opción. Te debes reunir con estudiantes / maestros, experimentar el ambiente y determinar si puedes pensar en ti asistiendo por dos o cuatro años a ese lugar. Es muy probable que si te agrada asistir a tu escuela, te quedes y te gradúes. De lo contrario, comenzarás a arrastrar los pies para ir a clases o no aparecerás en absoluto. Debes eliminar ese posible obstáculo para graduarte y obtener tu título. Por lo que sin dudas, tú (y tus padres) deben hacer esos viajes si tienen el dinero y el tiempo. Además, muchas iglesias, programas de después de la escuela / de enriquecimiento y organizaciones como la YMCA patrocinan visitas a universidades. Las escuelas que visites deben ser tus tres o cuatro mejores opciones; especialmente si tienes restricciones de dinero para viajar. Ya deberías haber hecho tu tarea de eliminar las escuelas menos deseables. Antes de visitarlas, debes ponerte en contacto con la posible escuela. Puedes preguntar si la universidad tiene visitas guiadas que permitan a los futuros estudiantes hablar con los estudiantes actuales, ver el campus y observar algunas clases. Por ejemplo, debes preguntar si puedes observar alguna clase en curso, especialmente para las carreras universitarias que te interesen. Si no tienes una especialización específica, debes asistir a una clase de matemáticas, inglés o ciencias. La mayoría de las universidades requieren que los estudiantes de primer año tomen estas clases de educación general. También debes coordinar para ver uno de los dormitorios de la universidad para ver el espacio de la habitación, el tamaño de almacenamiento y la privacidad. Puedes verificar si la vivienda en el campus está disponible durante los descansos de verano e invierno, especialmente si planeas tomar clases. Además, debes revisar los servicios de la universidad, como el gimnasio o la unión estudiantil.

En el libro, "Visitas al Campus & Entrevistas Universitarias," los autores incluyeron varias listas de verificación que pueden ayudarte a prepararte para tu visita a la universidad.[103] El libro señala que las semanas de exámenes y los fines de semana, cuando la universidad no está en sesión, no son buenos momentos para visitar un campus. En la sección "Aspectos Principales de la Vida Universitaria," una lista de verificación proporciona preguntas para preguntar a los estudiantes actuales sobre su universidad.[104] Los autores también abordan temas para estudiantes internacionales y estudiantes con necesidades especiales.

Otro método para visitar las escuelas es visitar los colegios / universidades locales durante su Puertas Abiertas o el Día de la Organización. Por ejemplo, cada abril, UMCP alberga el Día de Maryland.[105] Cada departamento coloca instructores y estudiantes en puestos para responder preguntas sobre carreras y programas. Con acceso a todo el campus, los padres y los niños pueden recorrer edificios académicos y recreativos (gimnasio, sindicato de estudiantes, etc.). Deberías investigar si tus colegios / universidades locales tienen períodos de puertas abiertas similares y debes tomarte el tiempo de asistir.

Para resumir, las visitas a la universidad son tu tiempo para experimentar el entorno y la cultura de estas escuelas. Cuando visites cada universidad, debes mantener los ojos abiertos y hacer muchas preguntas. Deberías usar tus viajes universitarios con prudencia para seleccionar la mejor escuela para ti. Si amas tu universidad, querrás quedarte y graduarte. También estarás orgulloso de contarles a otros sobre tu tiempo en tu alma mater.

Lecciones de vida - Selección de la Universidad
- Investigar, investigar e investigar, es fundamental para que encuentres la mejor universidad, aquella a la que te encantará asistir.
  - Investigar y hacer una selección final de la universidad son habilidades esenciales para ti en la vida, como elegir un trabajo, un automóvil o una casa que sea la mejor opción para ti.
- Hay muchos recursos disponibles, específicamente el consejero de orientación de la escuela secundaria o la biblioteca pública para ayudarte a identificar las universidades posibles a las que puedes asistir.
- Las universidades públicas locales de dos y cuatro años pueden ahorrarte mucho dinero debido a las tasas de matrícula en el estado
  - Verifica si los cursos generales o básicos de la universidad local son transferibles a otras universidades
  - Comprueba si la escuela es una escuela que realiza tránsito, y que por tanto facilita la transferencia a otras universidades en el área
- El colegio comunitario es una gran oportunidad; sin embargo, debes graduarse de la universidad comunitaria dentro de los dos años requeridos. ¡Mantente enfocado!
  - Cuando te transfieras a una institución de cuatro años, asegúrate de postular a la universidad comunitaria para obtener tu título de asociado si llegaste a los 60 créditos
- Si estás considerando una escuela privada con fines de lucro, debes investigar los costos de matrícula, las tasas de graduación, la tasa de incumplimiento de préstamos estudiantiles y la facilidad para transferir créditos.
- Para reducir tus mejores opciones, aprovecha las visitas a la universidad si tienes dinero y tiempo disponibles

CAPÍTULO 4:
Finanzas

Estamos en los días finales de junio y será un verano largo y caluroso. Ya te graduaste de la escuela secundaria y serás un estudiante universitario en el próximo otoño. Recibiste la aceptación de la universidad que deseabas y la carta de bienvenida. También te fue bien en tus exámenes AP y aprobaste algunos cursos. ¡Felicidades! Por lo que este verano antes de ir a la universidad, deberías divertirte: ir a la playa, viajar por Europa / Sudamérica, pasar el rato con tus amigos, disfrutar de tu familia y *completar el espacio en blanco*. O bien, podrías trabajar. De cualquier manera, independientemente de lo que hagas, te aconsejo que no te salgas del camino completamente. Tienes algunos cabos sueltos que debes atar antes de ingresar a tu primera clase de la universidad, y estos tienen que resolverse, específicamente los de identificar el dinero para tu sueño universitario. Cuando comenzaste la escuela secundaria, podrías haber pensado que pagar la universidad era un problema lejano en el futuro. No estás solo porque muchos estudiantes no tienen fondos universitarios o fondos fiduciarios para cubrir sus gastos, la matrícula, la vivienda, los libros, etc. El quedarse sin dinero es un factor importante que impide a muchos estudiantes de graduarse de la universidad. Recuerda, que la diferencia entre optimista y delirante es tener un plan.

Todo estudiante que decide asistir a la universidad debe tener su casa financiera en orden. Algunos estudiantes tienen la suerte de tener padres que pagan por su educación universitaria. Así como otros muchos padres han llorado de angustia al pagar costos universitarios exorbitantes solo para ver a su hijo abandonar la escuela antes de graduarse. También hay numerosos estudiantes que pagan la universidad por su cuenta sin la ayuda de sus padres. Hay de todo. Desafortunadamente, los requisitos de financiamiento de la universidad confunden incluso a los solicitantes más avezados en la materia. Ya en el décimo grado, tú y tus padres deberían hablar sobre las formas de pagar la universidad, es decir, ahorros, subvenciones, préstamos, fondos universitarios o becas basadas en la necesidad o en el mérito. Debes considerar todos los escenarios posibles para financiar los dos o cuatro años de la universidad. Por ejemplo, los colegios comunitarios suelen tener muy poca ayuda financiera institucional para distribuir. Si es necesario, los estudiantes de colegios comunitarios generalmente deben solicitar ayuda financiera de otras fuentes, incluida la ayuda financiera estatal y federal.[106] De todos modos, el consejero universitario de la escuela secundaria es un buen recurso para investigar opciones y desarrollar un plan financiero. Entonces, en tu primer año, necesitas que tus padres te den números concretos de con cuánto contribuirán exactamente.

Para ahorrarte una gran cantidad de dolor y decepción, debes tener una imagen tangible del dinero disponible para la universidad. Por ejemplo, puedes tener tu corazón puesto en asistir a la Universidad Sarah Lawrence de Nueva York, una universidad privada sin fines de lucro. Para el año académico 2015-2016, los estudiantes pagaron matrícula y cuotas de $ 51,038[107] para esa universidad. Para el año académico 2017-2018, el costo había aumentado a $ 54,010 según el NCES College Navigator.[108] Este ejemplo destaca que cada año los costos universitarios están aumentando. A menos que puedas pagar la factura, tener una herencia de la abuela o una enorme cantidad de ayuda financiera, probablemente no puedas pagar el precio total de cuatro años de más de $ 223,000.[109] Si tomas préstamos para asistir, se te cargará una enorme deuda de préstamos estudiantiles. Para una verificación de la realidad, también debes investigar tus ganancias potenciales en función de tu grado de interés principal. Tus ganancias potenciales afectarán tu capacidad para pagar rápidamente tus préstamos estudiantiles. Por lo tanto, debes ser realista en la universidad que puedas pagar. Lo diré una vez más, tú y tus padres deben tener una discusión franca sobre la financiación universitaria lo antes posible. A continuación te muestro un plan paso a paso que pudieras seguir y que analizaré contigo en gran detalle en este capítulo.

- Habla con el consejero de tu escuela secundaria sobre el financiamiento de la universidad y las posibles fuentes de financiamiento.
- Identifica las posibles universidades y estima la matrícula y las tarifas, así como el costo total para asistir durante un período de dos o cuatro años.
  - o Determina si puedes pagar tu elección de escuela.
  - o Investiga los programas de grado y ganancias potenciales para pagar préstamos estudiantiles, si corresponde.
  - o Evalúa tu deseo y costo de asistir a una escuela fuera del estado en comparación con el costo de asistir a una escuela dentro del estado.
  - o Considera la posibilidad de tomar cursos generales de educación general en un colegio comunitario o en una escuela menos costosa, transfiriendo esos créditos a una escuela de cuatro años de tu elección (asegúrate de que los créditos se puedan transferir).
- Identifica si tus padres pueden contribuir a tus gastos universitarios y con cuánto.

- Comienza lo antes posible en el décimo o undécimo grado a investigar e identificar las fuentes de financiamiento de la universidad, en particular becas, préstamos estudiantiles y subvenciones a nivel universitario, local, estatal y federal.
  - o Usa el Formulario de Estimación de Ayuda Financiera en el sitio web FinAid.org para obtener una estimación de la ayuda financiera federal para la que podría ser elegible.[110]
  - o Aprovecha la hoja de trabajo de FAFSA4caster, que es otra herramienta de planificación de ayuda financiera federal; esta se encuentra en el sitio web del Departamento de Educación de la Oficina Federal de Ayuda Estudiantil.[111]
- Investiga las opciones militares para financiar y asistir a la universidad, como los programas del Cuerpo de Entrenamiento de Oficiales de la Reserva (ROTC, por sus siglas en inglés), academias de servicio o de alistamiento.
- Comunícate con empleadores, organizaciones comunitarias locales, amigos, familiares y otras personas sobre la asistencia a la universidad y solicitar contribuciones, como donaciones, becas, subvenciones y / o asistencia para la matrícula del empleador.
- Llena el formulario de Solicitud Gratuita de Ayuda Federal para Estudiantes (FAFSA) tan pronto como sea posible.
  - o Acopia la documentación financiera requerida para el formulario FAFSA.
  - o Re-aplica y envía tu formulario FAFSA anualmente para solicitar ayuda financiera después de ser admitido y mientras asistas a la universidad.
- Comienza a ahorrar de manera sistemática para la universidad guardando dinero del trabajo, ocasiones

especiales, etc. en vehículos de ahorro como un plan estatal 529.

o Calcula la cantidad total de dinero disponible de todas las fuentes para pagar la universidad (institución de dos o cuatro años).

o Identifica los vacíos y los métodos para llenarlos, como trabajar, estudiar y trabajar, etc.

o Recuerda el poder de los medios sociales para transmitir la asistencia a la universidad a una amplia audiencia para una posible financiación.

Ahora que te he preparado el escenario, hablemos de dinero.

Sección A: Matrícula Universitaria

Es vital que estimes cuánto te costará tu sueño universitario. Tú y tú (s) padre (s) deben saber cuánto pueden pagar por una educación universitaria. La matrícula es el precio que cobran las universidades para que un estudiante asista a clases. Una universidad cobra la matrícula por hora de crédito, enumerando un curso de uno a cinco horas de crédito. Normalmente, la hora de crédito indica la dificultad de la clase, así como el número de veces que la clase se reunirá durante la semana. Para un curso de un crédito, el instructor puede enseñar a sus alumnos una hora a la semana. O bien, un curso de cuatro horas de crédito se puede dividir en dos períodos de lectura y un laboratorio de dos horas durante la semana. El instructor determina cómo se dividen las horas para el curso, que se publica en el programa de cursos de la universidad.

Los estudiantes pagan los costos de matrícula y cuotas según sus cursos registrados y las horas de crédito asociadas. Un estudiante pagará una tarifa diferente como estudiante a tiempo parcial que como estudiante a tiempo completo. Por lo general, un estudiante universitario de tiempo completo toma 12 o más horas de crédito. Un estudiante que toma seis horas de crédito de clases pagará menos que un estudiante que toma 12 o más horas de crédito. Por lo general, las universidades facilitan que los estudiantes averigüen cuánto dinero necesitarán para asistir a sus universidades. La mayoría de los colegios y universidades ofrecen sus horarios de matrícula de pregrado y el costo total anual de asistencia en sus sitios web oficiales. Además, puedes consultar con el administrador de la escuela o de la oficina financiera sobre el costo actual de tu asistencia. No deberías tener que buscar en varias pantallas de computadora o saltar a través de varios aros para descubrir el costo de asistir a una universidad, dentro o fuera del estado. O bien, si eso te sucede, entonces te sugiero que corras, no que camines, y sin mirar atrás, hasta la salida más cercana.

Discutiré algunos recursos para explorar la matrícula de las universidades y otros costos. Esos sitios web proporcionan solo aproximaciones, sin tener en cuenta la ayuda financiera o la situación financiera de un estudiante en particular. Además, no utilicé los costos del año académico actual ya que los datos son solo para fines informativos. Por ejemplo, el sitio web de Forbes.com proporciona la matrícula estatal y matrícula de fuera del estado para numerosas escuelas. Por ejemplo, un residente de Maryland que es estudiante de tiempo completo en la Universidad de Maryland, College Park (UMCP) habría pagado aproximadamente un costo de matrícula estatal de $ 9,996 para el año académico 2015-2016.[112] Esta tarifa simple de matrícula se basó en tomar 12 o más horas de crédito por semestre como estudiante de tiempo completo. En contraste, para el mismo año académico, un residente de otro estado (que asiste a UMCP) pagó una matrícula promedio anual de $ 31,144.[113] Normalmente, las escuelas cobran a los estudiantes residentes en el estado menos que a los estudiantes de fuera del estado porque los estudiantes residentes en el estado son el grupo demográfico más grande para asistir a una escuela local. Además, estos estudiantes residentes en el estado probablemente obtendrán empleos en el estado, aumentando los niveles de alfabetización de los ciudadanos del estado.

Además de Forbes.com, Collegedata.com es otro buen sitio web que proporciona estimaciones de costos universitarios.[114] Proporciona matrículas y cuotas dentro y fuera del estado. Bajo su sección de Asuntos de Dinero, el sitio web calcula los costos de alojamiento y comida, libros y suministros, y planes de pago. Además, el Departamento de Educación de los EE. UU. es una excelente referencia para obtener información sobre la asequibilidad y los costos de la universidad.[115] Los sitios web anteriores no son las únicas fuentes que proporcionan estimaciones de costos de matrículas de universidades dentro y fuera del estado. También puedes buscar el sitio web de una escuela para obtener información.

Al investigar las universidades a las que asistir, debes comparar *el costo académico anual total promedio*. El costo total del año académico se calcula al totalizar todos los costos, incluida la matrícula, los aranceles obligatorios, alojamiento y comida, y los libros y suministros. Generalmente, las universidades proporcionarán el costo académico anual total promedio en sus sitios web. A lo largo de cuatro años, la diferencia entre las universidades fuera del estado, en cuanto a los costos académicos anuales promedio totales, puede ser sorprendente. Por ejemplo, la

UMCP y la Universidad de Wisconsin-Milwaukee (UWM) son excelentes universidades públicas de cuatro años. Las escuelas pueden ser atractivas para los futuros estudiantes debido a sus abundantes especializaciones, altas clasificaciones universitarias y ubicaciones. Para el año académico 2015-2016, el costo académico anual promedio total estimado de la UMCP fue de $ 25,742[116] para un residente de Maryland y $ 46,285 para un estudiante no residente.[117] En contraste, para el año académico 2015-2016, UWM cobró en promedio un costo anual total estimado de $ 23,629[118] para un residente del estado de Wisconsin y $ 33,739 para un estudiante residente de otro estado.[119] Si bien los costos académicos anuales totales promedio de un residente en el estado son diferentes, el costo del estudiante de la UWM fuera del estado es menor que el de un estudiante no residente que asistía a la UMCP. Nuevamente, estos costos no incluyen la ayuda financiera disponible que un estudiante puede tener para ayudar a pagar la universidad. En cualquier caso, el ejercicio anterior ofrece un aspecto importante en los criterios para determinar si puedes permitirte el lujo de asistir a una determinada escuela fuera del estado. Aunque otros factores pueden afectar tu decisión de asistir a una universidad como las especializaciones disponibles, la población estudiantil y la ubicación, el costo para asistir debe ser un factor de peso.

Para pagar la universidad, tú y tus padres tienen una gran cantidad de investigación y cálculos que hacer. En varios sitios web, puedes averiguar el costo promedio para asistir a la mayoría de las universidades en todo el país. Debes postularte por las universidades a las que puedes asistir. Si eres aceptado, debes recibir las cartas de aceptación de la universidad y de ayuda financiera a fines de marzo o principios de abril. Luego, debes comparar el costo de asistencia de tus mejores elecciones universitarias. Al ver la carta de adjudicación de ayuda financiera, debes verificar la fuente, el tipo y los montos de los fondos de la universidad, específicamente las becas (que no se devuelven); subvenciones (que no se pagan); estudio y trabajo; préstamos estudiantiles (federales y / o privados, que deben pagarse) con las tasas de interés asociadas; y su resultado final, los gastos de bolsillo. Además, tú y tu (s) padre (s) deben usar un analizador de préstamos o una calculadora para comparar algunos prestamistas y los términos de sus préstamos estudiantiles en función de los montos mensuales de reembolso, las tasas de interés y el período de tiempo para pagar los préstamos.[120]

Con sensatez, el costo de tu sueño universitario de licenciatura, en particular el de los préstamos estudiantiles u otras deudas, no deberían tomar más de un tiempo razonable, como por ejemplo el pago en cinco a diez años. De lo contrario, realmente debes evaluar si tienes los fondos para asistir a una universidad en particular. No estoy tratando de destruir tus sueños universitarios, pero tampoco quiero que estés agobiado por la abrumadora deuda de los préstamos estudiantiles. El sitio web de la Oficina de Protección Financiera del Consumidor proporciona una excelente hoja de trabajo interactiva de Pago para la Universidad.[121] Le permite al usuario ingresar su información financiera y facilita la comparación de los costos universitarios y las ofertas de ayuda financiera. La hoja de trabajo considera los siguientes elementos:

- Todo el dinero disponible en ahorros y contribuciones de los padres.
- Todo el dinero de becas y subvenciones.
- Cualquier ayuda financiera federal, estatal o universitaria.
- Cualquier monto de préstamo estudiantil federal o privado
- Cualquier costo restante que debas pagarte de tu bolsillo.

- Monto de la deuda al graduarte con los pagos mensuales asociados.

Investigar este tipo de información puede ayudarte a eliminar las instituciones de dos o cuatro años a las que no puedes asistir, incluso con una ayuda financiera significativa. Tú y tus padres deben comenzar con tiempo suficiente para poder tomar una decisión informada. Luego, puedes acumular el dinero para financiar tu sueño universitario. A continuación, debes presentar una solicitud a las cuatro mejores universidades a las que te interesaría asistir y que puedas pagar cómodamente. Cuando seas aceptado, puedes asistir a tu candidata principal y graduarte con poca o ninguna deuda.

Sección B: Becas, Fondos Universitarios, y Otras Fuentes

Nadie te debe una educación universitaria. Estoy diciendo eso para que lo incorpores. Por supuesto, algunos padres pagan directamente por la educación de sus hijos. O tienen más que suficiente dinero o ahorraron cada centavo para enviar a sus hijos a la escuela. Muchos padres tienen la intención de financiar la educación universitaria de un niño, pero surgen problemas inesperados como una crisis médica o la pérdida de empleos que absorbe todo el dinero disponible. Otros padres pagan por la escuela privada de la escuela intermedia a la secundaria para que su hijo reciba la mejor educación, establezca contactos con otros niños privilegiados o haga que el niño sea más atractivo para las universidades. Estos padres pueden haber pagado más de $ 100,000 por una escuela secundaria privada. No han planeado pagar la universidad porque esperan que su hijo reciba becas académicas u otras becas basadas en el mérito. A menos que tus padres te digan que pagarán la cuenta parcialmente o en su totalidad con números importantes, debes asumir que tienes que encontrar dinero por ti mismo para la universidad. Afortunadamente, tienes varias opciones para pagar la universidad, como becas, fondos universitarios y otras fuentes. Tu objetivo es graduarte con la menor cantidad o sin deuda estudiantil.

Las becas son una excelente manera de pagar la escuela porque no tienen que devolverse mientras el estudiante continúe cumpliendo con los requisitos de la beca. Normalmente, las pautas de becas definen los estándares de presentación / desempeño, el monto de la beca y la duración del premio. Los estándares de presentación / desempeño de las becas varían en requisitos, en particular, ensayos, solicitudes, servicio comunitario, promedios de calificaciones mínimos o ingreso a programas de grado específicos. Además, las becas pueden ser una donación única, o financiarte un semestre, o pagar solo por libros o cubrir todo el período de asistencia. La competencia por dólares de becas, sin embargo, puede ser rígida. Si no haces la solicitud, otros están esperando para hacer el esfuerzo y obtener el dinero disponible. Normalmente, las universidades ofrecen becas a los estudiantes como parte de su oferta o cartas de adjudicación. Afortunadamente, las universidades no son la única fuente de becas.

Los gobiernos a nivel local y estatal ofrecen becas para educar a sus ciudadanos. Esas becas son inversiones en la comunidad porque los trabajadores altamente calificados atraen y crean negocios. Además, otras fuentes de becas son asociaciones de la industria, organizaciones locales de la comunidad o empleadores. La autora Leah Latimer describe formas de pagar la universidad en su libro, "Nivel más Alto." Sus planes de acción incluyen iglesias, sindicatos, asociaciones profesionales, hermandades y fraternidades, y empleadores como donantes.[122] Por ejemplo, el empleador de tus padres puede estar ofreciendo becas para la universidad. De lo contrario, puedes trabajar para una compañía como Banco de América o Raytheon que ofrece asistencia o reembolso de matrícula. Además, numerosas universidades ofrecen remisión de matrícula en las que brindan beneficios de matrícula, como recortes de costos o matrícula de pregrado gratuita para sus empleados de tiempo completo y sus dependientes. Así, las diversas becas disponibles son extensas. En cualquier momento, puedes buscar en línea las becas disponibles en función de una variedad de criterios del solicitante, como hijos de miembros militares, residentes de un determinado estado o estudiantes que ingresan en campos profesionales específicos.[123] La mejor característica de las becas es que puedes solicitar las becas antes y durante la universidad. Muchas son otorgadas, renovadas y / u ofrecidas anualmente. Sin embargo, para evitar estafas, te advierto que tus búsquedas y / o solicitudes de becas siempre deben ser gratuitas.[124]

Las becas pueden basarse en la necesidad o en el mérito. Las becas basadas en la necesidad se refieren a la capacidad de un estudiante y su familia para pagar la universidad. Estas becas se basan únicamente en la necesidad financiera. Tú y tus padres pueden esperar completar el papeleo, presentar declaraciones de impuestos y presentar otra documentación para mostrar los activos financieros de la familia. Si tú o tu familia cumplen con los criterios especificados, es probable que recibas ayuda financiera basada en la necesidad mientras estés inscrito en la escuela. Es posible que aquí debas solicitar cada año la certificación para verificar tu estado financiero. Por supuesto, si las circunstancias de tu familia cambian notablemente, como por ejemplo, si ganas una lotería multimillonaria, es posible que ya no tengas derecho a ella.

Cuando una escuela, agencia gubernamental, empresa u organización comunitaria ofrece becas basadas en el mérito, quiere reconocer a académicos, talentos deportivos, y estudiantes dotados artísticamente o un grupo demográfico más diverso. No hay un requisito de necesidad financiera para las becas basadas en el mérito. Como mencioné antes, nuestra sociedad reconoce a aquellos con talentos, conocimientos o habilidades especiales. En otras palabras, numerosos colegios y organizaciones ofrecen becas totales o parciales en música, artes culinarias, danza, ortografía, deportes y otras materias. Por ejemplo, puedes mejorar tus posibilidades de obtención una beca de música estudiando y dominando un instrumento como el violín, flauta, saxofón, piano, etc. O, puedes sobresalir en competiciones de rendimiento no académico, divirtiéndote mientras ganas dinero para la universidad. Específicamente, el Congreso de Bowling de los Estados Unidos ofrece premios monetarios y becas para jugadores de la liga juvenil competitivos basados en el rendimiento de los carriles, el liderazgo y los académicos.

Otro tipo de beca basada en el mérito son las otorgadas por el ejército. Cada rama del servicio militar tiene un programa del Cuerpo de Entrenamiento de Oficiales de la Reserva (ROTC) o un equivalente.[125] Los programas ROTC universitarios ofrecen apoyo financiero a algunos estudiantes mientras asisten a la universidad. Los premios del financiamiento ROTC para estudiantes universitarios son muy competitivos. A medida que asistes a clases universitarias regulares para obtener tu título / especialización, también asistirás a cursos y entrenamiento de ciencias militares patrocinados por ROTC. A cambio de una beca ROTC, después de tu graduación, te desempeñarás en esa rama de servicio como oficial militar. Los programas ROTC no se ofrecen en todas las universidades.[126] Para obtener más información, puedes buscar en las universidades que albergan programas de ROTC o visitar el sitio web del ROTC de cada servicio militar. Además, cada rama militar patrocina una academia de servicios como la Academia Militar de los Estados Unidos. Estas escuelas militares son instituciones de becas completas que prepararan a oficiales para sus respectivas ramas militares. O, si te alistas en el ejército, puedes recibir un bono de alistamiento militar por ingresar a una especialidad de carrera seleccionada, así como asistencia de matrícula para asistir a la universidad. Para cada opción militar, firmarás un contrato y te comprometerás a servir en las fuerzas armadas en algún lugar de los Estados Unidos o en el extranjero durante un período de tiempo específico. Para recapitular, las becas basadas en la necesidad o el mérito son otra forma para financiar la universidad. En el año de secundaria de tu escuela secundaria, debes comenzar a investigar e identificar becas, premios y / o beneficios de matrícula para los cuales puedes ser elegible.

Otra forma de pagar la universidad es a través de un fondo universitario. Tus padres probablemente no son ni Beyonce ni Jay-Z, pero pueden establecer un fondo universitario para ti. En su libro, la autora Leah Latimer propone varios métodos para establecer un fondo para la universidad. Estos incluyen planes de matrícula prepago, certificados de depósitos, fondos mutuos, cuentas de ahorro con libreta de ahorros y otros vehículos monetarios.[127] Muchos estados ofrecen planes de matrícula prepago o planes de ahorro especializados que les permitan a los padres contribuir a un fondo de la universidad. Estos planes se llaman planes 529.[128] No hay límites de ingresos; así, los padres en cada nivel de ingresos pueden contribuir. Cada estado establece sus propias políticas para los límites de contribución anual, que pueden llegar hasta los $ 380,000.[129] Dado que los padres no están limitados al plan de su estado, pueden buscar su mejor opción. Además, los abuelos u otros pueden contribuir al plan 529 para ayudar a financiarlo. Tus padres pueden incluso solicitar tu ayuda para financiar el plan 529 con parte del dinero de tus cumpleaños o de ocasiones especiales. Además, tienes tiempo para acumular y aportar algo de dinero a través del trabajo de verano o de medio tiempo mientras estás en la escuela secundaria. Tus padres también deben comenzar a contribuir a tu fondo universitario antes de tiempo. Si no lo han hecho, puedes pedirles que establezcan uno a medida que te aproximas a tus años junior y sénior. Cada centavo ayuda a pagar la matrícula, las tarifas de laboratorio, los libros, etc. Aunque los beneficios de los planes 529 son numerosos, existen otras opciones de ahorro, específicamente fondos de inversión y certificados de depósito disponibles. Simplemente comienza en algún lugar, porque un fondo para la universidad vale cada centavo.

Por desgracia, muchos adultos jóvenes no informan a sus amigos y familiares sobre su asistencia a la universidad en agosto / septiembre. Para informar a otros, debes enviar anuncios de graduación, especificando a qué universidad asistirás.[130] Muchas veces, los amigos y la familia envían $ 20 o $ 50 como regalo de felicitación de graduación. A su vez, debes enviar inmediatamente cartas de agradecimiento a los donantes. La gente recuerda a los graduados que están agradecidos. Luego, debes hacer un seguimiento periódico con notas sobre cómo hacer la lista del decano, otros eventos importantes y la graduación universitaria. Los donantes pueden repetir los gestos de regalo porque estarán orgullosos de tus logros. Cada dinero, aunque sea poco, ayuda a pagar la matrícula y otros gastos.

Otro buen método para transmitir las noticias sobre tus planes universitarios es en las redes sociales, a saber, Facebook, ™ Twitter, ™ WhatsApp, Kickstarter, Snapchat e Instagram. ™ James Ward es un buen ejemplo.[131] Dentro y fuera de refugios para personas sin hogar durante la mayor parte de su vida, Ward estudió mucho en la escuela secundaria. Por su arduo trabajo obtuvo la aceptación de la universidad de Howard en Maryland. Ward planeaba especializarse en física. Aunque había acumulado el 70 por ciento del costo de la matrícula del primer año a través de préstamos, becas y subvenciones, le faltaban aproximadamente $ 14,000 para completar el dinero necesario. Jessica Sutherland que había estado sin hogar alguna vez, escuchó sobre la historia de James. Ella creó un sitio web para adquirir el dinero adicional. A través de generosas donaciones, James pudo comenzar como alumno de primer año de 2013 en Howard.[132] Sin dinero, no irás a la universidad. Debes investigar todas las opciones y seleccionar aquellas que sean factibles para financiar tu sueño: becas, fondos para la universidad y otras fuentes.

Sección C: Subvenciones y Préstamos

Inicialmente puedes financiar tu educación a través de ahorros, becas y trabajo; aunque aun así, es posible que no puedas cubrir todos tus gastos. Nuevamente, quedarse sin dinero es una de las muchas razones por las que la mayoría de los estudiantes no se gradúan de la universidad. Tu objetivo es graduarte de la universidad a tiempo y con un título en las manos. Por lo tanto, es posible que debas solicitar ayuda financiera en forma de subvenciones o préstamos para pagar la escuela. Por lo general, las subvenciones y los préstamos cierran la brecha entre la capacidad de pago de los estudiantes y el costo de la universidad. En 2014-15, más de $ 183.8 mil millones estaban disponibles en ayuda financiera para estudiantes universitarios.[133] Las principales fuentes de ayuda financiera eran el gobierno federal, los gobiernos estatales, los colegios / universidades, las organizaciones privadas y los empleadores. La porción de ayuda financiera del gobierno federal comprendió el 67% de esos $ 183.8 mil millones.[134] Los programas federales de ayuda financiera incluyen trabajo-estudio, subvenciones y el Programa Federal de Préstamos Directos.[135] Por ejemplo, la modalidad trabajo-estudio es un programa de ayuda financiera federal que administran las escuelas participantes. Mientras asistes a la escuela, un estudiante puede ganar un salario mientras trabaja a tiempo parcial por semana en el campus o fuera del mismo.[136] La elegibilidad para trabajar y estudiar se basa en la necesidad financiera de un estudiante, mientras es un estudiante de medio tiempo o de tiempo completo. Un beneficio adicional es que los ingresos de trabajar y estudiar no cuentan en contra de la ayuda financiera del próximo año.

Para conocer tu elegibilidad y solicitar ayuda financiera federal, debes enviar el formulario de Solicitud Gratuita de Ayuda Federal para Estudiantes (FAFSA) a través de la oficina financiera de tu universidad o en línea en la página www.fafsa.gov. La ayuda financiera federal se asignará cuando seas admitido e inscrito en la escuela. En el formulario, puedes elegir enviar los resultados de la FAFSA a las universidades que identifiques. Si eres elegible, recibirás una carta de otorgamiento de ayuda financiera para la universidad que especifica tu financiamiento de ayuda financiera. La clave para obtener ayuda financiera federal es aplicar temprano para intentar conseguir el dinero disponible. Debes completar un formulario FAFSA lo antes posible y antes de que finalice el plazo.[137] La presentación del formulario FAFSA se abre el 1 de octubre para el siguiente año académico. Por ejemplo, para el año académico 2017-2018, sería elegible presentar el formulario FAFSA entre el 1 de octubre de 2016 y el 30 de junio de 2018. Incluso, algunas universidades y gobiernos estatales utilizan el formulario FAFSA para ofrecer ayuda financiera, las que pueden tener sus propios plazos de presentación. Cada año académico, también debes volver a solicitar y volver a enviar el formulario FAFSA para continuar obteniendo la ayuda financiera.

Más importante aún, la información presentada en el formulario FAFSA ayuda al gobierno federal y / o universidades a determinar la cantidad de dinero que la familia de un estudiante puede contribuir a los costos universitarios del estudiante. Se consideran varios factores, principalmente el tamaño de la familia, los ingresos y otros niños que asisten a la universidad. Por lo general, la contribución de la familia para pagar el costo de asistencia de una universidad aumenta a medida que aumentan los ingresos de la familia.[138] Sin embargo, tú y tu familia no sabrán si son elegibles para recibir ayuda financiera a menos que la soliciten. Repitiendo, lo antes posible, tú y tus padres deben enviar el formulario FAFSA. Sin embargo, es posible que no estés listo para solicitar la universidad como estudiante de décimo grado de la escuela secundaria. Mientras investigas las fuentes de financiamiento para la universidad, tú y tus padres pueden usar las herramientas gratuitas de planificación financiera de la universidad FinAid.org y / o FAFSA4caster.ed.gov. Ambas herramientas de planificación evalúan la elegibilidad de un estudiante para recibir ayuda financiera federal y calculan posibles montos futuros que podrías recibir.

Otra forma de ayuda financiera es la subvención. Si un estudiante mantiene su GPA y permanece inscrito en la universidad, normalmente no tiene que devolver una subvención.

Las subvenciones son muy similares a las becas, excepto que la ayuda financiera federal no incluye una categoría de becas. Las fuentes de subvenciones son el gobierno federal, los gobiernos estatales, las universidades, los empleadores y las organizaciones privadas, incluidas las organizaciones sin fines de lucro y con fines de lucro. La mayoría de las fuentes de subvenciones utilizan el formulario FAFSA presentado por el estudiante para determinar la elegibilidad. Aunque habitualmente se basan en la necesidad, cada requisito de subvención puede tener otros criterios del solicitante en particular género, estado de veterano, discapacidades, campos de carrera de alta necesidad, mérito / académico, etc. Además, los plazos de presentación, las solicitudes y los criterios de selección varían según la fuente. Para recibir subvenciones estatales, los estudiantes generalmente deben vivir y asistir a la universidad en el estado. A menudo, un estudiante puede buscar subvenciones estatales a través de la universidad de su elección o directamente en el sitio web de la Comisión de Educación Superior de su estado. La Comisión, Oficina o Agencia de Educación Superior administra y regula los programas de educación postsecundaria para un estado.

Para los estudiantes elegibles, el gobierno federal otorga subvenciones del Departamento de Educación de los Estados Unidos.[139] Estas subvenciones por lo general no tienen que ser reembolsadas. Las subvenciones federales incluyen la Beca Pell. Un estudiante es elegible para la Beca Pell según la necesidad financiera del estudiante, el estado de estudiante, si está a tiempo completo o parcial y otros factores. Uno de estos factores es que el estudiante de pregrado generalmente no puede tener una licenciatura o un título superior. Para los años académicos 2017-2018, el máximo de becas Pell por término a un estudiante fue de $ 5,920.[140] Cada estudiante debe investigar su elegibilidad para una subvención federal y presentar su solicitud utilizando el formulario FAFSA. El Centro de Políticas y Defensoría de la Junta de Universidades estima que solo el 58% de los estudiantes elegibles para la Beca Pell que asistieron a la universidad comunitaria presentaron su solicitud en 2010.[141] En instituciones públicas de cuatro años, el porcentaje de estudiantes elegibles que solicitaron becas Pell fue del 77%.[142] Un informe de la Junta Universitaria mencionó "una falta de comprensión básica, información inconsistente o inexacta, y desconfianza de las agencias gubernamentales" como razones por las cuales los estudiantes se muestran reacios a postular.[143] Por lo tanto, los estudiantes elegibles dejan una gran cantidad de ayuda financiera federal, es decir, subvenciones no utilizadas cada año. Esa ayuda podría haber ayudado a pagar su educación universitaria. Una vez más, las becas son otro medio para pagar la universidad. Antes y durante la universidad, debes solicitar subvenciones porque muchas de ellas se otorgan, renuevan y / u ofrecen anualmente. Si no cumples con el plazo anual, debes solicitarlas el próximo año calendario. Tienes que investigar para encontrar estas oportunidades.

Los préstamos estudiantiles son otro medio para pagar la universidad. A diferencia de una beca o subvención, el inconveniente de un préstamo estudiantil es que el estudiante debe devolver el dinero. Todos los préstamos estudiantiles no son los mismos. Hay dos categorías: préstamos estudiantiles federales y privados. A continuación, se detallan las características de los préstamos federales para estudiantes frente a los préstamos privados para estudiantes: (consulta la Figura 7).[144]

Préstamos Estudiantiles Federales	Préstamos Estudiantiles Privados
No tendrás que comenzar a pagar tus préstamos federales para estudiantes hasta que te gradúes, abandones la escuela o cambies tu estado de inscripción a menos de medio tiempo.	Muchos préstamos privados para estudiantes requieren pagos mientras estás aun en la escuela
La tasa de interés es fija y con frecuencia es más baja que los préstamos privados — y mucho más baja que la tasa de interés de algunas tarjetas de crédito. Vea las tasas de interés actuales en los préstamos federales para estudiantes.	Los préstamos privados para estudiantes pueden tener tasas de interés variables, algunas mayores al 18%. Una tasa variable puede aumentar sustancialmente la cantidad total que paga.
Los estudiantes universitarios con necesidades financieras probablemente calificarán para un préstamo subsidiado en el que el gobierno paga los intereses mientras tú estás en la escuela por lo menos a medio tiempo.	Los préstamos privados para estudiantes no están subvencionados. Nadie paga los intereses de su préstamo, excepto tú.
No necesitas obtener una verificación de crédito para la mayoría de los préstamos federales para estudiantes (excepto para los préstamos PLUS). Los préstamos federales para estudiantes pueden ayudarte a establecer un buen historial de crédito.	Los préstamos privados para estudiantes pueden requerir un registro de crédito establecido. El costo de un préstamo estudiantil privado dependerá de tu puntaje de crédito y otros factores.
No necesitarás un codeudor para obtener préstamos federales para estudiantes en la mayoría de los casos.	Es posible que necesites un codeudor.
Los intereses pueden ser deducibles de impuestos.	Los intereses pueden no ser deducibles de impuestos.
Los préstamos pueden ser consolidados en un Préstamo Directo de Consolidación. Aprenda acerca de sus opciones de consolidación.	Los préstamos privados para estudiantes no se pueden consolidar en un Préstamo Directo de Consolidación.
Si tienes problemas para pagar tu préstamo, es posible que puedas posponer o disminuir tus pagos temporalmente.	Los préstamos privados para estudiantes no pueden ofrecer opciones de indulgencia o aplazamiento.
Hay varios planes de pago, incluida una opción para vincular su pago mensual a sus ingresos.	Debes consultar con tu prestamista para obtener información sobre tus opciones de pago.
No hay tarifa de penalización por pago anticipado.	Debes asegurarte de que no haya multas por pago anticipado.
Puede ser elegible para que se le perdone una parte de sus préstamos si trabaja en un servicio público. Conozca nuestro programa de condonación de préstamos.	Es poco probable que el prestamista ofrezca un programa de condonación de préstamos.

Figura 7: Resumen de las Diferencias de Préstamos Federales y Privados
Fuente: Ayuda Federal para Estudiantes, Departamento de Educación de los Estados Unidos. Dominio Público.

De la tabla, los préstamos federales para estudiantes generalmente tienen beneficios, que los préstamos privados para estudiantes no pueden igualar.[145] Por lo general, son más seguros, más asequibles y más negociables que los préstamos privados para estudiantes. Más importante aún, el sitio web de Ayuda Federal para Estudiantes del Departamento de Educación de los EE. UU. ofrece una excelente calculadora de reembolsos que calcula los pagos mensuales de los préstamos en función de los tipos de reembolso.[146] Al ver la información, un estudiante puede ponerse en contacto con su prestamista para determinar su elegibilidad y solicitar una modificación de reembolso del préstamo o la consolidación de sus préstamos federales para estudiantes. Si un prestatario califica, la consolidación del préstamo significa combinar muchos préstamos más pequeños en un solo préstamo grande, para realizar los pagos al prestamista.[147] Estas acciones son servicios gratuitos, que son especialmente importantes para saber si el estudiante desea disminuir el monto de pago de su préstamo mensual. Aún mejor, la oficina de Ayuda Federal para Estudiantes ofrece ayuda gratuita sobre préstamos federales para estudiantes. Es accesible para los prestatarios al 1-800-4-FED-AID y en su sitio web.

Hay cuatro tipos de préstamos estudiantiles federales, a saber, Préstamos PLUS Directos, Préstamos de Consolidación Directa, Préstamos Subsidiados Directos y Préstamos No Subsidiados Directos.[148] Los solicitantes de préstamos incluyen estudiantes dependientes, estudiantes independientes, padres y estudiantes graduados. Un ejemplo de un préstamo estudiantil federal es el Préstamo Stafford, también conocido como Préstamo Federal Directo Subsidiado o Préstamo Directo No Subsidiado.[149] Los préstamos Stafford subsidiados se basan en la necesidad financiera y están exentos de los pagos de intereses del préstamo[150]. Los préstamos Stafford sin subsidio no se basan en la necesidad. Como se indica a continuación, los Préstamos Stafford tienen requisitos básicos de elegibilidad (consulta la Figura 8).[151]

Requerimientos de Elegibilidad

- Se inscribió al menos a medio tiempo en una escuela elegible y manteniendo un progreso académico satisfactorio.
- Es un ciudadano de los EE. UU. o un residente permanente de los EE. UU. o de un territorio elegible.
- Actualmente no está en forma predeterminada. No debe poseer un reembolso en ningún préstamo o concesión del Título IV.
- Registrado en el Servicio Selectivo (si el prestatario es un hombre menor de 25 años)

Figura 8: Requisitos de Elegibilidad para Préstamos Stafford

Fuente: Préstamos Stafford © 2013. Scholarships.com. La traducción del contenido original en Inglés en esta publicación no es proporcionada, aprobada o aprobada por Scholarships.com. Reproducido bajo Permiso.

Además de ser un ciudadano de los Estados Unidos, un estudiante solo tiene que respirar para ser elegible. Los Préstamos Stafford tienen otras grandes características en particular

- Tasas bajas de interés que se fijan entre 3% y 7%[152]
- Se pueden consolidar y no tienen tarifas de pago anticipadas
- No se requiere un historial de crédito o co-deudor
- Ofrecen planes de pago basados en un porcentaje de los ingresos del receptor
- Opciones de aplazamiento e indulgencia: el aplazamiento o la indulgencia es un aplazamiento temporal o una reducción en el monto del pago.[153]

A pesar de estas ventajas, los solicitantes de préstamos Stafford son pocos en todo el país. El Instituto para el Acceso y el Éxito Universitario (TICAS) publicó una hoja informativa en la que se afirma que el 19% de los prestatarios de préstamos privados no sacaron ningún Préstamo Stafford durante el año académico 2011-2012.[154] Por otro lado, según esta misma hoja informativa de TICAS, el 28% que tenía Préstamos Stafford, pidió prestado menos del monto total disponible. En serio, los estudiantes universitarios que no aprovechan al máximo la ayuda financiera federal no deberían ser la norma. Los beneficios y protecciones de los préstamos federales para estudiantes son inmensos. Por lo tanto, los préstamos federales para estudiantes son los mejores métodos, sobre los préstamos privados, para los estudiantes para continuar su educación, sin duda.

En realidad, los préstamos federales para estudiantes y las becas Pell tienen algunas limitaciones. El gobierno federal limita los montos anuales y de por vida de la ayuda financiera federal que un estudiante puede pedir prestado a lo largo de su carrera universitaria.[155] Estas cantidades dependen del nivel de clase del estudiante y del estado de dependencia. Además, cualquier préstamo federal para estudiantes que obtenga un estudiante en otras instituciones se cuenta en el monto total de los préstamos. Además de las limitaciones de los préstamos, el programa de ayuda financiera federal tiene restricciones de tiempo en la elegibilidad de un estudiante para recibir ayuda. A partir del 1 de julio de 2013, los prestatarios de primera vez solo son elegibles para recibir ayuda financiera federal para el "período máximo de elegibilidad" para completar su programa académico.[156] La duración máxima de tiempo es del 150% de la duración publicada de un programa de grado. Por ejemplo, un estudiante no puede exceder de seis años para obtener su licenciatura o tres años para obtener su título de asociado. O, el estudiante corre el riesgo de perder su elegibilidad para recibir ayuda financiera. Por lo tanto, el gobierno federal también está presionando a los estudiantes para que completen sus estudios y se gradúen a tiempo. A pesar de estas limitaciones, debes solicitar toda la ayuda financiera federal disponible utilizando el formulario FAFSA. Vale la pena el esfuerzo.

Ahora, echemos un vistazo a los préstamos privados para estudiantes. Los prestamistas privados consisten en bancos y otras instituciones crediticias similares a Sallie Mae, Wells Fargo y Discover Financial. El prestatario se aplica directamente a la institución de préstamo para el préstamo. Para los préstamos privados de estudiantes, los préstamos ofrecidos no se basan en la necesidad sino en el buen historial crediticio del prestatario. En 2013, los préstamos privados representaron aproximadamente el 14 por ciento del mercado de préstamos en general.[157] Ellos acumularon aproximadamente $ 165 mil millones de los $ 1.2 billones en deudas pendientes en julio de 2013.[158] Dado que algunos estudiantes pueden no tener ahorros, becas o fondos universitarios, muchos de ellos pueden ser susceptibles a tácticas de presión que afirman que los préstamos privados para estudiantes son su única forma de pagar la universidad. Un artículo de Fox Business / Bankrate Inc. afirmaba que el 70% de los estudiantes universitarios que tenían préstamos privados desconocían otras opciones, además de los préstamos privados.[159] Para los prestatarios, los préstamos privados son costosos a largo plazo. TICAS declaró que los préstamos privados a menudo tienen altas tasas de interés de hasta el 13.74%.[160] Además, los préstamos privados para estudiantes no se pueden liquidar en bancarrota. A pesar del desempleo, problemas de salud, retirarse de la universidad u otras circunstancias personales, estos tipos de préstamos no prevén el pago basado en los ingresos ni la exención de préstamos. En octubre de 2012, la Oficina de Protección Financiera del Consumidor (CFPB) informó que el mayor subconjunto de consumidores con préstamos privados "se quejó de que no pueden modificar los términos del reembolso de su préstamo."[161] A la luz de los problemas de préstamos privados para estudiantes, el defensor del pueblo de la CFPB ofrece orientación y ayuda a las personas con quejas de préstamos privados para estudiantes.[162]

En la mayoría de los préstamos privados para estudiantes, es posible que un estudiante no califique, porque no tiene un historial crediticio. Como garantía, el prestamista exigirá que el estudiante tenga un co-deudor del préstamo, como un padre. En caso de incumplimiento del estudiante, el emisor del préstamo puede y vendrá a por el co-deudor para el pago. Además, el hecho de que el estudiante no pague el préstamo universitario puede afectar negativamente la calificación crediticia y las finanzas futuras del codeudor. La decisión de co-deudar los préstamos de un estudiante puede tener graves consecuencias. Sin lugar a dudas, un codeudor bien informado debe solicitar una opción de liberación de codeudor que le permita ser retirado del préstamo después de un cierto período de tiempo y pagos consecutivos y puntuales. No todos los préstamos privados para estudiantes ofrecen o informan a los prestatarios sobre las opciones de liberación. Con base en los aspectos negativos de los préstamos privados para estudiantes, debes tener mucho cuidado al inscribirte en estos préstamos.

Aunque los préstamos privados para estudiantes tienen serias desventajas, puedes decidir confiar en ellos sí otras fuentes no cubren tus gastos. Antes de considerar un préstamo estudiantil privado, debes comparar varios prestamistas. Debes consultar en

Google o Yelp a los prestamistas privados de préstamos estudiantiles para cualquier queja de los clientes sobre el servicio del préstamo o la falta de este. Además, el sitio web FinAid.org proporciona una excelente calculadora o analizador de préstamos.[163] El sitio web Bankrate.com es otra opción que alberga una calculadora de préstamos estudiantiles.[164] Ambas calculadoras pueden calcular los pagos mensuales de préstamos y comparar diferentes términos de préstamos estudiantiles. Por último, quiero advertirte que desconfíes de refinanciar, consolidar o transferir cualquier préstamo federal para estudiantes a un prestamista privado de préstamos estudiantiles. Si bien la consolidación significa combinar todos los préstamos en un solo préstamo, la refinanciación está reemplazando un préstamo existente por uno nuevo. Al cambiar de un préstamo estudiantil federal a uno privado, perderás muchos de los beneficios y protecciones de tener un préstamo estudiantil federal. Sin embargo, puede que te resulte beneficioso refinanciar tus préstamos privados para estudiantes. Por lo que, debes investigar y comparar los términos de los préstamos estudiantiles privados entre los posibles prestamistas.[165] Aun así, debes utilizar préstamos privados como un último recurso. Investiga, compara y negocia los mejores términos de préstamos estudiantiles.

De hecho, los términos de tus préstamos estudiantiles son importantes. Debes comprender bien el tipo de préstamo estudiantil (federal o privado), tasa de interés, tipo de tasa de interés (fijo o variable), monto total del préstamo con el interés agregado, cantidad de reembolso mensual, y cualquier penalización, en particular, prepago o recargo. Por ejemplo, debes negociar una tasa de interés **fija** baja en lugar de una tasa variable para cualquier préstamo. Tu tasa de interés determina la cantidad adicional que pagarás, es algo así como el precio del préstamo del prestamista. Los prestamistas a menudo ofrecen tasas variables de reclamo que son más bajas que las tasas fijas. Si la tasa de interés variable aumenta en tu préstamo, también aumentarán tu pago mensual y los intereses adeudados al prestamista. Además, el tomarte más tiempo para pagar tus préstamos estudiantiles te costará intereses adicionales adeudados. Como por ejemplo, un 8% de interés durante diez años por un préstamo estudiantil de $ 35,000, hará que pagues $ 424.65 al mes, pero también pagarás $ 15,957.49 en intereses. Durante 20 años, tu pago mensual mínimo se estimará en $ 292.75 menos; sin embargo, pagarás $ 35,260.97 en intereses. Con un período de pago más largo, terminarás pagando el préstamo estudiantil original dos veces solo en pagos de intereses adicionales. Usando una calculadora de préstamos estudiantiles de Bankrate.com, los cálculos anteriores suponen que no hay pago inicial, una tasa de interés fija del 8% y que solo se pagará el pago mensual mínimo.[166] A menos que aceleres los reembolsos en el saldo del capital de tu préstamo estudiantil, es posible que estés pagando tus préstamos universitarios a los 30 o incluso a los 40 años. Cuando sea posible, la mejor política es negociar una tasa de interés fija y pagar más que el pago mínimo del préstamo estudiantil en tu saldo principal.

En realidad, el enfoque de la avalancha de deuda es una opción efectiva como método de pago del préstamo.[167] Usando la estrategia de avalancha de deudas, pagarías el pago mínimo de cada una de tus deudas (para evitar cargos), asignando todo el efectivo disponible para pagar la deuda / préstamo con la tasa de interés más alta, trabaja hacia abajo para pagar la próxima más alta tasa de interés de la deuda, y luego la siguiente. Los préstamos / deuda con intereses altos te costarán más con el tiempo, si no se cancelan rápidamente. Una vez más, debes pagar más hacia el saldo del capital. Cuando lo hagas, debes enviar un cheque al prestamista con las palabras "solo PRINCIPAL" y el número de cuenta del préstamo claramente escrito en la sección de comentarios del cheque para garantizar que el dinero se aplique correctamente. Luego, debes llamar / verificar en línea con tu prestamista y asegurarte de que el pago se haya aplicado contra el saldo del capital. Reiterando, debes saldar cualquier préstamo estudiantil tan pronto como sea posible.

A menudo, los préstamos estudiantiles federales e incluso los privados son una cobertura contra las alzas rápidas de los costos universitarios; aun así, debes usarlos juiciosamente. En realidad, los préstamos estudiantiles solo deben aumentar otros métodos, como becas, subvenciones e ingresos laborales para cubrir el costo del sueño universitario de dos o cuatro años de un estudiante. Lamentablemente, numerosos estudiantes obtienen préstamos estudiantiles, pero nunca completan sus estudios. En lugar de pagar la escuela, otros usan el dinero para comprar un automóvil u otras cosas desconcertantes. Ese tipo de comportamiento es tonto e irresponsable. Además, muchos estudiantes no verifican sus ingresos potenciales en función de su título / especialización en comparación con el monto de reembolso de su deuda estudiantil pendiente. Después de la graduación, innumerables graduados universitarios inicialmente ganan salarios bajos o permanecen desempleados por un período de tiempo. Pueden tener $ 30,000 o más en deuda de préstamos estudiantiles. Financieramente abrumados, estos estudiantes sufren de estrés, depresión, aislamiento, vergüenza, negación, ansiedad y miedo.

Abusar o no pagar los préstamos estudiantiles arruinará tu crédito y tranquilidad. Cuando tu préstamo está en indulgencia de morosidad, has pospuesto los pagos. Desafortunadamente, el interés continúa acumulándose, lo que hace que el monto de tu préstamo se incremente según tu tasa de interés. Si tienes 90 días o más de pagos atrasados, entonces estás atrasado en tu préstamo estudiantil. Para un estado predeterminado, no has realizado ningún pago de acuerdo con los términos del préstamo. Las repercusiones pueden ser terribles, incluyendo una mancha en tu informe de crédito y enormes cargos por pagos atrasados. El impacto en tu buena posición financiera se vuelve más perjudicial debido al embargo de salario; pérdida de devolución de impuestos; y las agencias de cobro de deudas que lo acosarán, así como a cualquier co-deudor en el préstamo para el reembolso. Para evitar los escenarios anteriores, no debes asumir más deudas de préstamos estudiantiles federales o privados de lo que puedas pagar.

Cuando no estés seguro de cómo proceder, debes comunicarte con la oficina financiera de tu universidad para que te ayuden a determinar la cantidad de préstamo estudiantil más precisa para tus necesidades. A pesar de esto, quiero que te detengas y leas lo siguiente con cuidado:

- No firmes nada hasta que no hayas leído completamente los documentos
- Aprovecha todo el asesoramiento financiero.
- Haz muchas preguntas hasta que sepas a qué estás firmando.
- Tómate el tiempo para que un familiar, mentor, tu representante bancario, etc. de confianza revise los términos del préstamo antes de firmar
- Obtén y guarda una copia de toda la documentación de tu préstamo estudiantil, así como todos los recibos de pago
- Comienza a pagar tus préstamos estudiantiles tan pronto como sea posible después de la graduación o mientras estés en la escuela

- Ten un presupuesto financiero y síguelo

Una vez que tengas claros los términos del préstamo, tu (junto con su co-deudor, según corresponda) deberás firmar un acuerdo de préstamo vinculante, específicamente un pagaré principal, que indique que pagarás el préstamo de acuerdo con sus términos. En ese momento, debes obtener una copia de los documentos de tu préstamo, obtener la información de contacto completa del administrador de tu préstamo, averiguar dónde enviar los pagos mensuales y solicitar los mejores medios para obtener los recibos de pago, por ejemplo cheques cancelados o en línea. Tan pronto como puedas, debes comenzar a pagar los préstamos. Mantén un registro de todos los documentos de tu préstamo, recibos de tus pagos de préstamos estudiantiles y cheques cancelados en una carpeta marcada. Debes salvaguardar esa carpeta para dar seguimiento a cualquier disputa sobre préstamos estudiantiles. Además, debes permanecer en comunicación con tus prestamistas o prestadores de servicios de préstamo durante la duración del (de los) préstamo (s) y comunicarse inmediatamente con ellos si tienes algún problema de reembolso. Periódicamente, también debes verificar tu información de contacto con tu prestamista y actualizarla, según corresponda. Por lo tanto, debes ser proactivo en el pago de tus préstamos estudiantiles y abordar cualquier problema.

Sección D: Cuentas Universitarias y Facturación

Tú terminaste toda a planeación financiera y ya tienes el dinero para pagar tu título. Ahora, debes controlar que las facturas de tu escuela, como la matrícula y las cuotas, se estén pagando. A menudo, los colegios y universidades asignan un número único de identificación de estudiante a cada estudiante. Las facturas de la escuela del estudiante y los pagos atrasados están vinculados a tu número de identificación de estudiante. Por ejemplo, la UMCP me permitió tener acceso a mi cuenta de estudiante en línea para ver mis saldos las 24 horas del día, los 7 días de la semana. También es probable que tengas acceso las 24 horas del día, los 7 días de la semana a la información de tu cuenta de estudiante universitario. De lo contrario, debes averiguar cómo puedes obtener información sobre el saldo de la cuenta en tiempo.

Cada semestre, cada universidad publicará los plazos de pago en su sitio web y calendario académico. Luego, todas las escuelas enviarán por correo, correo electrónico o publicarán en línea los saldos de sus estudiantes para la matrícula y las tarifas, las tarifas de residencia, el seguro de salud, las tarifas obligatorias de servicio a los estudiantes, las tarifas de laboratorio / taller, las citas de estacionamiento sin pagar, las tarifas de libros atrasados de la biblioteca y otras obligaciones. Además, las escuelas suelen asignar cuentas de correo electrónico a sus estudiantes. Por lo tanto, debes revisar tu cuenta de correo electrónico de estudiante diariamente o al menos una vez a la semana para mantenerte al día con las noticias financieras de tu escuela. Más importante aún, debes pagar tu matrícula universitaria y otros saldos pendientes de pago a tiempo. De lo contrario, la universidad te impedirá inscribirte en futuras clases, recibir servicios estudiantiles y recibir tus calificaciones. La escuela también puede señalizar tu cuenta para evitar que obtengas tu transcripción oficial o recibas tu diploma.

Al comienzo del semestre, debes verificar el saldo de tu cuenta de estudiante con tu escuela. En ese momento, debes pagar todos los saldos pendientes a través de efectivo, tarjeta de crédito, giro postal, plan de pago, débito directo o cheque. Tu escuela probablemente tomará el pago en la oficina de finanzas / tesorería personalmente, por teléfono, correo o en línea. Cuando hayas terminado, todos los saldos deben ser cero. Por cualquier razón, puedes tener problemas con el pago. Debes comunicarte de inmediato con la oficina de tesorería de la universidad o con la oficina de ayuda financiera para obtener recomendaciones. Por ejemplo, es posible que puedas elaborar un plan de pago con la escuela, solicitar préstamos estudiantiles / becas / subvenciones, reducir tu número de clases / horas de crédito, participar en estudios de trabajo u otras opciones. De lo contrario, si no se paga, la escuela puede imponer cargos por pago atrasado o cobro, lo que solo aumentará tu saldo impago.

Los estudiantes que tienen becas, subvenciones, vales o reciben un estipendio de una entidad de terceros deben notificar a la organización apropiada si tienen un cambio en su estado. Por ejemplo, la Administración de Veteranos paga por el personal militar elegible para asistir a una variedad de colegios y universidades en todo el país.[168] Cada semestre, los miembros militares o los veteranos deben verificar su elegibilidad para los beneficios con sus escuelas. Deben asistir a la escuela, registrarse para las clases en el próximo semestre y tomar el número requerido de créditos. En tu caso, una fuente externa o un tercero pudieran pagar tu matrícula u otros cargos. Tu fuente de financiamiento puede requerir un GPA mínimo, exigir un cierto número de clases / horas de crédito por semestre, o imponer un período de tiempo máximo para completar tu grado. Específicamente, tú puedes ser puesto en libertad condicional o suspendido de la ayuda financiera federal por calificaciones bajas. O bien, podrías perder tu elegibilidad para recibir ayuda financiera federal si superas el 150% del tiempo necesario para completar tu licenciatura.[169] Dado que una licenciatura es un título de cuatro años, el 150% serían seis años. Nuevamente, debes alertar de inmediato a los administradores de tu fuente de financiamiento y a la oficina de ayuda financiera de la escuela si obtienes alguna calificación reprobatoria, repites clases o cambia tu estado, es decir, retiros de los cursos / escuela.

Sección E: Finanzas Personales

Debes entender que el dinero es una herramienta. Innumerables jóvenes se gradúan de la escuela secundaria y la universidad sin la más mínima idea de cómo administrar sus finanzas: presupuestos, ahorros, inversiones, tarjetas de crédito, y más. Antes de ir a la universidad, quiero que entiendas que los malos hábitos financieros tendrán un gran impacto en tu capacidad para comprar un automóvil, alquilar un apartamento, pagar las deudas de los estudiantes, etc. Esta sección está diseñada para aumentar tu educación financiera; de esta forma, podrás graduarte con un futuro fiscal positivo. Principalmente, debes tener tu propia cuenta de cheques cuando vayas a la universidad. En la sociedad actual, todos requieren acceso al dinero para pagar por alimentos, ropa, refugio, servicios públicos y otras cosas. Mientras asistes a la universidad, puedes tener un trabajo. O bien, tus padres pueden proporcionarte un estipendio para que pagues los libros, la matrícula, el transporte, etc. El mejor lugar para guardar ese dinero es en una cuenta corriente. Deberías darte una vuelta por Google / Yelp para ver algunas opciones ya sea para un banco físico, un banco en línea o una cooperativa de crédito. Cada una de estas instituciones tienen diferentes misiones, accesibilidad y tarifas.[170] Un banco de ladrillo y mortero tiene una dirección que un cliente puede visitar, a diferencia de un banco en línea que puede no tener una presencia física. Para simplificar la discusión, me centraré en los bancos.

Puedes optar por ser cliente de un banco en línea, de un banco local o de un banco nacional. Antes de abrir una cuenta, tu (y tus padres) deben preguntar al representante del banco sobre las tarifas pertinentes, en particular las tarifas de servicio mensuales, los saldos mínimos requeridos de la cuenta, las tarifas de inactividad de la cuenta, el mínimo para abrir y las tarifas de cajeros automáticos (ATM, cajeros automáticos). Debes buscar y elegir una cuenta de cheques gratuita para satisfacer tus necesidades. De lo contrario, estarás regalando al banco tu dinero ganado con tanto esfuerzo. Además, todos los bancos ofrecerán acceso en línea a tu cuenta bancaria. Puedes controlar tu saldo con el golpe de algunas teclas de computadora. Tu banco también puede emitirte una tarjeta de débito o de cajero automático (ATM). La tarjeta de cajero automático solo te permite acceder al dinero en un cajero automático. Puedes usar una tarjeta de débito para realizar compras y obtener efectivo de los cajeros automáticos. Para ambas tarjetas, el dinero sale directamente de tu cuenta corriente. La tarjeta de débito es similar a un cheque, pero más portátil. La mayoría de las tarjetas de débito tienen el logotipo de Visa™ o de MasterCard™. Algunos bancos cobran tarifas exorbitantes si no utilizas la tarjeta de débito / cajero automático en los cajeros automáticos de sus sistemas de bancos. Esas tarifas pueden ser tan altas como $ 3. Debes elegir un banco que no cobre ninguna tarifa o que no te reembolse el dinero si utilizas un sistema de cajero automático externo.

Debe conocer cómo equilibrar tu chequera. Si no lo haces, solicita tutoría a tu banquero local o a tus padres. Equilibrar la chequera significa dar cuenta de cada cheque escrito, compra con tarjeta de débito o retiro del cajero automático. Debes sentarte a la misma hora cada mes, abrir tus estados de cuenta y pagar tus facturas a tiempo. Puedes escribir cheques o pagar las facturas en línea. Si no balanceas tu chequera, puedes sobregirar tu cuenta bancaria y no tener fondos suficientes. Una cuenta bancaria con fondos insuficientes impide que un proveedor o compañía de servicios obtenga el pago por los productos / servicios. Tus acreedores, como la compañía de electricidad, estarán comprensiblemente molestos y retirarán el servicio por falta de pago. A pesar de la insuficiencia de fondos, puedes configurar la cobertura de sobregiro. Con este servicio, el banco pagará felizmente el déficit y te cobrará una tarifa por ellos. Los cargos por sobregiro por fondos insuficientes pueden costar hasta $ 35 por transacción pagada. Algunos bancos continuarán evaluando los cargos por sobregiro todos los días hasta que pongas suficiente dinero para cubrir las transacciones en tu cuenta. Por lo tanto, en unos pocos días, puedes acumular cientos de dólares en cargos por sobregiros bancarios. En una cuenta de sobregiro, por ejemplo, el pago por una taza de café puede agregar hasta $ 95 en cargos por sobregiros en una semana (los $ 35 iniciales y $ 12 adicionales cada día durante cinco días). O por el contrario, puedes optar por no recibir servicios de sobregiro, que es la mejor opción. El banco simplemente no pagará una transacción, que no tenga una tarifa bancaria asociada. Sin embargo, el pago rechazado te avisará que tu cuenta no tiene fondos suficientes y está sobregirada. En consecuencia, debes equilibrar tu chequera para que te asegures de que haya suficiente dinero disponible para pagar tus facturas.

Junto con una cuenta corriente, te propongo que abras una cuenta de ahorros o un fondo del mercado monetario. Mensualmente, debes "pagarse primero" al depositar directamente un porcentaje de tu dinero, como el cinco por ciento, en tu cuenta de ahorros. El dinero de tus ahorros no debería pasar por tus manos: configúralo (para depósito automático) y olvídalo (mensualmente). No se puede perder lo que no ve. Cuando ganes más, recuerda ahorrar un porcentaje mayor de tus ingresos. Tu objetivo es ahorrar tres meses de gastos de manutención, pero el final del juego tienes un valor de al menos seis meses. A diferencia de los fondos de inversión, el ahorro no es para ganar dinero o arriesgarlo. Tu propósito es tener dinero adecuado y accesible para emergencias universitarias, así como para gastos de manutención cuando te gradúes. Mientras estés en la escuela, podrías enfrentar algún tipo de crisis que puede ser desde comprar un neumático de reemplazo en tu automóvil hasta pagar una visita al hospital.

A medida que uses tus ahorros de emergencia, debe reponer la cuenta lo antes posible. Por lo tanto, tus ahorros son tu colchón para un desastre financiero. En su libro, "La Elección de Riqueza: Secretos de Éxito de Millonarios Negros," Dennis Kimbro explica que una cuenta de ahorros es importante porque "Ahorrar es sinónimo de tranquilidad, mayores opciones y poder: el poder de dejar un trabajo sin futuro, o una mala relación, o para evitar las circunstancias difíciles en su totalidad."[171] Por lo tanto, debes guardar dinero sistemáticamente. Si no comienzas, tendrás cero dineros hoy, mañana y en el futuro. Al comenzar en la universidad, te debes convertir en un ahorrador habitual, con dinero disponible para cualquier circunstancia. Por lo tanto, $ 25 por mes durante cuatro años de universidad suman hasta $ 1,200 sin el interés compuesto. Imagínate si ahorras aún más dinero al mes. Tendrás la ventaja del tiempo y del interés compuesto de tu lado.

Este análisis puede ser abrumador para ti. No te sientas ansioso porque aun tienes tiempo para dirigir tu curso fiscal. Más bien te aliento a que tomes los pasos adecuados hacia una salud financiera. Al obtener tu educación universitaria, debes aumentar tu educación financiera. Si crees que la universidad es cara, la ignorancia lo es más. El conocimiento es poder. En mi opinión, la práctica de las finanzas personales razonables mejorará tu calidad de vida en la universidad, después de la graduación y en la jubilación.

A pesar de hacerte cargo de tus finanzas personales antes y en la universidad, podrías estar haciendo hincapié en que tus ahorros y ayuda financiera podrían no cubrir todos tus gastos universitarios. Puedes estar pensando que solo estás raspando. También debes saber cómo manejar la obtención de dinero para las necesidades diarias, es decir, artículos de tocador, un poco de dinero para gastos, viajes a casa o lavandería. Los estudiantes universitarios son conocidos por no tener "dinero." Estos estudiantes estiran un dólar hasta que chilla y grita: "¡Tío!" En gran parte, los estudiantes universitarios reutilizan, reutilizan y reciclan. Comparten la carga con otros estudiantes que no tienen dinero al pedir prestada ropa, organizar comidas caseras, etc. Los estudiantes universitarios también saben que deben aprovechar todos los descuentos, ventas, ofertas en línea y cupones que ofrecen usualmente las tiendas para comprar cosas. La identificación de estudiante de un campus probablemente proporciona elegibilidad para descuentos en la compra de boletos de películas, computadoras / software, comida rápida, y otras cosas. Debes ir a Google o a Yelp para obtener descuentos u ofertas para estudiantes y aprovecharlas. A continuación hay algunos otros consejos para llegar a fin de mes y generar algo de dinero:

- Si no reúnes los requisitos para trabajar o estudiar, puedes encontrar un empleo en el campus como asistente de enseñanza, asistente de biblioteca, asistente de residentes, agente de control de estacionamiento, conductor de autobús de enlace del campus, asistente administrativo de la policía del campus, técnico de la mesa de ayuda en el Departamento de Tecnología de la Información (TI), etc. De hecho, obtuve ingresos como estudiante técnico de la mesa de ayuda de TI en el campus una vez. Por lo general, los trabajos en el campus se adaptan a los horarios de clase de sus estudiantes empleados. Puedes recibir entrenamiento en nuevas habilidades y conocimientos mientras te pagan. Tienes que empezar a buscar con tiempo y hacer todo el trabajo para encontrar empleo en el campus. Un buen recurso para tu búsqueda de empleo es el centro de carreras, los instructores o el asesor académico de tu campus.

- Únete a los clubes universitarios. A menudo, los clubes organizan reuniones mensuales de clubes, reuniones sociales u oradores invitados. Los eventos son habitualmente de noche. A través de presupuestos o recaudaciones de fondos patrocinados por el campus, los clubes pueden tener pizza y refrescos para atraer y alimentar a los miembros del club. Mientras conoces gente nueva y aprendes algo, obtienes una comida gratis. ¡Buen negocio!
- Vende tus libros de texto en línea al final del semestre, a los libreros locales de todo el campus o a la librería universitaria. Compra libros de texto usados o alquílalos si es posible.
- Pídele a tus padres / familia que envíen paquetes de asistencia o estipendios. De lo contrario, haz amistad con otros estudiantes cuyos padres envíen paquetes de asistencia o estipendios.

- Busca en línea y envía solicitudes de becas y subvenciones a fundaciones educativas, asociaciones industriales, entidades religiosas u otras entidades durante todo el año.

- Presenta el formulario FAFSA y solicita ayuda financiera anualmente porque puede haber más dinero disponible.

- Ve a la oficina de becas / ayuda financiera de tu universidad, conoce a la gente y solicita préstamos de emergencia o asistencia financiera, según corresponda. No esperes, pregunta si necesitas ayuda.

- Por suerte para ti, la economía informal de EE. UU. de ganar dinero está viva y prospera. Los empresarios autónomos dentro de la economía informal han creado empresas legítimas que no pueden ser gravadas o sometidas a la supervisión directa del gobierno a través de licencias. Puedes comercializar y vender tus habilidades, talento o conocimiento a los compradores a través de sitios web en línea o aplicaciones para dispositivos móviles. También puedes establecer tus propios horarios y estándares de negocio.

  o Las opciones son cuidado de niños, decoración, diseño gráfico, tutoría o llenar una necesidad / servicio específico dentro y fuera del campus.

  o Si haces un gran trabajo, tus comentarios reflejarán un gran elogio. O bien, no obtendrás clientes repetidos ni referencias a otros.

  o Conviértete en el próximo Mark Zuckerberg que inició un negocio de mil millones de dólares en su dormitorio.

  o Numerosas empresas requieren regulación, licencias y supervisión para evitar lastimar o estafar a las personas; por lo tanto, debes tener cuidado al investigar cualquier negocio propuesto que crees o al que te unas.

  o Por favor, no participes en actividades para hacer dinero que sean ilegales, inmorales o poco éticas. No quiero ver tu arresto en las noticias de la tarde. Además, ten cuidado con tu seguridad personal cuando trabajes con un cliente por primera vez y recibas un pago.

- Considera la posibilidad de transferirte a una escuela menos costosa con un programa de estudios similar al que puedas asistir como residente del estado

Si estás preocupado por el dinero en la universidad, debes apresurarte y encontrar formas de financiar tu sueño. Si bien el consejo anterior enumera algunos métodos para obtener dinero o apoyo, deja que tu imaginación fluya a otras vías posibles y sigue adelante.

Sección F: Tarjetas de Crédito y de Débito

Quiero advertirte sobre otro obstáculo al que se enfrentan numerosos estudiantes universitarios: una enorme deuda en tarjetas de crédito. Cada año, los estudiantes se gradúan con miles de dólares en deuda de préstamos estudiantiles. Al igual que muchos tienen enormes cantidades de deuda en tarjeta de crédito. Las compañías de tarjetas de crédito atacan a los estudiantes universitarios con solicitudes y ofertas frecuentes. En lugar de dinero en efectivo, muchos estudiantes pueden pagar por sus libros, alimentos u otras necesidades con su tarjeta de crédito. Muchos estudiantes llevan múltiples tarjetas de crédito en sus billeteras. Las tarjetas de crédito no son dinero gratis. Déjame decirlo claramente una vez más: las tarjetas de crédito no son dinero gratis. Cualquier saldo de tarjeta de crédito es un préstamo que tu prometes devolver dentro de un ciclo de facturación, que normalmente es un mes. Visa ™, MasterCard ™ y otras ganan dinero al otorgar préstamos monetarios a corto plazo a sus clientes. Algunas tarjetas de crédito pueden tener tasas de interés tan altas como el 30%. La tasa de interés de un préstamo determina la cantidad adicional que un prestatario pagará, más la cantidad original como el precio de pedir prestado el dinero del prestamista. Las peores tarjetas de crédito son las tarjetas de departamento o de tienda, porque sus tasas de interés normalmente comienzan en un 18%. Con respecto a la deuda excesiva, Proverbios 22: 7 de la Biblia King James dice: *"Los ricos gobiernan sobre los pobres, y el prestatario es el sirviente del prestamista."* Por lo tanto, debes estar atento a la hora de revisar tu crédito. Edita los gastos y mantenlos bajos.

Una tarjeta de crédito es diferente de una tarjeta de débito. Con una tarjeta de crédito, estás utilizando el dinero del emisor en lugar del dinero de tu cuenta de cheques.[172] La posesión de una tarjeta de crédito tiene muchos beneficios. Puedes comprar artículos caros sin tener que cargar grandes sumas de dinero. A menudo, algunas compañías de tarjetas de crédito ofrecen puntos, millas aéreas para viajes futuros o reembolsos en efectivo a clientes leales que mantienen los requisitos mínimos de gastos. Además, las tarjetas de crédito ofrecen protección contra robos. Un ladrón puede robar tu dinero, algo que nunca podrás recuperar. Con tu tarjeta de débito, un ladrón puede robar todo el dinero de tu cuenta de cheques. Es posible que no notes la actividad fraudulenta. Entonces, es posible que debas probar que no realizó las compras en tu banco. Mientras espera recuperar su dinero, tiene una cuenta corriente vacía. En cambio, una tarjeta de crédito ofrece un grado de comodidad y una mejor protección que una tarjeta de débito.[173] Normalmente, los estados de cuenta de la tarjeta de crédito están en línea. Un usuario puede rastrear su gasto minuto a minuto. Además, su institución financiera lo llamará o le enviará un mensaje de correo electrónico con alertas de fraude si advierte actividad sospechosa. El banco o el emisor de su tarjeta de crédito pueden incluso cerrar la actividad de gasto futuro de la tarjeta de crédito. Si pierdes tu tarjeta de crédito, no serás responsable si notificas a tu institución financiera dentro de la fecha límite de notificación.

Otra ventaja de tener una tarjeta de crédito es su capacidad para construir un historial de crédito. Cuando usas una tarjeta de crédito, adquirirás un puntaje de crédito en la Organización Crediticia Fair Isaac (FICO).[174] Los prestamistas utilizan los puntajes de crédito FICO para evaluar la capacidad de una persona para pagar sus facturas a tiempo, así como su riesgo de morosidad. Un puntaje de crédito es un número de tres dígitos que oscila entre 300 y 850.[175] Los acreedores codician a los clientes con puntajes de crédito altos de 740 a 850, que se conocen como super-prima.[176] Algunos prestamistas, agencias de crédito y acreedores proporcionan a los clientes sus puntajes de crédito de forma gratuita o por una pequeña tarifa. A medida que la transcripción de la universidad te sigue, tu puntaje de crédito te sigue en tu vida laboral adulta. Una puntuación alta te ayudará a calificar para un apartamento, un préstamo para automóvil con intereses bajos o para las mejores tasas de interés para una tarjeta de crédito / hipoteca. El conocer tu puntaje de crédito, te proporciona una herramienta poderosa para tomar decisiones financieras sólidas y promover tu salud crediticia. Aunque tengas un puntaje de crédito bajo, este puede elevarse con el tiempo mediante una estricta disciplina financiera. No hay soluciones rápidas para una mala puntuación de crédito. En otras palabras, tienes que pagar tus facturas sistemáticamente, en tiempo, durante un período de tiempo sostenido.

Además de conocer tu puntaje de crédito, también te aconsejo que verifiques tu informe de crédito periódicamente. Un informe de crédito es un archivo financiero que una agencia de crédito mantiene sobre el historial crediticio de una persona. Equifax, TransUnion y Experian, las tres agencias de crédito principales, ofrecen informes de crédito anuales gratuitos a cualquier individuo con un informe de crédito archivado a través del sitio web AnnualCreditReport.com.[177] Debes prestar mucha atención a las entradas erróneas en tu informe de crédito y corregir cualquier discrepancia de inmediato. También podrás monitorear e informar si alguien ha robado tu crédito abriendo cuentas en particular con tarjetas de crédito o préstamos para automóviles a tu nombre.

A pesar de las ventajas de una tarjeta de crédito, el mal uso de una tarjeta de crédito tiene consecuencias terribles. Los clientes que no pagan sus facturas de tarjeta de crédito en su totalidad cada mes o no realizan pagos con tarjeta de crédito incurren en intereses, multas por demora y cargos. Por ejemplo, Bankrate.com proporciona una excelente calculadora de pago a interés de tarjeta de crédito que proporciona la cantidad de meses para pagar el saldo de una tarjeta de crédito.[178] Los cálculos de Bankrate.com a continuación muestran el impacto de pequeños pagos mínimos y el aumento de las tasas de interés. En cada escenario, el pago mensual mínimo es de $ 15. Cuando un usuario de tarjeta de crédito paga el pago mensual mínimo de un saldo de tarjeta de crédito de $ 250 con un interés del 18%, pagará $ 39.85 en intereses o un monto total de $ 289.85.[179] Él / ella tomará 19 meses para pagar esta deuda. Si la tasa de interés aumenta al 25% en el saldo de la tarjeta de crédito de $ 250, el usuario de la tarjeta de crédito pagará $ 60.33 en intereses durante 20 meses. Para un saldo de tarjeta de crédito de $ 500, el usuario pagará $ 198.34 al 18% de interés durante 46 meses para deshacerse de la deuda. Con un aumento de la tasa de interés del 25% en el saldo de la tarjeta de crédito de $ 500, el usuario de la tarjeta de crédito pagará un interés de $ 362.53 (o un monto total de $ 862.53) durante 57 meses (o 4 años y 9 meses). El pago de intereses de $ 362.53 es más de la mitad de la deuda original. Eso es una locura. Al pagar solo el saldo mínimo cada mes, el titular de una tarjeta tardará una eternidad en saldar la deuda.

Si te sientes abrumado por la deuda de la tarjeta de crédito, te insto a que te comuniques con los prestamistas de tu tarjeta de crédito lo antes posible. Si no lo haces, tiene el potencial de arruinar tu crédito en los próximos años. Por lo tanto, debes solicitar ayuda, como planes de pago modificados o montos de pago mínimos reducidos. A menudo, los prestamistas trabajarán con los prestatarios que están atrasados en los pagos. De lo contrario, los acreedores podrían no recuperar su dinero. Te estoy advirtiendo que uses tus tarjetas de crédito de manera responsable — paga más que el pago mínimo y / o no te endeudes de manera extrema en primer lugar. Debes darte una vuelta y solicitar la tarjeta de crédito con la tasa de interés más baja posible. Para conectar los puntos, *debes negociar la tasa de interés fija más baja* cuando solicites un préstamo específicamente para un préstamo estudiantil, tarjeta de crédito, préstamo para automóvil o hipoteca.

En este mundo nuevo y valiente, millones de personas compran artículos mediante aplicaciones de pago móviles, especialmente Apply Pay, Google Pay, Samsung Pay, Venmo y PayPal. Por lo general, la financiación de la transacción está vinculada a una cuenta corriente o tarjeta de crédito. Al usar una de estas aplicaciones, puedes deslizar y comprar casi cualquier cosa. También puedes acumular enormes deudas de tarjetas de crédito. Tú estarás hipotecando tu futuro para pagar el dinero que debes hoy en tus tarjetas de crédito. Por lo tanto, la deuda masiva de tarjetas de crédito puede llevarte a la quiebra a los 20 y 30 años. ¡No lo haga!

A tu edad y nivel de ingresos, debes vivir con un presupuesto. El último día del mes, debes tener en cuenta la cantidad de dinero que entra (ingresos) y la cantidad de dinero que sale (deudas). Tus deudas no deben ser mayores que tus ingresos. Para simplificar, puedes utilizar un sistema de presupuesto de aplicaciones en línea o descargado. Mint.com, en particular, crea un presupuesto y realiza un seguimiento / paga las facturas.[180] En cualquier caso, te daré un valioso consejo: "Debes vivir dentro o por debajo de tus medios." En otras palabras, no compres cosas que no puedas pagar o que no necesites. Antes de realizar una compra con tarjeta de crédito, debes hacerte cuatro preguntas importantes:

- ¿Necesito este artículo?
- ¿Cuál será el pago mensual mínimo total para pagar este artículo?
- ¿Cuánto afectará el nuevo pago a mis otros gastos cada mes?
- ¿Cuánto tiempo tomará pagar esta compra?

Aun así, puedes decidir hacer la compra con tarjeta de crédito. Una vez más, debes pagar el artículo en su totalidad al final del mes o enviar más del pago mensual mínimo. Las alternativas son ahorrar tu dinero hasta que puedas pagar el artículo o comprar un sustituto / artículo usado menos costoso – de una vuelta y compare.

Además, puedes obtener un empleo temporal para obtener ingresos adicionales para ayudarte a pagar tu deuda.

Quiero ofrecer algunas palabras de precaución sobre el crédito y el romance. Con tu novia o novio, puedes verte tentado a mezclar las finanzas mediante la firma conjunta de préstamos, tener cuentas conjuntas de tarjetas de crédito, prestarle grandes sumas de dinero o comprar un automóvil juntos. Esas acciones son errores enormes y pueden enseñarte una lección muy difícil. Si la relación se termina, su crédito podría verse afectado por enormes deudas o por los malos hábitos financieros de su ex pareja. Probablemente creas que el "amor de tu vida" nunca te dejaría con la bolsa de deuda acumulada. Te estás poniendo en una posición financiera vulnerable. Puede tomar tiempo darte cuenta de que tu honey / boo es financieramente irresponsable hasta después del primer pago atrasado. Cuando cualquier relación comienza a tornarse seria, tú y tu pareja deben considerar divulgar los puntajes de crédito, los informes de crédito y tener una discusión franca sobre las finanzas antes de que estés demasiado involucrado.

En resumen, debes hacerte cargo de tu futuro financiero. No quieres ser otra estadística de un estudiante universitario que abandona la escuela debido a la falta de dinero. A pesar de tu deseo de asistir a la universidad, debes tener tu casa financiera en orden antes, durante y después de la universidad, a través de la mejora de tu educación financiera. En consecuencia, debes saber cuánto costará asistir a las universidades potenciales, incluso si tú y tu familia tienen el dinero para financiar completamente tu educación universitaria. Hay muchos recursos disponibles para investigar la matrícula de las universidades y otros costos. A través de una variedad de medios, puedes obtener financiamiento para asistir a la universidad. El mejor método para adquirir fondos es comenzar a ahorrar temprano y solicitar becas y subsidios. Siempre que sea posible, debes confiar principalmente en préstamos estudiantiles federales en lugar de préstamos estudiantiles privados para complementar los ahorros, becas, subvenciones y trabajo. Tu objetivo aquí es graduarte con poca o ninguna deuda en préstamos estudiantiles. Además, el uso de efectivo, tarjetas de débito y tarjetas de crédito crea una imagen financiera de tus hábitos de gasto. Como estudiante universitario, debes mantener tu crédito y mantenerte alejado de las deudas extremas. Por lo tanto, debes vivir dentro o por debajo de tus medios. Tú no debes ser un jerbo en la rueda de la acumulación de la deuda. Un capuchino aquí, un sándwich allí, compras semanales de ropa y otras compras se suman rápidamente en una tarjeta de crédito. Siempre que sea posible, mantén tus deudas al mínimo y sáldalas rápidamente.

Lecciones de vida - Capítulo 4: Finanzas
- Quedarse sin dinero es un factor importante que impide que los estudiantes se gradúen de la universidad.
  - En tu tercer año de escuela secundaria, necesitas que tus padres te den números concretos de exactamente cuánto pagarán por tu título universitario
  - Usa los recursos en línea o la oficina de finanzas de la universidad para averiguar los costos promedio de matrícula y cuotas de las universidades, así como el costo total anual para asistir
  - Investiga los ingresos potenciales según tu título para validar la cantidad de deuda estudiantil que puedes pagar
  - Si no pagas el saldo de tu cuenta de estudiante universitario, tu universidad te impedirá inscribirte en clases futuras, recibir servicios estudiantiles y obtener tus certificados de calificaciones / diploma
  - Tu objetivo es graduarte con la menor cantidad o sin deuda de préstamos estudiantiles mientras asistas a una universidad que puedas pagar
- Como muy pronto, debes completar y enviar el formulario FAFSA y solicitar todas las becas y subvenciones aplicables
  - Las becas se basan en el mérito o en la necesidad
  - Escribe ensayos y envía solicitudes de becas / subvenciones a organizaciones comunitarias, empleadores, fraternidades / hermandades, fundaciones en línea o cualquier otra fuente que pueda ayudar a financiar tu sueño universitario.
  - Si tus padres deciden ahorrar para tu educación universitaria en un fondo universitario, tienen numerosos vehículos para acumular el dinero, incluidos los planes estatales 529.
- Los préstamos estudiantiles no son creados iguales
  - Los préstamos federales tienen varias ventajas sobre los préstamos privados para estudiantes, que son caros, tienen altas tasas de interés y términos de préstamo onerosos
  - Negocia las tasas de interés más bajas y los mejores términos para tus préstamos estudiantiles, es decir,

compara
- Los sitios web FinAid.org y Bankrate.com ofrecen excelentes Calculadoras de Análisis de Préstamos para estudiantes
- Lee y conserva una copia de la documentación de su préstamo estudiantil.
- Comienza a pagar tu deuda de préstamo estudiantil tan pronto como sea posible, después de la graduación o mientras esté en la universidad
- Guarda una copia de todos los pagos de préstamos estudiantiles mediante cheques cancelados o recibos en línea, es decir, conoce tu saldo restante
- Cuando pagues más por el saldo del capital de tu préstamo estudiantil, envía un cheque con las palabras " solo PRINCIPAL " y el número de cuenta del préstamo claramente escrito en la sección de comentarios del cheque; vuelve a verificar y asegúrate de que el pago se aplique al monto del capital y no a los intereses.
- Nunca abuses o no pagues los préstamos estudiantiles porque un incumplimiento de cuentas arruinará tu crédito y tu tranquilidad
- En el caso de que un estudiante deje de pagar, un co-firmante estará en el gancho para pagar los préstamos privados del estudiante, lo que puede destruir tu solvencia crediticia así como la relación con el estudiante.

- Si tienes problemas financieros para salir adelante en la universidad, busca descuentos, trabaja o solicita ayuda financiera
- Tus decisiones de dinero sobre ahorros, gastos y tarjetas de crédito de hoy tendrán un impacto positivo o negativo en tu futuro cuadro financiero

CAPÍTULO 5:
Finalmente en el Campus

En este punto de tu historia, espero que hayas elegido la universidad y que pongas todas tus finanzas en orden. Ahora, vamos a ver algunas otras decisiones / acciones importantes que deben ser proactivas en hacerse. Por ejemplo, tu elección de la especialización es crítica porque afecta las clases que tomarás, y deben estar vinculadas a tu futura carrera. Un especialista en informática probablemente escribirá programas de software y creará aplicaciones para Google, Oracle o Microsoft para resolver problemas. Un estudiante que está cursando una especialización en inglés probablemente asistirá a una escuela de posgrado para obtener un título de maestría o doctorado para enseñar a nivel universitario. Un graduado universitario con un título de justicia penal podría trabajar en una agencia gubernamental como el FBI. O, un estudiante con una licenciatura en arte puede trabajar en McDonald's. Sólo estoy bromeando acerca de la perspectiva de los estudiantes de arte. Aunque la universidad es una excelente manera de determinar tus intereses, la universidad cuesta dinero. Linda Lanis Andrews, autora de "Cómo Elegir una Especialidad en la Universidad," expresó que "una especialización significa tomar aproximadamente 32 horas de clase en un área temática específica, como la música."[181] A menos que seas rico, debes tener una idea sobre la carrera que debes seguir. De lo contrario, puede tomar seis años o más para obtener un título de cuatro años. En este capítulo, discutiré aspectos importantes sobre tus primeros meses en la universidad, especialmente la orientación de los estudiantes, la determinación de tu especialidad, los asesores académicos y el establecimiento de un calendario de graduación.

Sección A: Orientación al Estudiante

Después de recibir tu notificación de admisión, tú y tus padres deben examinar la guía de orientación para estudiantes de tu universidad. La guía de orientación (en línea o en papel) describe áreas de especial interés, especialmente la fecha límite para aceptar la oferta de la escuela, los exámenes de colocación, las actividades de orientación, las listas de empaque y otra información vital. La guía de orientación o la página web analizan los requisitos previos antes del primer día o el día de la mudanza. Por lo tanto, estoy enfatizando que la guía de orientación para estudiantes de tu universidad es una lectura obligatoria. O bien, tu posible experiencia universitaria puede convertirse en una prueba para solucionar problemas que podría haber abordado antes de presentarse.

Algunas escuelas organizan un día de orientación para estudiantes para recibir a los estudiantes que ingresan. El día de orientación puede ser voluntario u obligatorio para los estudiantes y sus padres. Tú podrías participar para obtener una foto instantánea de tu escuela. Por ejemplo, asistí a la orientación estudiantil en la Academia Militar de los Estados Unidos o en West Point. El día de orientación de West Point se llama R-Day u Orientación para Estudiantes de Primer Año. Es obligatorio para todos los nuevos alumnos. Ese primer día, solo recuerdo una confusión de meterme en varios uniformes, aprender a marchar y saludar, ser asignado a una habitación, conocer a mis nuevos compañeros de habitación y, en general, haber sido gritada por cadetes de clase alta o grupo de estudiantes. El ambiente era tenso y traumático para los 1400 cadetes recién aceptados. A pesar de esto, nuestra clase de cadetes de primer año se reunió, entrenó y realizó un increíble desfile en vestimenta completa, supervisado por nuestro cuadro principal en menos de ocho horas. Estoy seguro de que impresionamos a los administradores de la escuela de West Point, a nuestros padres y a otros visitantes. Hoy, puedo mirar atrás y reírme del estrés de ese día. ¡Qué clase de orientación!

El día de la orientación para estudiantes en el College Park (UMCP) de la Universidad de Maryland fue una experiencia completamente diferente a la de West Point. Antes del primer día de clases, los estudiantes recién admitidos en UMCP debían aceptar la oferta de admisión y crear un correo electrónico de la universidad. Además, debían registrarse en línea para programar una nueva sesión de orientación para estudiantes a la que asistir. La orientación también estaba abierta a los padres. En mi orientación en la UMCP, recuerdo a cientos de estudiantes y padres paseando por el campus; las presentaciones sobre la escuela de estudiantes actuales, profesores y administradores; y finalmente las presentaciones específicas sobre las diferentes especialización / título. El ambiente era relajado y jovial. Al final del día, mi cabeza daba vueltas con una gran cantidad de información sobre la UMCP. ¡Arriba Terps!

La orientación de mi comunidad universitaria en Montgomery College (MC) fue algo completamente diferente a West Point o a UMCP. No asistí a una nueva sesión de orientación estudiantil. MC no me notificó que tenía que asistir a una. Desde la primera clase, aprendí cosas a medida que avanzaba. En mi humilde opinión, cada universidad debe considerar la orientación como algo obligatorio para los estudiantes para comunicar sus servicios, registro de clases, estándares académicos, cultura, tradiciones y otra información pertinente. Con experiencias de orientación positiva, los nuevos estudiantes pueden involucrarse más plenamente en la cultura total del campus y no sentirse aislados ni perdidos. La diferencia en las experiencias de orientación estudiantil de West Point, UMCP y MC destaca que la orientación estudiantil de una universidad es tan única como la escuela. La orientación estudiantil de su escuela debe ser positiva y una buena primera impresión. Con suerte, tu escuela seleccionada será exhaustiva al dar la bienvenida a los estudiantes nuevos y entrantes a su campus, procedimientos y administración. Debes considerar ir a la orientación estudiantil de tu universidad si hay alguna disponible.

Sección B: Selección de Campo Principal de Estudio

Mientras doy golpecitos con mi puño en el escritorio, te contaré un pequeño secreto. La universidad a la que asistes para obtener tu título universitario no es tan importante como la especialización que persigues. En "Cómo elegir una Especialización en la Universidad," Linda Andrews enumera algunas preguntas pertinentes para preguntarse sobre cualquier especialidad, incluido "el número requerido de años para asistir a la escuela, la dificultad de los cursos, su capacidad natural, los trabajos disponibles después de la graduación, rangos salariales y costo de obtener el título."[182] Mientras tomas los cursos de la escuela secundaria, debes prestar mucha atención a los temas que te interesan. O, un estudiante transferido puede hacer ese tipo de investigación antes de transferirse de una universidad a otra.

La universidad es cara y consume mucho tiempo. Algunos estudiantes usan la universidad como un medio para pausar la vida, lo que realmente no es el propósito de la universidad. Aunque los estudiantes están allí para exponerse a ideas innovadoras y conocer gente nueva, la universidad debería ser el medio para obtener conocimientos y habilidades transferibles, como la resolución de problemas, el liderazgo, la escucha, la comunicación y el trabajo en equipo para sus futuras carreras. Dependiendo de la carrera, es posible que debas obtener un título de asociado, licenciatura o un título de posgrado. Por ejemplo, en atención médica, una persona puede convertirse en una enfermera registrada con un título de asociado, un asistente médico con un título de licenciatura o un cirujano con un título de posgrado, de acuerdo con el sitio web BigFuture.com.[183] Una vez más, es importante que investigues y conozcas la categoría de título universitario, es decir, el grado de asociado, licenciatura, maestría o doctorado requerido para tu carrera elegida. Más aún, debes elegir lo más importante asociado con ese campo profesional lo antes posible. Los cursos universitarios que tomes acumularán créditos en tu especialidad para obtener un título específico. Ya que quieres graduarte a tiempo, realmente no debes perder tiempo y dinero tomando clases que no te ayudarán a lograr ese objetivo.

Al identificar tus intereses en una etapa temprana, podrás reducir tus opciones a una carrera potencial y futura. Tú podrás tener una pasión por un campo de estudio como la ciencia veterinaria, cuidado de la salud, ingeniería, matemáticas, silvicultura, producción de cine, finanzas, o lenguas extranjeras. Deberías seguir ese sueño. Debes buscar y hablar con profesionales que ya estén establecidos en aquellas carreras que te interesen. Si es posible, mientras estés en la escuela secundaria, debes investigar y solicitar un trabajo de aprendizaje / verano en ese campo de interés o industria. Además, el consejero de orientación de tu escuela secundaria puede coordinar una reunión, una conversación telefónica o incluso un día de carrera, con una mezcla de profesionales.[184] O bien, al realizar una visita a la universidad, puedes solicitar una reunión con un estudiante de la clase alta que esté cursando tu carrera o representante en ese departamento académico. Para prepararte para estas reuniones, debes redactar tus preguntas con anticipación y planificar de 10 a 15 minutos de conversación. Tu primera pregunta de la entrevista podría ser: "¿Elegirías esa carrera / especialización si tuvieras la oportunidad de hacerlo de nuevo?" Dependiendo de la respuesta, comprenderás mejor las dificultades para obtener una especialización / carrera específica. Si corresponde, debes enviar una nota de agradecimiento a la persona por su tiempo. Además, puedes preguntarle a esa persona si puedes mantenerse en contacto por correo electrónico o por teléfono a medida que investigas otras posibles carreras. Es posible que descubras un mentor que pueda proporcionarte asesoramiento y orientación en el futuro.

A continuación, se encuentran recursos adicionales que sugiero que investigues para posibles carreras y así consolidar tu elección en una de las principales:

- La Oficina de Estadísticas Laborales. http://www.bls.gov/ooh/
  - o Enumera la información extensa del trabajo sobre salarios; tasa de crecimiento proyectada; y requisitos requeridos de conocimiento, habilidades y educación por ocupación
  - o Tiene categorías de especialidades relacionadas con trabajadores con problemas de visión, mujeres y veteranos
- CareerOneStop. http://www.careeronestop.org/SalariesBenefits/SalariesBen efits.aspx
  - o Alienta a los usuarios a explorar carreras, incluidas las profesiones con licencia, las carreras ecológicas y las tendencias de empleo

- o Relaciona habilidades, intereses, valores y otros rasgos con trabajos específicos basados en ejercicios de autoevaluación
  - o Contiene un buscador de becas buscador
- Career Kids. http://www.careerkids.com/careers/
  - o Atiende a estudiantes de secundaria y universitarios
  - o Enumera varias carreras e hipervínculos a descripciones detalladas sobre carreras específicas y los salarios asociados
- MyFuture.com. http://www.myfuture.com/careers?index-field-refresh=salary&Update.x=40&Update.y=3
  - o Permite a los usuarios buscar ocupaciones por campo de estudio, por industria y por tipo de trabajo
  - o Enumera las carreras universitarias que corresponden a varias carreras.
  - o Listas de colegios que ofrecen especializaciones específicas.
- OkCollegeStart.org.
  https://secure.okcollegestart.org/Career_Center/Career_Self_Assessment/Career_Self-Assessment.aspx
  - o Tiene página de autoevaluación de carrera.
  - o Evalúa los intereses, habilidades, valores y personalidad del usuario, que pueden traducirse en posibles carreras

Quiero advertirte que no debes estar cegado a los posibles obstáculos al momento de cursar una carrera universitaria. Por ejemplo, la especialización puede no ser apreciada en el mercado laboral. Numerosos estudiantes se gradúan de la universidad, pero no investigaron las perspectivas de empleo ni los ingresos potenciales para sus carreras / especialidades. Aunque podrías seguir tu pasión hacia una especialización en particular, tienes que ganarte la vida y poder encontrar un trabajo. No deseas una deuda de préstamo estudiantil de $ 90,000 mientras compites con otros cincuenta graduados por la misma vacante de trabajo en Antropología, que paga $ 35,000 al año.

Además, debes investigar los tipos de trabajos disponibles y establecer una red activa antes de graduarte para encontrar trabajos asociados con tu especialización. Tus mejores fuentes de información son instructores, asesores académicos, centros de carreras universitarias, ferias departamentales de carreras, pasantías específicas importantes y mentores / profesionales que trabajan en el campo. Al elegir una especialización, debes preguntar en qué industrias puedes trabajar con tu título, qué tipos de trabajo están disponibles, dónde están concentrados los empleos y cuánto puedo ganar. Desafortunadamente, muchos estudiantes obtienen títulos en carreras como Artes Liberales, Antropología, Bellas Artes, Comunicaciones, Trabajo Social, Filosofía o cualquier cosa que termine en "Estudios." A menudo, estos graduados necesitan títulos más avanzados en el campo, lo que requiere tiempo adicional en la universidad y dinero. O bien, el comandante es demasiado general y no se correlaciona fácilmente con una ocupación específica, es decir, eso significa desempleo. Mientras están en la universidad, numerosos estudiantes no logran identificar las industrias y carreras específicas que podrían traducir en sus carreras. Tienen títulos, pero no saben cómo ni dónde aplicarlos. Debido a estos obstáculos para el empleo, los graduados nunca trabajan en su especialidad o campo de estudio.

Otro problema puede ser que no tengas la preparación académica necesaria para obtener una especialización en particular. En la escuela secundaria, probablemente tengas una buena idea de tus debilidades y fortalezas académicas. Puede que seas un estudiante de secundaria que solo haya cursado matemáticas hasta Algebra II. Luego, debes reconsiderar cuidadosamente la selección de una especialización en matemáticas intensiva para una carrera como Ingeniero mecánico, estadístico o contable. Estas especialidades requieren cálculo I, cálculo II y matemáticas de nivel superior. En efecto, gastarás tiempo y dinero adicionales para tomar cursos de matemática de recuperación para adquirir los conocimientos necesarios. Por lo tanto, debes investigar los requisitos académicos requeridos para una posible especialización. Entonces, si es posible, puedes estructurar tu programa académico de escuela secundaria para reflejar el plan de estudios requerido para tener éxito en la especialización específica. Por último, muchos estudiantes eligen una especialización para la cual no tienen ninguna habilidad natural. Un estudiante puede querer ser cirujano porque sus padres y hermanos son médicos, pero no puede cortar una línea recta en una base de pastel con un cuchillo afilado.

Si no estás seguro y tienes pánico acerca de tu especialización, RELAJATE. Ahora que te he dado la venta dura, quiero tranquilizarte. Probablemente no entrarás en su primera clase de primer año sabiendo tu especialidad. Tienes tiempo. Muchos estudiantes universitarios no seleccionan sus especializaciones hasta su primer, segundo o incluso tercer año en la universidad. También puedes cambiar de semestre a semestre en tu decisión sobre una especialización. Para que quede claro, no debes seguir el ejemplo de aquellos que están descubriendo sus especializaciones en su tercer año de universidad. Obviamente, cuanta más investigación sobre carreras principales puedas hacer, y más experiencia en el campo de la carrera que puedas obtener te ayudará en tu selección principal. De lo contrario, para evitar una alta deuda de préstamos estudiantiles, debes considerar solicitar un aplazamiento de la escuela o un año sabático antes de la universidad.[185] Luego, puedes unirte a la fuerza laboral y aumentar tus experiencias hasta que estés listo para descubrir qué quieres hacer en tu vida profesional.

En una institución de cuatro años, tomarás tus cursos de educación general en tu primer y segundo año de universidad. Durante ese tiempo, puedes buscar información sobre carreras y especialidades disponibles. Por ejemplo, cada centro de carrera del campus está disponible para la transición de los estudiantes al mercado laboral. Muchos centros de carreras ofrecen orientación relacionada con el trabajo para obtener pasantías específicas importantes o investigar campos potenciales de carreras. Además, la mayoría de los sitios web de las universidades ofrecen descripciones completas de sus programas principales para facilitar la selección de especializaciones por los estudiantes. Por ejemplo, los departamentos / colegios universitarios del College Park (UMCP) de la Universidad de Maryland se relacionan con más de 90 estudiantes de pregrado.[186] La página web de admisión de UMCP enumera 12 universidades, entre ellas la Facultad de Artes y Humanidades y la Escuela de Ingeniería A. James Clark.[187] Al hacer clic en el hipervínculo de una universidad específica, un posible estudiante puede examinar las especializaciones exclusivas de ese departamento. A modo de ejemplo, nueve licenciaturas en ingeniería de pregrado pertenecen a la Escuela de Ingeniería A. James Clark. A medida que el posible estudiante haga clic en cada especialización, él / ella estará en un enlace a un sitio web separado para esa especialización.

En particular, el sitio web de Ingeniería Aeroespacial tiene una gran cantidad de información para estudiantes de pregrado, en particular, una descripción completa de cada curso de ingeniería.[188] El sitio también proporciona una secuencia de cursos recomendados por semestre, incluidos los cursos de matemáticas y ciencias requeridos desde el primer año hasta el último año. A medida que el estudiante toma estos cursos en secuencia, acumula experiencia en la especialidad, lo que debería traducirse en competencia en el campo de la carrera. UMCP no es único en la lista de los requisitos de sus cursos para cada especialidad. Si estás interesado en una especialización, puedes llamar al departamento de tu universidad actual / posible o visitarlos para obtener más información. También puedes hablar con los estudiantes actuales que estén cursando la especialidad.

La Oficina del Registrador de una universidad es otra fuente de información sobre carreras específicas. Por ejemplo, el sitio web de la Oficina del Registrador de la UMCP (TESTUDO) proporciona el Programa de Clases del año calendario en línea.[189] El sitio web de TESTUDO enumera los cursos de educación general, todos los cursos con enlaces a las asignaturas principales asociadas, descripciones de cursos, disponibilidad de cursos, nombres de instructores, requisitos previos de cursos, los días y las horas en que se realiza el curso y los requisitos de libros. Armado con esta información, un estudiante en curso puede inscribirse en clases, dependiendo de la disponibilidad del curso. Todas las universidades tienen información de registro similar, ya sea en línea o en un catálogo de cursos en papel. En tu caso, debes navegar a tu departamento actual / prospectivo o al sitio web de la Oficina del Registrador para ver los cursos específicos principales y sus requisitos. Con un poco de investigación, podrás decidir si una especialización específica es atractiva para ti o no.

La universidad expone a los estudiantes a nuevas ideas, personas, organizaciones y actividades. Además, puede ser una oportunidad para buscar campos de estudio que te interesen para una futura carrera. Ayuda si ya has investigado algunas materias o especializaciones como estudiante de secundaria o transferido.

Mientras completas tus cursos de educación general, tienes tiempo para tomar una decisión informada sobre una especialización específica. En tu futura carrera, la clave del éxito es hacer coincidir los intereses que realmente disfrutas con el conjunto de habilidades que puedes hacer realmente bien mientras te ganas una vida de primera clase para ellos. Cuando tienes una carrera que te gusta, te preguntará: "¿Me pagan por esto cuando lo pudiera hacer de gratis?"

Sección C: Asesores Académicos

Es posible que no te hayas registrado en las clases en la orientación para estudiantes. Tu próximo paso es identificar las clases que debes tomar en tu primer semestre. Más importante aún, debes tener un plan de progreso para las clases que necesitas para obtener tu título y graduarte a tiempo. Tu asesor académico debe ser tu guía en este proceso. Un consejero académico universitario es la patada lateral de un estudiante, es quien está preocupado por el interés superior del estudiante. El consejero académico es el Robin del Batman del alumno. Durante tu reunión inicial, debes discutir en detalle tus planes para ingresar a un programa de grado / especialización específico. En este punto, tu asesor académico y tu deben tener una discusión franca sobre tu preparación académica anterior, los resultados de tu examen de colocación avanzada, tus objetivos para asistir a la universidad y los requisitos específicos de tu especialidad / grado. Deberías llegar con un bloc de notas, un bolígrafo y preguntas, ya que este intercambio marcará tu curso académico para obtener tu título. Con el aporte de tu asesor académico universitario, te registrarás en tus clases. Tu interacción con tu asesor académico debe ser continua a lo largo de sus años universitarios. Él / ella es tu primer contacto básicamente para todo lo relacionado con la universidad, especialmente para declarar una especialización, cambiar de especialidad, cambiar de escuela, obtener calificaciones bajas, participar en un programa de estudios en el extranjero o cualquier otro problema que afecte tu futura graduación. Los asesores académicos conocen los entresijos de tu escuela o programa de estudios en particular. Si no te has reunido con tu asesor o ni siquiera sabes su nombre, tienes otra tarea que agregar a tu lista de tareas pendientes. Los asesores académicos mantienen a los estudiantes encaminados hacia la graduación.

En UMCP, comprobé que los asesores académicos son vitales para una experiencia universitaria productiva y efectiva. Entré en la UMCP como estudiante de informática. El Departamento de Ciencias de la Computación exigía a todos sus estudiantes que programaran una reunión cara a cara de 30 minutos con un asesor de licenciatura de ciencias de la computación al final de cada semestre.[190] Hasta que no me reuní con mi asesor, tuve un bloqueo de inscripción que me impedía inscribirme en las clases del próximo semestre. En la reunión, el tema de conversación fue registrarse para las clases en el próximo semestre y completar mi hoja de trabajo del plan académico de cuatro años.[191] Aunque el formato varía, un plan académico de dos o cuatro años registra los cursos de educación general requeridos de un estudiante, cursos específicos de grado / especialidad, cursos electivos por semestre, créditos obtenidos y año de clase. Usando el formato del plan de cuatro años, me registré para mis cursos según la disponibilidad para el semestre. Mi asesor académico y yo también verificamos que tenía los requisitos previos requeridos para cursos más avanzados. Un curso de requisito previo evita que un estudiante ingrese a un aula sin los conocimientos básicos para aprobar un curso.

Por lo tanto, el plan académico es un gran cuadro flexible que hace un seguimiento de los cambios y ayuda a cada estudiante a mantenerse dentro de su calendario de graduación. Un plan académico de dos o cuatro años es particularmente útil para un asesor académico en el cálculo de créditos si un estudiante cambia de especialidad o se transfiere de otra escuela. Para usar el plan, el estudiante y el asesor académico deben reunirse cada semestre a medida que el estudiante progresa. En el plan académico, se enumerarán los créditos obtenidos por el estudiante en los cursos completados, los GPA del semestre y el número total de créditos requeridos restantes. La fecha de graduación esperada de un estudiante puede ser anterior o posterior según los cursos de recuperación, clases reprobadas, cambio de especialidades, etc. Por ejemplo, para alcanzar 120 horas de crédito para un título de licenciatura, un estudiante debe tomar 15 horas de crédito por semestre para graduarse en cuatro años. Las horas de crédito necesarias por semestre cambiarán si el estudiante toma clases de verano y / o invierno. Además, el estudiante y el asesor calcularán la cantidad de horas de crédito de manera diferente si la escuela programa las clases por trimestres.[192] A diferencia de un sistema semestral, un año académico basado en trimestres tiene cuatro períodos que duran de 10 a 12 semanas por período. Para obtener un título de licenciatura y graduarse, un estudiante requiere al menos de 180 a 192 cuartos de hora dependiendo de la especialización. Con la naturaleza variable de obtener créditos, el uso por parte de un estudiante de un plan académico de dos o cuatro años es vital para que se gradúe de la universidad a tiempo.

Cuando declaras una especialización específica, tu asesor académico general puede cambiar a un asesor específico principal.

Por ejemplo, muchos programas de ciencias, tecnología, ingeniería y matemáticas asignan instructores que tienen un doctorado en la materia como asesores para los estudiantes de pregrado y bachillerato. Los principales asesores específicos de la facultad están bastante familiarizados con la programación adecuada de los cursos, el contenido del curso y la cantidad de trabajo requerido para cada curso. Además, un asesor específico importante puede ser un instructor futuro de un estudiante. Es importante que conozcas a tu consejero académico o docente. Además, puedes utilizar tu plan de dos o cuatro años para abrir el diálogo con tu nuevo asesor.

Muchos estudiantes nunca se reúnen con sus asesores académicos. Peor aún, muchas universidades no requieren que los estudiantes se reúnan con un asesor o tengan un plan para graduarse. Estas universidades tienen un conflicto de interés económico porque ganan dinero de los estudiantes que nunca se gradúan, pero continúan tomando cursos irrelevantes. En tu situación, debes seguir rotando en el departamento de asesores académicos hasta que encuentres un asesor que se preocupe por tus mejores intereses y objetivos académicos. Cuando encuentres un asesor académico eficiente y bien informado, debes reunirte con él / ella al final de cada semestre. En ese momento, debes verificar tu progreso hacia la graduación a tiempo e inscribirte en cursos futuros de acuerdo con tu plan de dos o cuatro años.

En resumen, tu asesor académico es tu mejor apuesta para cumplir con el cronograma de tu graduación. Tu asesor académico tiene la experiencia y el conocimiento para ayudarte a tomar decisiones prácticas y académicas. Por cierto, tu escuela puede no requerir un plan académico de dos o cuatro años. Tú y tu asesor académico deben redactar los borradores informales. El esfuerzo te ahorrará dinero y tiempo, lo que te ayudará eventualmente a graduarte a tiempo. Aún tienes que aprobar tus clases, pero al menos tendrás un consultor y un plan de progreso definido.

Sección D: Programas de Honores, Pasantías, y Estudios en el Extranjero

Esta sección trata sobre actividades complementarias de la universidad, a saber, programas de honores, programas de estudios en el extranjero, pasantías y aprovechamiento completo de los recesos universitarios que pueden o no ayudarlo a graduarse a tiempo. Te animo a que lo leas de todos modos. Estas actividades te harán más atractivo para las escuelas de posgrado y los empleadores, de manera similar a tomar cursos AP / IB, lo que hace que tu transcripción de la escuela secundaria sea más atractiva para los administradores universitarios. Vamos a empezar. Con respecto a los Programas de Honores, los estudiantes de tiempo completo que obtienen un GPA de 3.5 o superior generalmente son elegibles para convertirse en miembros de los programas de honores de sus universidades o departamentos respectivos. En todo el país, instituciones de dos y cuatro años patrocinan programas de honores. Por ejemplo, el sitio web del Consejo Nacional de Honores Universitarios (NCHC) publica sus instituciones de dos años o miembros de colegios comunitarios por estado.[193] Los Programas de Honores tienen numerosos beneficios, específicamente el acceso a becas por mérito, cursos especiales de honores tomados con cursos de no honores, clases pequeñas, instructores superiores, asesores de honores, excursiones, seminarios, conferencias, tutorías, pasantías, estudios independientes y algunas oportunidades de estudio en el extranjero.[194] Los cursos del Programa de Honores son más desafiantes y la instrucción es de primera clase. Los académicos con honores provienen de diferentes carreras, orígenes, nacionalidades e intereses, como el gobierno estudiantil o el atletismo. Además, los estudiantes del Programa de Honores suelen tener una mayor graduación o tasa de transferencia. . . debido a la exposición a los mejores profesores y a los mejores cursos.[195] Para investigar, puedes visitar el sitio web de una escuela específica para obtener más información sobre su programa de honores, en particular su procedimiento de solicitud.

Además de los programas de honores, existen otras oportunidades para el reconocimiento académico en instituciones de dos y cuatro años. Puedes recibir una invitación para unirte a una sociedad nacional de honores, como la Phi Theta Kappa para universidades de dos años.[196] Con mi membresía de Phi Theta Kappa, recibí un emblema especial de honores en mi diploma, un cordón de honores en la graduación y una anotación en mi transcripción de MC. Para tu inclusión en una sociedad de honor, un estudiante debe cumplir con un mínimo de GPA y haber completado 15 horas de cursos para obtener un título de asociado. Otro honor académico es la Lista del Decano. Al final de cada semestre, cada universidad o departamento reconoce a los estudiantes de tiempo completo que tienen un GPA de 3.5 o más alto en la lista de decanos apropiadamente denominada. La universidad también publica el estado de la Lista del Decano del estudiante en su transcripción para ese término. Muchos estudiantes enumeran su Lista de Decanos en sus hojas de vida o transfieren las solicitudes de admisión a la universidad. Tu participación en programas de honores, sociedades de honor y / o listas de decanos muestra tu deseo de esforzarte por alcanzar los más altos estándares de excelencia académica. Tus profesores notarán tu enfoque y madurez cuando obtengas calificaciones estelares. Si es necesario, él / ella pueden endosarlo para una pasantía o escribir cartas de recomendación para ti. Mantuve un promedio general acumulado de 4.0 en el Montgomery College (MC). Cuando presenté mi solicitud a UMCP, tres de mis maestros de MC escribieron cartas de recomendación para mí. Puedo acreditar su ayuda en mi eventual admisión. Por lo tanto, debes aspirar a lograr el reconocimiento académico, especialmente a través de los programas disponibles en la universidad.

Mientras estés en la universidad, deberías considerar solicitar y participar en una pasantía universitaria. Te dará la oportunidad de tener experiencia laboral. Preferiblemente, la pasantía debe ser en tu especialidad. Las pasantías se ven muy bien en el currículum de los graduados universitarios. Además, la pasantía podría llevarte a una posición de tiempo completo dentro de la misma organización. Las pasantías pueden ser pagadas o no pagadas; por lo tanto, debes decidir si una pasantía no remunerada es económicamente viable. Para buscar posibles puestos de pasantías, puedes comenzar por visitar los sitios web de las compañías que contratan según tu título / especialidad específica. Además, puedes consultar con tu centro de carreras universitarias, tu asesor académico o incluso con tus instructores para obtener información sobre las prácticas. El centro de carreras de tu escuela también debe proporcionarte asistencia para redactar tu currículum y prepararte para el proceso de entrevista de pasantías.

El mejor plan para adquirir una pasantía es aplicar temprano. Una solicitud de pasantía generalmente consiste en un currículum, una transcripción, un ensayo y cartas de recomendación. Numerosas solicitudes de pasantías se deben entregar entre febrero y marzo para el verano siguiente. Cada una tiene requisitos de GPA y niveles de clase mínimos especificados (junior, sénior, etc.). Antes de solicitar una pasantía, debes sanear tus perfiles de redes sociales de cualquier material inapropiado. Numerosos empleadores potenciales y reclutadores de recursos humanos buscan en los sitios web de redes sociales para obtener información sobre pasantes y candidatos antes de contratarlos. Cuando empieces a solicitar pasantías, también debes compilar una lista de referencias. Estas referencias serán aquellos instructores universitarios y empleadores que pueden escribir cartas de recomendación para ti. No escribas la información de contacto de una referencia en una solicitud hasta que le solicites permiso a la persona en particular. Para cartas de recomendación, debes preguntar y notificar a los posibles escritores no menos de cuatro semanas antes de la fecha límite. Como cortesía, puedes proporcionar un breve resumen de tus logros universitarios para ayudar al escritor a redactar la recomendación. Cuando descubras la decisión final, debes proporcionar comentarios sobre tu selección o no selección para la pasantía. Luego, debes enviar correos electrónicos de agradecimiento porque es posible que necesites usar esas referencias nuevamente.

Como pasante, por lo general, estarás expuesto a un entorno de trabajo de 9 a 5, experimentarás la capacitación en el trabajo y comprenderás las expectativas del empleador. Por lo general, un supervisor / mentor te supervisará y te guiará y aconsejará sobre la cultura de la organización. También puedes utilizar tu pasantía para establecer contactos y conocer a otras personas que potencialmente podrán ofrecerte futuras oportunidades de empleo. De hecho, unos meses antes de tu graduación universitaria, debes asegurar entrevistas con varias compañías para obtener un empleo. Los empleadores tienen la ventaja en la elección y contratación de empleados potenciales. Por lo general, les gusta contratar graduados universitarios con conocimientos y experiencia laboral del "mundo real." Tus padres piensan que eres especial, pero en el mundo de los negocios, tendrás que probarte a ti mismo. Tu pasantía puede ayudar en esa búsqueda. La pasantía puede ser el punto culminante del currículum que ofrece un trabajo potencial a tu favor. De lo contrario, serás como cualquier otro postulante universitario sin experiencia laboral. Si no participas en una pasantía, puede ser que a su debido tiempo no encontrarás empleo. Luego, puedes demostrar a tu empleador que vales la pena, debido a que eres un resolvedor de problemas, eres capaz de desarrollar nuevas ideas, tienes confianza, eres un líder y demuestras que tu educación universitaria te ha preparado con los conocimientos adecuados para prosperar en cualquier entorno laboral (Ok, He terminado con la charla, pero no permitas que nadie te subestime, o a la importancia de tu título)

Durante la universidad, puedes participar en un programa de estudios en el extranjero. Los estudios en el extranjero o el programa de intercambio de estudiantes son términos generales que incluyen asistir a otra escuela en el extranjero o en los Estados Unidos.[197] Al viajar fuera de tu zona de confort, experimentará diversas poblaciones, idiomas, culturas y perspectivas. Obtendrás una mejor conciencia de ti mismo y de los demás. En una comunidad cada vez más globalizada, las empresas y organizaciones de los EE. UU. desean graduados universitarios que tengan confianza y capacidad para interactuar con personas de diferentes países. Por ejemplo, la duración del programa de estudios en el extranjero puede ser de unas pocas semanas, un par de meses, medio semestre o un año académico completo. Las ubicaciones son tan diversas como Costa Rica, Belice, México, Canadá, España, Croacia, Perú o Botswana. Los programas de estudio en el extranjero pueden ocurrir durante todo el año o durante las vacaciones escolares. Debido a conflictos de tiempo, es posible que no puedas inscribirte en un estudio formal en el extranjero o en un programa de intercambio. Debes entonces considerar viajar fuera del país por tu cuenta. El propósito es solo ver y experimentar cómo viven otras personas. Por lo tanto, ampliará tus horizontes y comprenderás que "ya no estás en Kansas." La experiencia no tiene precio.

Para cualquier programa de estudios en el extranjero, debes hacer una investigación. El sitio web de cada universidad o departamento publicará las descripciones de los programas de estudio en el extranjero y los requisitos de elegibilidad. Se te pedirá que te reúnas personalmente con un coordinador de estudios en el extranjero. También debe hablar con los antiguos participantes del estudio en el extranjero. Algunas universidades otorgan créditos universitarios basados sobre la duración de los programas de estudios en el extranjero y los cursos. Debes verificar si tu título / programa principal requerido requiere una experiencia de estudios en el extranjero para graduarte. Por lo tanto, debes reunirse con tu asesor académico para exponer cualquier problema relacionado con tu especialización, estudiar en el extranjero y graduarte a tiempo. También debes consultar con la oficina de ayuda financiera de la universidad para determinar cómo la participación en el programa de estudios en el extranjero afectará los costos escolares. Para que quede claro, una experiencia de estudio en el extranjero debería ser más divertida que una obligación. Mientras viajes, come algo de Birds Nest Soup, Hakarl o ¡Kopi Luwak para mí! O no. Si participas en un estudio en el extranjero, tú y tu currículum se destacarán.

Finalmente, debes aprovechar al máximo tus vacaciones universitarias. Los descansos escolares son oportunidades principales para tomar una clase y graduarse temprano, ganar dinero, obtener experiencia de una pasantía o participar en un programa de intercambio / estudio en el extranjero. Cada año académico, los descansos escolares equivalen a aproximadamente cuatro meses y medio de tiempo no comprometido. Sé que quieres aprovechar todo tu tiempo libre y salir con amigos y familiares. Deberías tener un equilibrio. Cuando te gradúes, recibirás de tu empleador unas dos o tres semanas de vacaciones anuales. Deberías usar la universidad como un medio para entrar en esa mentalidad. Una y otra vez he dicho que tu meta cuando asistes a la universidad es graduarte a tiempo. Podrías graduarte temprano si tomas cursos de verano e invierno. Durante esos dos términos, los cursos disponibles son limitados, pero generalmente tienen una duración más corta que los de otoño / primavera. Aún tendrías tiempo libre para salir con tus amigos. Esos créditos extra ganados se acumularán durante los dos o cuatro años en la universidad. De lo contrario, podrías trabajar durante tus descansos. El dinero extra ofrece un medio para pagar los libros de la universidad, la matrícula, el combustible u otros gastos adicionales. También puedes guardar dinero para tu vida posterior a la graduación. Puede que sientas que te estoy presionando para que abandones tu experiencia universitaria demasiado pronto. Al graduarte rápido, puedes usar ese tiempo y dinero extra antes de comenzar tu trabajo para navegar por la costa australiana, andar en bicicleta por Noruega o nadar con los peces en Tailandia. Una vez más, tus vacaciones universitarias son momentos de máxima audiencia.

Lecciones de vida - Capítulo 5: Finalmente en el Campus
- Lee la guía de orientación para estudiantes y participa en la orientación para estudiantes para observar cómo tu escuela da la bienvenida a los nuevos estudiantes, a su cultura, servicios, etc.
- La universidad es una oportunidad para elegir una especialización y obtener un título en un campo profesional específico
  - Descubre tus intereses en la escuela secundaria para identificar posibles carreras universitarias
  - Investiga carreras potenciales y, por lo tanto, consolida tu elección en una de las principales a través de sitios web como la Oficina de Estadísticas Laborales y OKCollegeStart.org
  - La elección de una especialidad universitaria es fundamental para tomar clases hacia su título
  - Hablar con profesionales y estudiantes actuales en tu campo profesional deseado puede ayudarte a reducir tu elección de especializaciones
  - Revisa el sitio web de tu universidad o departamento para ver los requisitos del curso para las carreras que te interesan.
- Tu consejero es Robin y tú, Batman, que te mantiene en camino hacia la graduación
  - Reúnete con él / ella al menos una vez por semestre durante tus años universitarios
  - Llena un plan académico de dos o cuatro años y úsalo
- Tu participación en un programa de honores, estudios en el extranjero / programa de intercambio y / o pasantía te ayuda a sobresalir en programas de posgrado y empleadores
  - Aplica temprano cuando sea elegible
  - Equilibra la diversión y aprovecha tus vacaciones universitarias para participar en un programa de intercambio / estudio en el extranjero, tomar cursos académicos, trabajar o participar en un programa de pasantías.

CAPÍTULO 6:
Registro a Clases

Después de consultar con tu asesor, debes inscribirte en las clases cada semestre lo antes posible para graduarte a tiempo. Probablemente te estés preguntando "¿cuál es el problema?" Al esperar demasiado, se te puede negar la capacidad de tomar las clases que necesitas. Los estudiantes se registran en las clases según las vacantes que hayan, las horas de crédito, la hora del día de la clase, la especialidad / título, la elegibilidad o la aprobación del departamento. La mayoría de las oficinas de registradores les permiten a los estudiantes registrarse en línea para cada semestre.[198] Algunas universidades restringen los períodos de inscripción según los niveles de clases de los estudiantes; por lo tanto, las personas con niveles superiores pueden tener prioridad. Estarás compitiendo con todos los que también necesitan esas clases. Si esperas, otras razones pueden impedirte inscribirte en las clases. Por ejemplo, la clase puede estar llena porque el instructor es muy popular. Otro problema es que algunos cursos obligatorios se ofrecen cada dos semestres o períodos. Además, las inscripciones en línea de algunas escuelas sincronizan automáticamente las clases para garantizar que el estudiante tenga un tiempo de traslado adecuado entre las clases. Es posible que no puedas inscribirte en clases que tengan un conflicto de tiempo. Debes saber esto inmediatamente y trabajar con tu asesor para determinar clases alternativas. Cuando se abre tu período de registro, debes registrarte rápidamente en lugar de irte de una clase a otra para obtener resultados exitosos. Como estudiante de primer año, debes entender el proceso de registro para que este sea rápido y libre de estrés. Además, tu plan académico de dos o cuatro años te guiará para tomar decisiones deliberadas sobre las clases que debes tomar. Consulta a tu asesor si tienes alguna pregunta sobre el proceso de inscripción de tu escuela. Ahora entraremos en mayor detalle.

Sección A: Descripciones de los Cursos

La mayoría de las universidades enumeran su catálogo de cursos y su horario de clases en el sitio web de la Oficina del Registrador. Estos son críticos para que encuentres y leas porque enumeran todos los programas y requisitos necesarios. En ellos, también encontrarás descripciones de los cursos. Por lo general, una descripción del curso contiene el título, número de curso, número de horas de crédito, instructores, secciones, plazas totales disponibles, números de lista de espera, cualquier requisito previo, y los días y la hora del curso. Al seleccionar las clases para el semestre, debes conocer el número de horas de crédito y los horarios / ubicaciones de las clases. Por ejemplo, puedes quedarte corto si no tomas las 12 horas de crédito necesarias para obtener un modo de tiempo completo. Un modo de medio tiempo puede afectar tu beca, asistencia de matrícula o cualquier otra financiación. Cuando tomes un curso, la descripción del curso mostrará una lista de los cursos de requisitos previos y la calificación mínima de finalización. Además, la descripción del curso muestra cualquier libro de texto requerido. Por lo tanto, tendrás tiempo suficiente para ordenarlos antes de que comience la clase.

Para obtener tu título, algunos de tus cursos serán optativos. Puedes registrarte para un curso electivo porque lee la descripción del curso y descubres un interés en el tema. Normalmente, las asignaturas optativas no están asociadas con los cursos requeridos para tu especialización. El tema es opcional, pero debes completar un cierto número de optativas para completar tu título. Tus optativas elegidas deben basarse en un interés o curiosidad sobre un tema en particular. Las clases electivas son como ingredientes, a saber, crema batida, maní molido, salsa de chocolate o chispitas de helado. Hacen que tu experiencia universitaria sea más rica porque las eliges. Se supone que las electivas estimulan nuevas perspectivas, te presentan a un círculo social diferente de compañeros fuera de tu especialidad y son menos exigentes. Normalmente, tomarás asignaturas optativas una vez que hayas completado tus cursos de educación general. En consulta con tu consejero académico y una revisión de tu plan académico, tomarás un equilibrio tomando cursos electivos con los cursos requeridos de tu título / especialidad en cada semestre. También puedes usar tus optativas para crear una concentración secundaria de cursos (también conocida como menor).

De todos modos, necesitas tener acceso al catálogo de cursos de la universidad, al calendario de clases y a las descripciones de los cursos para inscribirte en las clases correctas para obtener un título y la graduación de la universidad a tiempo. Las descripciones de los cursos también son importantes si deseas transferirse a otra escuela. Una universidad puede usar las descripciones de los cursos de otra escuela para determinar el contenido académico / mérito de cursos específicos. Cuando la universidad determina que un curso es comparable a su curso universitario, la escuela puede otorgar crédito de curso y eximirte de tomar ese curso en particular.

Sección B: Listas de Espera

Los séniores normalmente tienen prioridad para inscribirse en las clases. Los estudiantes en las clases inferiores tienen una competencia feroz para inscribirse en las plazas restantes que quedan para algunos cursos. Cuando un curso requerido está lleno, debes registrarte en su lista de espera. La lista de espera es una lista permanente de estudiantes a los que se les permitirá tomar el curso si hay plazas disponibles. Tener tu nombre en la lista de espera de un curso es como ganar la lotería o volar en espera. A veces, el departamento o instructor del curso abrirá más plazas para la clase. O puede ser probable que un estudiante inscrito decida "abandonar" el curso, lo que libera una plaza. Cuando ocurre cualquiera de los dos escenarios, la oficina del registrador notifica al primer estudiante de la lista de espera sobre la apertura. Podrías ser esa persona afortunada. Tendrás un período de tiempo especificado para registrarte. De lo contrario, el siguiente estudiante de la lista tendrá la oportunidad de llenar el espacio. A veces, los alumnos de la lista de espera asisten a los primeros días de la clase en particular. Si se incorporan al curso, no se han perdido ninguna instrucción en el aula. Pero si nadie abandona el curso o el instructor no puede abrir más plazas, la lista de espera caduca. Luego, los estudiantes de la lista de espera tendrán que tomar el curso en un semestre posterior. Tu universidad debe tener instrucciones sobre los procedimientos de lista de espera. Es imperativo que estés al tanto de los períodos de oferta para las clases requeridas y que te inscribas con anticipación.

Sección C: Agregar/Abandonar/Retirarse

Durante las primeras semanas del semestre, las universidades les permiten a los estudiantes modificar sus horarios de clase. A diferencia de la escuela secundaria, los estudiantes no se atascan tomando clases asignadas arbitrariamente por los administradores. La mayoría de las universidades generalmente permiten que los estudiantes realicen clases de agregar o eliminar en línea. En el sitio web de la Oficina del Registrador, el Calendario Académico en línea enumera las fechas para todo, específicamente las fechas límite de inscripción, de agregar una clase, eliminar una clase, fechas límite de retiro y del primero / último día de clases. Debes conocer estas fechas vitales. Si se abren más plazas para una clase o espacios de lista de espera, entonces puedes registrarte y "agregar" el curso a tus horarios. Debes hacerlo antes de la fecha límite del curso. Además, un estudiante puede ser incapaz de tomar un curso por alguna razón. Luego, él / ella debe eliminar formalmente el curso registrado de su horario. Normalmente, el estudiante "abandona" los cursos en línea o en la Oficina del Registrador. El estado de abandono informa a la escuela que el estudiante ya no está tomando un curso. Luego, una plaza del curso se abre para que otro estudiante agregue el curso. Para recibir un reembolso o renunciar a una tarifa, un estudiante debe abandonar el curso antes de la fecha límite de inscripción del curso de la universidad. El abandono del curso no cuenta contra el alumno. El estado de abandono no aparecerá en tu registro permanente. Debes ser consciente de la fecha de entrega; o bien saber que dejar la clase más tarde te costará dinero.

Después de la fecha límite de entrega, puedes dejar la clase, pero la solicitud se convierte en un retiro. No necesitas una razón para retirarte. Puedes usar un retiro si has estado recibiendo calificaciones bajas hasta ese punto y tienes miedo de reprobar en la clase. O bien, puedes tener un conflicto o una gran carga de cursos que simplemente hace no puedes tomar la clase en ese momento. Por lo tanto, un retiro del curso no es un fracaso sino una decisión adulta e informada. Antes de retirarte, debes reunirte y discutir tu decisión de retiro con tu asesor académico. Por lo pronto, tu estado de tiempo completo pudiera verse afectado por la pérdida de los créditos de la clase. <u>Sin embargo, debes retirarse antes de la fecha límite de retiro.</u> Lamentablemente, la universidad te cobrará una tarifa de retiro, que puede ser elevada. Los retiros también aparecerán en tu transcripción como una "W," pero no afectarán tu GPA.

Debes usar los retiros del curso con moderación. Algunas universidades limitan el número de retiros de estudiantes por semestre. Si alcanzas ese límite, tu universidad no te permitirá retirarte del (los) curso (s). En realidad, los empleadores y las escuelas de posgrado también pueden preguntarte acerca de los retiros excesivos en tu expediente académico, que pueden poner en duda tu preparación académica. O bien, podrías ser puesto a prueba o suspendido de la ayuda financiera federal. Después del 1 de julio de 2013, el gobierno federal ordenó un "período de elegibilidad máximo" para que los nuevos prestatarios completen sus programas académicos. Estos estudiantes no deben exceder el tiempo máximo para obtener un título para seguir siendo elegibles para la ayuda financiera federal, específicamente los Préstamos Federales con Subvención Directa y las Becas Pell.[199] Por lo tanto, debes completar tu programa de estudios dentro del 150% del período de tiempo permitido, para seguir siendo elegible para recibir ayuda financiera federal. Esto significa que tiene tres años (o 90 intentos de crédito) para completar un título de asociado y seis años (o 180 intentos de crédito) para obtener un título de bachiller. Todas las horas de crédito completadas sin éxito, es decir, retiros, incompletos y créditos fallidos, se cuentan en esas horas de crédito intentadas.

A pesar de las razones, toma en serio que debes abandonar o retirarte formalmente de una clase a través de la Oficina del Registrador antes de dejar de asistir a cualquier clase. Al utilizar correctamente los abandonos o los retiros, podrás mantener tu GPA intacto. Por favor, no te alejes. Las consecuencias son malas. Obtendrás una calificación de "F" debido a que simplemente no completaste los cursos. Además, la escuela te cobrará la matrícula completa y las tarifas para esa clase. Peor aún, tomas la plaza de otro estudiante. En la primera oportunidad, abandona o, si es necesario, retírate de un curso dentro de la fecha límite.

Lecciones de vida - Capítulo 6: Registro a Clases
- Regístrate para la clase cada semestre lo antes posible para graduarte a tiempo
  - Todos están compitiendo por las mismas plazas de clases vacantes
  - Las ofertas de cursos pueden cerrarse debido a que la clase está completa, y solo se ofrece cada dos términos u otra razón
  - Comprende el proceso de registro y regístrate para clases usando tu plan académico de dos o cuatro años
- Una descripción del curso te dice todo sobre una clase; así que úsalo para descubrir los requisitos previos de los cursos, los tiempos de los cursos, la ubicación y el libro de texto requerido.
- Si no te inscribes en una clase completa, inscríbete en la lista de espera
  - Otro alumno puede abandonar el curso.
  - Los sitios de clase pueden abrirse
  - Asiste al curso para mantenerte al día con el trabajo de la clase hasta que sepas si la lista de espera ha caducado
- Los Calendarios Académicos Universitarios enumeran todas las fechas importantes
  - Conoce los plazos críticos, es decir, las fechas de agregar, abandonar y retirarte de los cursos
  - Los cursos "abandonados" no cuentan contra un estudiante.
  - Los retiros del curso aparecen en la transcripción de un estudiante como una "W," pero no afectan su GPA
  - Usa los retiros con moderación porque debes completar tu programa de estudios dentro del 150% del período de tiempo permitido para seguir siendo elegible para recibir ayuda financiera federal
- Abandona o retírate formalmente de un curso a través de la Oficina del Registrador o recibir una calificación de "F"

CAPÍTULO 7:
El Salón de Clases

Como he dicho antes, los colegios y universidades no son extensiones de la escuela secundaria. El aula de la universidad es donde pasarás el 35% o más de tu tiempo por curso. Debe ser divertido, atractivo y desafiante. Ok, tal vez, el 20% de ese 35% serán esas cosas. El otro porcentaje trabajará fuera del aula en forma de investigación, estudio, preparación para las clases y realización de tareas. Debes usar tu tiempo de manera efectiva, especialmente cuando tomas tus clases específicas principales. Tu objetivo es graduarte a tiempo. Tus otros objetivos universitarios deben ser aprender, crecer y ejercer tu independencia como adulto. Cuando te esfuerzas, tu capacidad para adquirir conocimientos y aplicarlos se vuelve ilimitada. En cambio, muchos estudiantes se dan por vencidos cuando enfrentan un desafío académico porque el material es nuevo o requiere más trabajo del que anticiparon. O, simplemente, no están lo suficientemente motivados por el tema para hacer el arduo trabajo de estudiar y prepararse para la clase.

En la universidad, muchos instructores intentan fomentar la curiosidad de los estudiantes y enseñarles nuevas perspectivas. Mientras que tu asesor universitario es tu compañero Robin, tu instructor universitario es Alfred. Él / ella está ahí para guiarte, pero también para patearte el trasero cuando lo necesites. Ya que estás dando dinero para obtener tu título, debes valorar tu tiempo de clase y darle una oportunidad a cada profesor / instructor. Mi punto es que deberías conocer a tus maestros. Cuando sea posible, habla con ellos después de las clases y trata de apreciar el tema de la clase. Si supieras cada tema, estarías enseñando el curso. Por el contrario, tus profesores ya tienen su título y conocen ampliamente el material de sus cursos. De tu clase, puedes obtener aquella brizna de información que pudiera cambiar tu vida. Así que, hazlo y haz todo lo posible para prestar atención en tus clases. De lo contrario, debes ceder tu plaza en el aula a alguien que quiera estar allí. Ahora, pasaré por el proceso de prepararse y tener éxito en clases.

Sección A: Instructores y Auxiliares Docentes

Todos los maestros merecen respeto, especialmente en persona, correo electrónico o correspondencia escrita. Los maestros tienen un trabajo duro, tratando de influir y cultivar las mentes jóvenes. Algunos profesores universitarios enseñan a sus estudiantes de una manera interesante y estimulante. Estos instructores tienen una gran experiencia en sus campos, conocimientos y entusiasmo. Ellos se apresuran por trabajar con los estudiantes día a día. En una historia de una obra, durante un curso, mi profesor de la universidad me enseñó una nueva perspectiva sobre el *Otelo* de Shakespeare. Durante años, pensaba que la obra era aburrida. Realmente no entendía el alboroto y su fascinación. Este profesor, sin embargo, dio vida a la complejidad del lenguaje, las imágenes y a los personajes *Otelo*, *Yago* y *Desdémona*. Disfruté mucho las discusiones del profesor sobre *Otelo* y las otras obras del curso. Estaba triste cuando terminó el curso. Eso es enseñar.

En contraste, otros instructores hacen de sus clases una experiencia insoportable. En Youtube.com, los estudiantes frecuentemente se quejan de sus maestros aburridos. Aunque no apruebo las críticas, entiendo la frustración de estos estudiantes. Con frecuencia, estos maestros universitarios "aburridos" hablan con sus estudiantes en lugar de conectarse con ellos. Por ejemplo, uno de mis instructores universitarios presentaba 60 o más diapositivas de PowerPoint durante cada período de clase de 50 minutos. En lugar de dialogar con los alumnos, el instructor miraba a la pantalla del proyector y nos leía. La clase agonizaba de muerte por el PowerPoint. Algunos profesores toman espacio y hacen que sus clases se adormezcan.

Tu comprensión del material del curso es crucial para aprobar los cursos. Tienes que conectarte con tu profesor y la materia. Por lo general, los estudiantes de primer año o de transferencia no tienen las redes sociales para investigar la capacidad de enseñanza de cada profesor. Los viejos tiempos de conocer a los profesores de boca en boca son el pasado. El sitio web de RateMyProfessor.com es una herramienta que puedes encontrar útil al inscribirte en los cursos.[200] Además, el sitio web de RateMyProfessor.com alienta a los estudiantes universitarios de todo el país a calificar a sus profesores sobre su capacidad de enseñanza. Con el clic de un mouse, puedes informarte sobre los instructores calificados. Se te advertirá sobre los cursos, los estilos de enseñanza y, posiblemente, la dificultad del examen. El sitio no tiene comentarios sobre todos los instructores. Afortunadamente, más escuelas tienen sus propias variaciones de RateMyProfessor.com.

A pesar de la utilidad del sitio web RateMyProfessor.com, te advierto que leas todos los comentarios sobre un profesor para buscar patrones. Los comentarios de RateMyProfessor.com de algunos estudiantes están sesgados. Los estudiantes pueden ser culpables por su mala experiencia debido a su escasa asistencia o rendimiento académico, sin embargo estos estudiantes pudieran culpar a sus maestros. Debes formar tu propia opinión y también hablar con ex alumnos de la clase. Otros factores hacen que los sitios web de calificación de instructores sean inútiles. Por ejemplo, una universidad podría no incluir a un instructor de curso en particular hasta el primer día de clase. O bien, un instructor mal calificado es el único que enseña ese curso en particular.

Cuando tienes un instructor de curso ineficiente, tendrás probablemente un semestre muy doloroso. Necesitas aprobar el curso y entender el material; entonces, aquí te dejo dos consejos. Cuando el curso no es un requisito, puedes considerar abandonar el curso e inscribirte más tarde. Debes planificar e investigar con prudencia si el curso está disponible en el futuro. O bien, muchos cursos obligatorios para estudiantes de primer año y segundo año tienen varias secciones, enseñados por diferentes profesores. Puedes "abandonar" el curso original y luego "agregar" el mismo curso, con una sección diferente dentro de los plazos correspondientes, y un nuevo profesor. Solo asegúrate de que la clase del otro instructor tenga plazas.

En este punto, tengo algunos comentarios sobre los asistentes de enseñanza (TA). Algunos cursos tienen hasta 200 estudiantes en una clase. De manera realista, un profesor no puede calificar, ayudar y responder adecuadamente las preguntas de 200 o más estudiantes. Para ayudarlo, el instructor puede tener uno o más TA. Cada TA es responsable de 30 a 40 estudiantes. Los TA son normalmente estudiantes de posgrado. Aunque pueden ser unos años mayores, tienen un gran conocimiento y autoridad para impactar tu calificación con trabajos de calificación, respuestas a preguntas, horas de oficina de acogida o sesiones de conferencias separadas. Se supone que las actividades de la AT deben reforzar las conferencias del instructor. Algunos veces los TA son mejores que el profesor para explicar conceptos. Son un gran recurso si tienes problemas académicos en clases. Cuando interactúas con los TA, debes tratarlos con respeto.

Sección B: El Programa de Estudios

El programa de estudios es el documento más importante en el curso. El profesor repasará este programa el primer día de clase. Las listas de programas.

- El nombre del instructor, dirección de correo electrónico y número de teléfono
- Horas de oficina
- Clases días y horarios.
- Objetivos de aprendizaje del curso.
- La política de calificaciones, incluido el rango de porcentaje para cada calificación de letras, de la A a la F
- Cada fecha límite, asignación de tareas y requisitos de libros de texto.

En la primera oportunidad, debes leer el programa de estudios nuevamente y resaltar fechas importantes en determinados exámenes y presentaciones de tareas. Luego, debes registrar esos eventos especiales en tu calendario. Otras opciones de seguimiento incluyen el registro de las fechas de envío de la tarea en el calendario de un teléfono inteligente, tableta o cualquier otro dispositivo electrónico que prefieras. Con esta acción, puedes establecer notificaciones de recordatorio para una semana antes de las fechas de vencimiento. Por lo general, el programa de estudios también cubrirá la comunicación entre el instructor y sus estudiantes fuera del aula. En este punto, te insto a que confirmes el método que utilizará tu instructor para transmitir información. Si será por correo electrónico, por ejemplo, debes asegurarte de revisar tu cuenta de correo electrónico de estudiante diariamente o vincular tu cuenta de correo electrónico de estudiante a la cuenta de correo electrónico que usas regularmente. Muchos estudiantes imprudentes tiran sus programas de estudio en sus mochilas y nunca los vuelven a mirar. Ellos confían en sus instructores para anunciar todo en clase. Estos estudiantes pagarán una llamada de atención dolorosa.

Cuando anotes los plazos de los requisitos en tu calendario, también debes saber poder anticipar el tiempo de preparación adicional necesario para entregar tus tareas con anticipación. La mayoría de los estudiantes esperan hasta el último minuto para entregar las tareas. El estrés adicional es innecesario. En su lugar, debes planear enviar tu trabajo al menos un día antes de tiempo. De lo contrario, tu computadora elegirá el tiempo límite para bloquearse. Tal vez, el sitio web de la presentación estará fuera de servicio por mantenimiento. O bien, ganarás dos boletos para asistir a un concierto de Taylor Swift o Little Big Town programado el mismo día de la fecha de vencimiento de tu asignación. Al completar las tareas temprano, podrás salir con tus amigos; unirte a la universidad académica / deportes / clubes sociales; y disfrutar de tu tiempo libre sin tener que preocuparte por un próximo trabajo, proyecto, examen, etc. Cuando no presentes una asignación, debes comunicarte con tu instructor lo antes posible (pero no más tarde del siguiente período de clases). Al estar informado, el instructor puede otorgar un crédito parcial por la asignación tardía en lugar de una calificación de "F" o cero. En el plan de estudios de tu curso, el instructor dirá si otorgará créditos parciales por tareas tardías. Una vez más, trata de entregar tus tareas temprano.

Una última nota: quiero recomendarte que guardes / escanees los programas de tu curso. Un programa del curso describe los libros requeridos, las tareas, el alcance y el contenido básico del curso. En el futuro, es posible que tengas una gran diferencia de tiempo en la educación o que desees transferir el crédito del curso a otra escuela. Tus copias de los planes de estudios podrían evitarte retomar la educación general u otros cursos en tu nueva escuela. Después de una revisión del plan de estudios, tu nueva universidad puede determinar que el curso es comparable a tu curso universitario. Como resultado, la escuela puede otorgar un crédito de transferencia y eximirte de tomar el curso.

Sección C: Asistencia a Clases

Dilo conmigo: no sabrás lo que está pasando en clase a menos que asistas. Por ejemplo, tu profesor puede poner el diagrama que hace funcionar una fórmula particular. O bien, el profesor puede dar todas las respuestas de la siguiente prueba. No obtendrás esas respuestas si no estás allí. Cuando asistes a tus clases, tienes la mejor oportunidad de hacer preguntas y aclarar puntos que no entiendas. Para tus clases, deberías estar a tiempo. Los maestros son muy conscientes de los estudiantes tardíos o ausentes. Hoy en día, los profesores universitarios tienen listas de asistencia con fotos de los estudiantes. Cuando siempre llegas tarde o estás ausente, ese profesor hará en ti un punto de identificación. Los estudiantes que terminan tarde típicamente interrumpen la clase a medida que avanzan hacia los lugares vacíos a pesar de los intentos de hacerlo en silencio. Además, no debes tener que pedir una mano porque llegaste tarde. Otra consecuencia es la falta de anuncios, en particular, el instructor solo aceptará una copia impresa en papel en clase en lugar de una versión enviada por correo electrónico. No puedes tomar notas si no estás allí. Si tienes un desempeño deficiente en los exámenes u otras tareas, tu instructor te entregará sin disculpas las calificaciones "D" o "F." Cuando llores, tu profesor tendrá muy poca simpatía y señalará tu terrible registro de asistencia. Tu asistencia hace la diferencia.

Cuando asistes a clases a tiempo, las calificaciones de tu curso también se beneficiarán de tu participación en las discusiones de clase. La participación puede ser hablar en clase, presentarte a tiempo, o cómo el instructor lo defina en el programa del curso. Normalmente, los maestros a menudo dan puntos a los estudiantes por contribuir a la discusión en clase como parte de sus calificaciones generales. Con frecuencia, tendrás que responder una pregunta del profesor o hacer una presentación en el aula. Probablemente estés haciendo la pregunta: *"¿Por qué?"* Cuando los alumnos los miran con una mirada en blanco, los profesores también se aburren y se frustran. Desde la participación de sus alumnos, los profesores también pueden evaluar si los alumnos entienden el material del aula. Repitiéndolo, puedes mejorar tu calificación si asistes a clase, abres la boca y dices algo relevante para la discusión.

Lamentablemente, puedes congelarte cuando hablas en público. No estás solo. Muchas personas preferirían ser tragados por la tierra antes de hablar en público. Además, muchos estudiantes utilizan pausas mentales de forma inconsciente, a saber, "uhm," "¿sabes?" y "me gusta" hasta el punto de la incoherencia. Para reducir tu ansiedad, puedes unirte al equipo de debate o inscribirte en un curso de comunicación oral de la universidad de forma optativa.[201] Como alternativa, puedes reducir la mayoría de los rellenos verbales practicando frente a alguien, grabándote y escuchándote, o ensayando frente al espejo. Con la práctica de hablar en público y la preparación para la clase, lograrás parecer natural, confiado e interesado en el tema. Créeme. Tu participación le permite a tu profesor conocerte y establecer una relación contigo. Él / ella puede ser una referencia futura o un escritor de cartas de recomendación. Por lo tanto, debes prepararte para hablar en público en tus clases universitarias.

Por cierto, también te aconsejo que te mantengas informado de los eventos actuales y de los asuntos financieros para conocer / comprender los problemas que afectan a tu mundo. Luego, podrás formar opiniones y conversar inteligentemente sobre una amplia gama de temas. Además, perfeccionarás tu pensamiento crítico, habilidades de comprensión auditiva, comprensión, resolución de problemas, vocabulario y lenguaje. Todas esas habilidades mejoradas te ayudarán en tus clases universitarias, principalmente en las discusiones y la participación en clase. Mis recomendaciones para mantenerte al día son cuatro programas del Servicio de Transmisión Pública (PBS) que están disponibles en televisión y en línea: el PBS NewsHour, Frontline, el Washington Week y el Nightly Business Report. Debes considerar mirar periódicamente uno o más de estos programas. Además, así podrás impresionar a tus instructores, compañeros de clase, futuros empleadores y a otros en reuniones sociales con tu sofisticada visión del mundo.

Haz referencia a la asistencia a tu clase, si vas a estar ausente de la clase debido a una enfermedad, una actividad deportiva u otra razón legítima, debes notificarlo a tu profesor con anticipación o tan pronto como sea posible. El programa de estudios también debe detallar la política de realización para los exámenes, pruebas, etc. De lo contrario, tu calificación puede verse afectada negativamente debido a que no obtienes puntos en esas tareas perdidas. Además, debes pedirle a una persona confiable, como un compañero del grupo de estudio, que te proporcione una copia de sus notas para la clase perdida. Por lo tanto, habrás identificado intencionalmente a alguien de confianza para que analice sus notas en detalle contigo y aclare tus preguntas.

Algunos lectores se enfurecerán que la asistencia sea un consejo de sentido común para los estudiantes. El sentido común no es común. Por ejemplo, uno de nuestros compañeros de clase de UMCP les envió un correo electrónico a todos diciendo que no había asistido a clase desde el examen anterior. Él rogaba audazmente por notas de clase para el próximo examen. Algunos estudiantes imprudentes probablemente se compadecieron de esa pobre alma en lugar de eliminar el correo electrónico. A diferencia del estudiante solicitante, yo no pondría mi fe en aprobar el próximo examen basado en la comprensión de las notas de una persona al azar. Por lo tanto, debe pensar en las consecuencias de repetidamente llegar tarde o faltar a clases y debes absolutamente, abstenerse de hacerlo.

Sección D: Tomar Notas

En la universidad, tomar notas con éxito es esencial para aprobar tus clases y graduarte. Seamos sinceros. Los maestros de secundaria te dicen los elementos importantes para estudiar a un ritmo lento y modulado. En contraste, la información llega rápida y furiosa en los cursos universitarios. El ambiente universitario está orientado hacia la enseñanza de masas de jóvenes adultos con diferentes niveles de conocimiento en un corto período de tiempo. Muchos estudiantes universitarios tienen muy malas habilidades para tomar notas y estudiar. A los instructores no les importa si los estudiantes no se mantienen. Literalmente, se supone que debes filtrar a través de las vastas cantidades de información y regurgitar con éxito los puntos principales en los exámenes, proyectos y documentos.

El primer día, el profesor de la universidad dará su primera conferencia. A diferencia de la escuela secundaria, las clases universitarias probablemente no terminen temprano. Debes tener un lápiz y papel o tu computadora a mano para tomar notas. Debes estar preparado para capturar las perlas de sabiduría que caen de los labios de tu erudito profesor. Sí, claro. Si alguna vez has visto alguna de las caricaturas de "Peanuts," entonces nunca has visto a un profesor en el aula. La audiencia solo escucha su voz, que es una serie de sonidos similares a "waa, waa, waa, waa." Durante los primeros dos o tres períodos de clase, tu profesor universitario sonará así. En los cursos para estudiantes de primer año, muchos profesores hablan sin parar sin el aporte de sus estudiantes. Estos maestros pedirán una o dos respuestas de la clase, pero básicamente, a menudo hablan, hablan y hablan. Se dan cuenta de que sus alumnos no pueden contribuir a la discusión en el aula porque carecen de una línea de base de conocimientos, principalmente en matemáticas, ciencias y cursos técnicos. La clave del éxito en este tipo de clase es tomar notas, escribir diagramas (o tomar una foto de la pizarra con el teléfono inteligente), revisar las notas y acudir a las horas de oficina si no entiendes los elementos de la conferencia.

Al comienzo de la clase, debes escribir la fecha y el nombre de la clase en la parte superior de la (s) página (s) de tu nota. A menos que estés utilizando una carpeta individual para cada clase, tus notas se mezclarán con el tiempo. Al registrar la fecha y el nombre de la clase, debes poder vincular las notas al esquema del programa de estudios, organizar el estudio y prepararte para los exámenes. Una alternativa es tomar notas en tu computadora portátil o tableta. Mientras tomas notas, no podrás capturar cada palabra durante una conferencia. Debes concentrarse en escuchar, describir y resumir —registrar las definiciones claves, los garabatos de la pizarra del instructor, cualquier diagrama y conceptos desconocidos. Algunos estudiantes traen mini grabadoras y graban conferencias, que pueden complementar las notas escritas. Cuando tu maestro enfatiza un elemento en particular, debes colocar un asterisco junto a esa referencia o subrayar esa nota. El elemento puede ser una pregunta de examen. Muchos maestros usan diapositivas de PowerPoint. Puede imprimirlas o escribir tus comentarios directamente en ellos con tu computadora portátil. Más adelante, puedes leer las diapositivas del maestro e identificar los puntos que no escribiste o que no entendiste. Además, por lo general, puedes vincular el material en clase con la lectura o tarea asignada.

Durante la semana, debes sacar tiempo para revisar tus notas de las clases de esa semana. Para enfatizar de nuevo, esto no es la escuela secundaria; por lo tanto, debes dedicar tiempo al estudio o tus calificaciones reflejarán esa deficiencia. Cuando sea posible, debes encontrar un lugar tranquilo para estudiar. También debes determinar la mejor hora del día en que te concentras, que puede ser por la mañana, por la tarde o por la noche. Luego, debes estudiar como si tuvieras una prueba para el siguiente período de clase. Esto incluye completar las tareas, lo cual es especialmente crítico en las clases técnicas. A medida que avanza el curso, puedes revisar rápidamente las notas más antiguas y concentrarte en las notas más recientes. Aunque la revisión puede ser tediosa, podrás actualizar tu memoria sobre los conceptos más antiguos e identificar lagunas en tu conocimiento. Si es necesario, puedes ir al horario de oficina con tu asistente o profesor para aclarar los problemas. Al estudiar tus notas, comprenderás mejor la información presentada en la clase. Con el tiempo, te sentirás cómodo con el material. En el momento del examen, no tendrás que volver a re-aprender todos los conceptos en una sesión de memorizar. La mayoría de los estudiantes se dan por vencidos cuando se frustran al hacer un examen debido al volumen de información que necesitan aprenderse. Entonces, los estudiantes están cansados porque no tuvieron una buena noche de sueño. Las sesiones de memorizar no funcionan. En su lugar, los estudiantes deben estudiar y revisar sus notas a lo largo del curso para prepararse para los exámenes.

Debido al horario, puedes sentir que simplemente no tienes tiempo para dedicar cada semana a revisar tus notas. Entonces, te recomiendo que comiences a estudiar al menos una semana antes de un próximo examen. No debes hacer de esta opción un hábito. Dependiendo de la clase, la mayoría de la información del examen hay que memorizarla. Así, una semana proporcionará un período lo suficientemente largo como para volver a re-leer pasajes de libros de texto, revisar tu enorme volumen de notas, resolver algunos problemas con la tarea (según corresponda), hacer preguntas aclaratorias en clase o ir a las horas de oficina. Una de mis peores experiencias universitarias fue el conflicto de un examen importante y un documento que debían presentarse el mismo día. Sí, esperé hasta el último minuto con ese papel. Sin embargo, empecé a estudiar una semana antes de la fecha del examen. Cuando mi trabajo requirió más esfuerzo de lo previsto, no me preocupé demasiado por mi examen temprano en la mañana. Estaba preparada para ello. Presenté el documento esa mañana en línea, me arrastré a clase y tomé el examen. Estaba muerta de cansancio. Ese fue uno de los días más largos de mi vida porque tuve otras clases inmediatamente después del examen. Entonces, necesitas leer tus notas semanalmente. Si no tienes tiempo, debes comenzar a estudiar en serio una semana antes de la fecha del examen.

Cuando parece que no puedes encontrar tiempo para estudiar, es posible que tengas un problema de administración del tiempo.

La universidad ofrece muchas distracciones. Puedes estar haciendo malabares con demasiadas cosas, como el trabajo, los clubes, otras personas importantes, actividades de voluntariado, deportes, etc. Si parece que no puedes decir "No" a distracciones menores, debes buscar ayuda en tu centro de orientación universitaria. Muchos centros de asesoría en el campus ofrecen capacitación y asistencia en el aprendizaje de técnicas de administración del tiempo. De lo contrario, deberías visitar a tu viejo amigo, tu consejero académico, para averiguar dónde puedes obtener asesoramiento sobre la gestión del tiempo. Como estudiante de tiempo completo, tomarás 12 o más horas de crédito por semestre. Debes completar con éxito tus tareas para graduarte a tiempo. Por lo tanto, necesitas priorizar y administrar tu tiempo para estudiar. Por cierto, cuando tu horario lo permita, debes considerar programar tus clases diarias en bloques de dos o tres cursos seguidos. ¡Sí, tendrás que registrarte para esa clase de 8 am! Esa estrategia te permitirá tener intervalos más largos de tiempo para estudiar, completar tareas o trabajar porque tu día no estará dividido.

Para mejorar tu toma de notas, también puedes formar un grupo de estudio con otros estudiantes de tu clase. El grupo de dos o cuatro personas puede discutir notas de la clase, aclarar ideas confusas e identificar puntos importantes de la clase. Si pierdes una clase, puedes pedir notas a un compañero de grupo de estudio confiable. Las sesiones de estudio en grupo son especialmente efectivas antes de los exámenes. El grupo de estudio podría crear una guía de estudio que describa definiciones claves y explique conceptos. Sin embargo, un grupo de estudio no debe tomar más de una hora por semana. En lugar de estudiar tus notas solo, es posible que no te sienta tan aislado o frustrado con un grupo de estudio.

Sección E: Lectura

Mientras estés en la escuela secundaria, debes practicar la lectura para acelerar y retener varios tipos de material (es decir, revistas, libros y periódicos). Un estudio del 2013 del Departamento de Educación de los EE. UU. del Instituto Nacional de Alfabetización estimó que 14% o 32 millones de adultos de EE. UU. no pueden leer.[202] Además, el 19% de los graduados de secundaria no pueden leer.[203] Cada curso universitario requerirá algún tipo de lectura. No puedes evitarlo. Tu objetivo es mejorar tus habilidades de lectura antes de llegar a la universidad. En tu vecindario, debes haber visto ese gran edificio con todas las computadoras, DVD, libros *gratuitos* y otro material de lectura, a saber, periódicos, revistas y revistas. Con una tarjeta de la biblioteca, puedes encontrar algo interesante para leer y retirar varios libros, revistas, etc. gratis. El beneficio adicional de tu lectura recreativa se traducirá en una mejor comprensión de la lectura en tus clases de la escuela secundaria y la universidad.

Para llevar a todos al mismo nivel de conocimiento, los instructores universitarios asignan lecturas previas a la clase o tareas prácticas. De hecho, el instructor de tu curso puede incluir un libro de texto en tu programa de estudios. Los libros de texto son esenciales para el currículo de muchos profesores, incluidas las materias de matemáticas, química, física, geografía o inglés. El libro de texto proporciona una lectura complementaria para reforzar las ideas / conceptos de la clase. El primer día, tu profesor te informará si se requiere el libro de texto. Si es así, el profesor probablemente sacará preguntas de prueba y examen directamente del libro. Por lo tanto, los maestros esperan que leas las tareas, hagas la tarea asignada y discutas el material en clase. No alimentarán con cuchara cada detalle sobre la lectura. Puede que te aburras en una clase cuando el profesor te hable sin parar. Bueno, el profesor probablemente se exaspere igualmente. A menudo, los estudiantes miran hacia atrás porque no han leído la tarea o no han completado la tarea para la clase. Desafortunadamente, muchos libros de texto universitarios son aburridos. Algunos incluso pueden ser confusos. Pero, si has elegido el camino a la universidad, mantenerte al día con la lectura y la tarea asignada es parte del trato.

En la escuela secundaria, el distrito escolar normalmente proporciona los libros a sus estudiantes. En la universidad, comprarás los libros de texto. Desafortunadamente, los costos de los libros de texto son escandalosos y parecen aumentar constantemente. La Asociación Nacional de Tiendas Universitarias estima que los estudiantes universitarios pagaron en promedio $ 313 en el material del curso requerido durante el semestre de otoño de 2014.[204] En lugar de la librería de la universidad, puedes comprar tus libros de texto más baratos con otros proveedores como Amazon.com. Para ahorrar dinero, también debes buscar si puedes alquilar los libros, comprar libros electrónicos, leer libros de libros de la biblioteca (tal vez una edición más antigua), comprarlos a un estudiante universitario que se va, u obtener libros de libros de intercambio de los que donan los estudiantes graduados para recaudar dinero. Por lo tanto, debes obtener cualquier libro de texto requerido para la clase, pero deberías tener opciones sobre el precio que pagas.

No obstante, algunos profesores asignan locas cantidades de lectura. En uno de mis cursos universitarios, nuestra clase leyó siete libros tediosos durante el curso. El profesor asigna entre 130 y 240 páginas de lectura por semana. Ser inundado de manera similar, puede resultarte difícil para mantenerte al día, especialmente cuando es un estudiante a tiempo completo con varias clases. Sin embargo, puedes superar el desafío de la lectura con los siguientes consejos:

- Escanea cada capítulo, según corresponda
- Lee la introducción del capítulo y el resumen.
- Resume los principales puntos del autor por sección.
- Toma nota de las definiciones claves
- Escribe cualquier pregunta sobre información que no entiendas para hacer en clase

Cuando navegues por los materiales de lectura antes de tiempo, las clases en el aula tendrán más significado. En el aula, el profesor discutirá los principales puntos y conceptos. Debes prestar atención, tomar notas y determinar si puedes vincular la discusión a tu lectura. De la discusión de la clase, también puedes tomarte el tiempo para volver a leer las secciones que podrías haber pasado por alto. Incluso puedes comprender de qué habla tu maestro y poder participar en la discusión. Cuando te involucres, te divertirás más. Ok, tal vez no. De todos modos, te sugiero que intentes mantenerte al día con la lectura de tu curso. Básicamente, mejorarás tu comprensión del material del curso y las posibilidades de aprobarlo.

Sección F: Exámenes

En la universidad, tomarás exámenes cada dos semanas en tus diferentes clases. No puedes evitarlos; entonces, deberías prepararte. Si no apruebas los exámenes del curso, definitivamente no aprobarás el curso ni te graduarás. Cada programa del curso enumera el calendario de exámenes. El peor error para un estudiante es faltar a un examen; por lo tanto, anota las fechas de exámenes en tu calendario. Del programa de estudios, también puedes averiguar el porcentaje de la calificación que representa cada examen. Debes conocer esta información para determinar el impacto de tu examen en tu calificación general del curso. En cualquier caso, a través de los exámenes, los instructores universitarios evaluarán la retención y la capacidad de sus estudiantes para aplicar la información de los laboratorios, conferencias, lecturas y tareas. La mayoría de los profesores desarrollan y evalúan la materia para un curso desde el primer día de clase. Estos tipos de pruebas se llaman exámenes acumulativos. Algunos instructores administran exámenes intermedios y finales acumulativos. O bien, muchos instructores administran un examen final acumulativo sin un examen intermedio. Otros pueden hacer tres o cuatro exámenes no acumulativos a lo largo del semestre. En otras palabras, el instructor solo probará el bloque de material desde el examen anterior hasta el examen actual. Los exámenes pueden ser en clase o en línea. Además, algunos exámenes son de libro abierto. Esto significa que puedes usar tus notas para completar la prueba. Un examen de libro cerrado significa que el estudiante solo usa el conocimiento en su cabeza. Dependiendo del instructor, cualquiera de los exámenes puede ser difícil.

De antemano, el profesor revisará el formato del examen, que puede consistir en completar la frase / palabra en blanco, verdadero o falso, selección múltiple y / o ensayos. Los tipos de examen más difíciles son de opción múltiple y preguntas de verdadero / falso porque el instructor hará que todas las respuestas parezcan objetivas. Al realizar una elección múltiple o un examen de verdadero / falso, debes leer cada pregunta cuidadosamente. Luego, debes subrayar las frases clave en la pregunta específicamente "todos" o "no" que pueden eliminar las respuestas incorrectas de inmediato. Durante el examen, es posible que no sepas la respuesta correcta. No debes entrar en pánico. Dado que el tiempo de examen es limitado, debes marcar la pregunta debatible con un asterisco y seguir adelante temporalmente. No olvides volver a las preguntas no respondidas. Con unos pocos minutos para el final, deberías marcar a tu mejor conjetura.

Si tu examen tiene preguntas de ensayo, tu profesor puede proporcionar los temas con anticipación. De lo contrario, el contenido del ensayo seguirá siendo un misterio hasta el momento de la prueba. Con suerte, el profesor ha cubierto los puntos principales a lo largo del curso. Además, tu plan de estudios y tus notas deben formar la base para tus respuestas. Mientras revisas tus notas, debes concentrarte en los temas principales. Cuando sea posible, debes asociar ejemplos específicos a tus respuestas de las lecturas y discusiones de la clase. Durante la parte de ensayo del examen, debes anotar un resumen rápido de cada pregunta para organizar tus pensamientos. O bien, puedes comenzar a escribir en una tangente que no responda a la pregunta del ensayo. Por segunda vez, es crucial proporcionar ejemplos específicos en lugar de escribir en generalidades. Además, debes dejar algo de tiempo adicional para volver a leer tu ensayo completo y hacer correcciones. En este punto, debes marcar cada concepto para que te asegures de haber contestado la pregunta completa. Cuando estés satisfecho, debes tachar tu sumario para separarlo del producto final. Para cualquier examen, debes tener un sistema para avanzar a través del examen de manera ordenada. Los consejos anteriores deberían ayudarte a no entrar en pánico cuando el examen se coloque frente a ti.

Para algunos exámenes, específicamente en matemáticas, ciencias de la computación e ingeniería, los estudiantes trabajan con problemas de matemáticas, escriben un programa de computadora o resuelven un problema técnico en el examen. Estos tipos de exámenes técnicos pueden ser difíciles para algunos estudiantes que no están familiarizados con ellos. Para ayudar, los departamentos universitarios pueden publicar exámenes y soluciones anteriores en línea en un TESTBANK.[205] El recurso es fantástico para los estudiantes. En las sesiones de revisión de clase, los profesores / TA pueden usar los exámenes TESTBANK para preparar a sus estudiantes para los próximos exámenes. O, los estudiantes pueden revisar los exámenes TESTBANK por su cuenta. Para un próximo examen, debes imprimir los exámenes de TESTBANK e intentar resolver cada pregunta que refleje las de tu curso. Las preguntas de la práctica de TESTBANK pueden parecerse tontas. Tienes tiempo para ir a las horas de oficina de tu instructor o TA para obtener ayuda. Debes preguntar a tu instructor o al departamento específico si los exámenes anteriores están disponibles en un TESTBANK. Además, algunos clubes (es decir, el Club de Matemáticas, Sociedad de Ingeniería) pueden tener exámenes previos para los miembros del club. A pesar de los recursos de TESTBANK, te insto a que recuerdes que nada reemplaza a sentarse en clase.

Para prepararte mental y físicamente, debes dormir un mínimo de seis horas antes de tu examen. Además, debes tomar un refrigerio rápido, dependiendo de la hora de inicio del examen. Debes llegar al menos 15 minutos antes, para sentirse cómodo y sentarte. Algunos profesores universitarios no permitirán que un estudiante tome un examen si el estudiante llega tarde. De vez en cuando, un estudiante que llega tarde encontrará la puerta de la sala de examen cerrada. Además, el instructor alertará a la clase sobre cualquier otro material especial para llevar. Muchos instructores utilizan Scantron, formas de burbujas con sentido de marca para calificar rápidamente los exámenes. Cada estudiante deberá traer uno o dos lápices número 2 / lápices mecánicos con gomas de borrar. Para las clases de matemáticas o ciencias, es posible que los estudiantes tengan que traer una calculadora y un lápiz. Además, los estudiantes deben traer bolígrafos y sus identificaciones de los estudiantes, según corresponda. Por último, los maestros requieren que los estudiantes apaguen o silencien todos los dispositivos, como teléfonos y tabletas.

Después de un examen, debes solicitar ver la copia impresa para averiguar lo que hiciste mal. Aunque es raro, a veces un profesor califica un examen incorrectamente. Además, si la clase es un requisito previo para un curso futuro, puedes identificar conceptos o procesos que no hayas entendido. Tu seguimiento es particularmente importante si un examen final es acumulativo. Normalmente, los exámenes finales se califican después de que concluye la clase. Deberías reunirse con el profesor si tienes un examen final o una calificación de un curso reprobado.

Lecciones de vida - Capítulo 7: El Salón de Clases
- Trata de conectarte con tu maestro y aprecia la materia de la clase
  - Tu comprensión en el aula es vital para aprobar tus cursos.
  - RateMyProfessor.com es una herramienta valiosa para identificar maestros buenos y malos
  - Si tienes un profesor ineficaz, puedes intentar cambiar de sección antes del curso final y agregar los plazos de los cursos.
- Tu programa de estudios es el documento más importante en tu curso.
  - Registra todos los eventos principales, especialmente los exámenes y las presentaciones de tareas en tu calendario con notificaciones de recordatorio
  - Envía tus tareas / tareas temprano, si es posible
- Asiste a todas tus clases o perderás la información, conceptos y principios importantes
  - Llega a tiempo a clase
  - Participa en discusiones de clase.
- La toma de notas es importante
  - Es la única forma de filtrar las vastas cantidades de información en clase y prepararse para exámenes, proyectos y documentos.
  - Revisa tus notas cada semana en lugar de amontonar semanas de notas justo antes de un examen; dedicar tiempo a estudiar
  - Identifica cualquier laguna en tu conocimiento y establece un horario para reunirte con el instructor / TA durante las horas de oficina
  - Forma un grupo de estudio para ayudarte a aclarar ideas confusas e identificar puntos importantes de la clase
- Practica la lectura para la velocidad y la retención antes de llegar a la universidad
- Ten un plan sistemático para organizar y responder las preguntas del examen antes de sentarse
  - Lea las preguntas cuidadosamente
  - No te asustes
  - Escribe un breve resumen de tus puntos antes de abordar una pregunta de ensayo
  - Pregunta si los exámenes anteriores están disponibles para la práctica en materias técnicas como matemáticas, ciencias

de la computación, etc.

o   Después de un examen, debes pedirle a tu instructor que lo revise para identificar conceptos que no entendiste

CAPÍTULO 8:
Trabajos y Proyectos

La importancia de este párrafo es que te asegures de que cuentas para tu uso del trabajo de otros. Los instructores universitarios suelen asignar fechas de vencimiento para trabajos, proyectos y exámenes en el mismo día o entre los días de exámenes. Muchos profesores universitarios incluso ni siquiera te recordarán las próximas tareas de tu clase. Correrás harapiento tratando de estar al día. Sinceramente, la dilación hará que tu vida sea miserable en la universidad. Las tareas de escritura son un reto único. A las tres de la mañana, cada primer borrador se ve muy bien. Esas tareas generalmente contienen errores gramaticales, errores ortográficos, pensamientos incompletos o temas irrelevantes. A medida que el reloj avanza, es posible que estés menos inclinado a citar correctamente tus fuentes. El costo puede ser devastador: el despido de la escuela o recibir una calificación de "F." Cuando entregues tu trabajo, debes tener en cuenta cualquier fuente / ayuda externa que utilices en los documentos, programas de computación, proyectos y otras tareas de clase.

Sección A: Códigos de Honor y Plagio

Cada universidad tiene un código de honor.[206] Todas las universidades castigan a los estudiantes que son atrapados haciendo trampa, robando y / o mintiendo. El mal comportamiento ético de un estudiante tiene consecuencias devastadoras, como arruinar su reputación, suspensión, expulsión y / o una calificación de "F" en la clase. Además, la universidad anotará la ofensa en el expediente académico del estudiante. Una persona tan poco ética rompe la confianza de que está obteniendo éxito académico y conocimiento basado en sus propios méritos y trabajo. Por ejemplo, el engaño de un estudiante es inaceptable, porque es deshonesto e injusto para otros que hacen "lo correcto." El engaño también es incorrecto, ya que socava el propósito de ir a la escuela, que es estudiar y aplicar ese conocimiento en una profesión. Ninguna universidad otorgará un título a un estudiante que sea encontrado culpable de hacer trampa. Las acciones del posible graduado ponen en duda su conocimiento, carácter e integridad. En otro ejemplo, un estudiante puede ser encontrado culpable de plagio, que es robar el trabajo de otra persona. El estudiante puede haber estado bajo presión para escribir un documento, pero no comenzó hasta la noche anterior a su fecha de entrega. Para compensar, él / ella puede robar ideas o pasajes de un papel oscuro en Internet o de un libro. El estudiante piensa que no será atrapado. El alumno estará trágicamente equivocado. En el mundo digital de hoy, los maestros pueden buscar plagio en varios sitios web en línea, en particular Doc Cop, Purdue OWL, Paper Rater y el Plagiarism Checker.[207] Por lo tanto, debes evitar hacer trampa, robar y / o mentir para encubrir la mala conducta en la escuela. O bien, estás poniendo en peligro tu graduación porque no hay justificación para esos delitos.

Para evitar el plagio, puedes tomar medidas que incluyen mantener notas cuidadosas cuando uses gráficos, citas, pasajes palabra por palabra o cualquier idea que no sea tuya. Si no estás seguro, puedes considerar utilizar Paper Rater.[208] Este sitio web gratuito de revisión en línea ayuda a los estudiantes a revisar sus papeles por plagio. Además, varios sitios web gratuitos en línea y Microsoft (MS) Word ayudan a los estudiantes a dar formato a las citas.[209] El usuario ingresa la información de fuente apropiada en el programa de citas. El programa mostrará la bibliografía de la fuente y el formato de la nota al pie.[210] Estas herramientas de citas tienen formatos para libros, sitios web, artículos de revistas, películas, etc. No tienes que atormentar tu cerebro para obtener la cita en el formato correcto.[211] Algunas herramientas incluso crearán una lista de bibliografía a partir de las citas compiladas. Con estos recursos, debes citar las fuentes de trabajos, tareas o proyectos, según corresponda. En resumen, te advierto que la honestidad es la mejor política en tus estudios académicos, así como en tu vida profesional. Nunca debes comprometer tu integridad y ética. Además, tampoco debes tolerar a quienes son deshonestos o no éticos.

Sección B: Escritura

Tendrás que escribir numerosos trabajos en la universidad. Debes saber cómo escribir ensayos, trabajos de investigación y reseñas de literatura para obtener buenas calificaciones en tus cursos universitarios. Algunos proyectos de escritura serán agradables y divertidos, mientras que otros serán serios y desafiantes. En la universidad, los ejercicios de escritura muestran tu comprensión del material y la capacidad para comunicar tu posición. Twitter, abreviaturas de mensajes de texto y no oraciones en la mensajería instantánea no se traducen bien en los ensayos universitarios. Además, muchos estudiantes que se especializan en matemáticas, ciencias y otras carreras técnicas pueden pensar que no tienen que usar sus habilidades de escritura en la universidad. Están equivocados. Las tareas de escritura serán diversas y se cruzarán en muchas carreras universitarias diferentes, incluyendo ingeniería, negocios, ciencias de la salud y educación. Tu capacidad de escritura afectará todos los aspectos de tu vida universitaria, así como en tu carrera / profesión.

Normalmente, un profesor de la universidad proporcionará el tema general para los trabajos de curso, trabajos de investigación o ensayos para los estudiantes de su curso. Además, proporcionará una rúbrica, que es una descripción detallada del escrito, requisitos y escalas de calificación. La rúbrica enumera el tema de discusión, la longitud mínima de la página, la fecha de vencimiento y otra información. La rúbrica también puede indicar si y cómo deben adjuntarse al papel los gráficos, las imágenes o los diagramas. Es importante que revises detenidamente este documento y hagas preguntas si es necesario. El incumplimiento de las instrucciones afectará negativamente tu calificación. No debes entregar 10 páginas si tu maestro quiere un máximo de cinco páginas. Cuando tu profesor requiera un mínimo de siete páginas, no debes pasar esas tres páginas.

En la universidad, es posible que recibas un tema en papel como "¿Lady Macbeth es un personaje fuerte o débil en la obra de Shakespeare? *¿Macbeth?*"[212] Para tu clase, es posible que ya hayas leído la obra. No debes escribir tu papel en el vacío. En otras palabras, tu maestro probablemente ha discutido la obra, los personajes, los términos clave y los conceptos en detalle durante el período de clase. Debes revisar las notas de tu clase, las diapositivas / presentaciones de las clases y otras fuentes de clase. Deberás incorporar cualquier tema apropiado, ejemplos específicos y términos en su documento. Muchos estudiantes son culpables de perder varios periodos de clase. No tienen idea de lo que el profesor habló en clase. Estos estudiantes ausentes a menudo usan rellenos vagos para responder preguntas en tareas de escritura. El profesor no se impresionará. A menos que estén enseñando una clase de escritura creativa, los profesores quieren que los estudiantes usen la información de la discusión de la clase para crear argumentos estimulantes en los trabajos.

Después de revisar las notas, los artículos y las diapositivas del aula, estarás listo para la segunda lectura de *Macbeth*. En la segunda revisión, buscarás ejemplos específicos que te formen una idea sobre el personaje de Lady Macbeth. Mientras lees, debes tomar notas sobre las acciones y palabras de Lady Macbeth, que muestran su fortaleza o debilidad. Tus notas deben ser la base para un resumen aproximado de tu documento. La clave para tomar notas es organizar, organizar y organizar un poco más. Tus notas de investigación no deben ser un desastre revuelto. O bien, no recordarás dónde obtuviste una determinada cita o pasaje. Esa es una receta para el plagio. Para organizar, puedes registrar las ideas, pasajes o citas de cada fuente en una página separada o en una tarjeta de notas. Debes colocar la fecha en que accediste a alguna fuente en línea, en la parte superior de tus notas. Lo usarás más adelante para tu bibliografía.

Después de leer la obra, es posible que no entiendas la motivación o el personaje de *Macbeth*. Entonces, tendrás que investigar el tema. Muchos documentos universitarios asignados obligan a los estudiantes a investigar temas específicos.[213] La investigación implica algo más que encontrar artículos al azar en línea o leer Wikipedia, que contiene diversos grados de información objetiva. Los autores no suelen ser examinados para la exactitud. En la rúbrica, su instructor abordará cualquier fuente de investigación prohibida. Cuando sea posible, debes utilizar al menos tres fuentes académicas, incluidos libros, revistas y artículos de revistas. Los libros, revistas o revistas académicas suelen tener citas y bibliografías extensas que documentan sus fuentes. Puedes encontrarlos en el catálogo web de la biblioteca de la escuela u otros recursos en línea. Si no estás seguro de la reputación de una fuente académica, puedes preguntar a tu maestro o bibliotecario en la universidad. Para investigar a *Macbeth*, por ejemplo, puedes usar Sparknotes, que ofrece revisiones de la trama y análisis de personajes.[214] Daría crédito a cualquier idea de Sparknotes como fuente.

De tus notas e investigaciones, debe sacar una conclusión acerca de Lady Macbeth. Tu conclusión será la base de tu declaración de tesis o el punto principal de tu trabajo.[215] Cada artículo o ensayo debe tener una declaración de tesis convincente. Ahora, ya estarás listo para organizar tus notas en un esquema refinado de tus puntos de discusión previstos. En este momento, es posible que desees hablar con tu instructor sobre tu documento. En realidad, debes presentar la declaración de tu tesis y el resumen para tu revisión. La reunión asegurará que estés respondiendo la pregunta asignada de acuerdo con las instrucciones de tu maestro.

La declaración de tu tesis centrará tu trabajo. Por ejemplo, "En la obra de Shakespeare, *Macbeth*, Lady Macbeth es un personaje débil porque Lady Macbeth se convierte de una mujer ambiciosa y decidida con una alma cargada de culpa y mentalmente frágil." El resto del artículo analizará y discutirá lenguaje o acciones específicas que se reunieron para apoyar la conclusión de la debilidad de Lady Macbeth. A diferencia de la escuela secundaria, el instructor de tu universidad querrá que muestres evidencia de una posición particular con ejemplos concretos. Aquí es donde tu investigación y toma de notas te ayudará enormemente. El documento debe fluir y utilizar transiciones para vincular tus ejemplos en un argumento coherente. Debes descartar las tarjetas de notas de tu pila que no sean relevantes para tu argumento. Finalmente, el párrafo final del documento generalmente no introduce información nueva que no hayas discutido previamente.

Esta guía varía según el instructor. En cambio, el párrafo de la conclusión resumirá los puntos seleccionados que apoyan tu tesis. Tu conclusión debe ser fuerte y persuasiva.

El primer borrador del documento está completo. Ahora, debes revisar la Ortografía y la Gramática en MS Word o usar un verificador en línea como Grammarly. Estos programas identificarán errores de ortografía y problemas gramaticales. Muchos maestros quitan puntos, tanto como una calificación por errores tipográficos, ortografía deficiente y gramática incorrecta en los trabajos. El siguiente paso es imprimir el trabajo. En lugar de leer el borrador inmediatamente, quiero que lo dejes a un lado. Si puedes pagar el tiempo, debes reservar una o dos horas para ver televisión, tomar una copa, cenar y relajarte. Después de la pausa, debes revisar la rúbrica del periódico una vez más. Mientras lees el borrador, puedes llenar cualquier espacio. Al mismo tiempo, debes leer tu artículo en busca de errores que el corrector ortográfico / gramatical no detectó.

Puedes estar satisfecho con tu trabajo. Pero lo ideal es considerar tener una segunda persona para revisarlo. La mayoría de las universidades tienen centros de escritura para revisar los trabajos de los estudiantes.[216] O, un profesor a veces permite que sus estudiantes envíen sus trabajos temprano para una revisión previa. Antes de la fecha límite, el instructor devolverá los documentos de los estudiantes con comentarios para revisiones. Cuando surja la oportunidad, sería inteligente entregar tu mejor borrador final para la presentación anticipada. En este punto, debes hacer las correcciones finales y enviar ese documento antes de la fecha límite. Con suerte, ese papel regresará con una calificación de "A."

Las técnicas anteriores se pueden utilizar para cualquier tipo de trabajo. También evitan el plagio ya que las fuentes son anotadas y citadas correctamente. Las claves para una escritura exitosa en papel son:

- Comenzar con tiempo suficiente
- Revisar la rúbrica
- Esbozar tu trabajo y elaborar una tesis sólida
- Tomar buenas notas y usar ejemplos específicos.
- Citar fuentes
- Hacer que alguien más revise tu mejor borrador final

A medida que adquieras más experiencia, serás más rápido y mejor en la producción de trabajos bien escritos para tus clases. Tus buenas calificaciones te llevarán a graduarte a tiempo.

Sección C: Proyectos de Grupo

En los cursos de nivel superior, es posible que debas trabajar en un proyecto grupal. Tu instructor puede asignar el proyecto entre equipos de cuatro a cinco estudiantes. El proyecto de un grupo debe seguir pasos similares a un documento individual, es decir, comenzar temprano, desarrollar la declaración de la tesis / preguntas de investigación, citar fuentes, obtener los comentarios del instructor, revisar el borrador final y entregar la tarea a tiempo. Desde el inicio, el grupo debe asignar tareas que cada miembro realizará de acuerdo con fechas límites específicas. Dependiendo del proyecto, la calificación y la moral del grupo pueden verse afectadas negativamente por un miembro del equipo que no contribuya. Como grupo, los miembros deben reunirse con el miembro que no cumple con las expectativas, ya sea en esfuerzo o en aportaciones. En particular, el miembro puede perder constantemente reuniones y / o fechas límite. Aunque la conversación puede ser incómoda o difícil, deben solicitar un cambio de comportamiento / desempeño y dar una fecha límite específica. Además, el grupo debe documentar cortésmente el desempeño inaceptable del miembro, preferiblemente por correo electrónico. Si el miembro "insatisfactorio" no aumenta ni mejora su comportamiento, los miembros del grupo deben involucrar al profesor en el asunto. Por lo tanto, los miembros del grupo deben informar al instructor antes de la primera tarea de mayor calificación o informe de progreso. De lo contrario, el instructor tiene poco tiempo o evidencia para actuar. Como un precursor de las futuras clases universitarias, pasantías y entornos laborales, tus tareas grupales pondrán a prueba tu capacidad para trabajar con todo tipo de personas. Debes utilizar la experiencia de proyecto de grupo para desarrollar y mejorar tu trabajo en equipo, responsabilidad, resolución de problemas, comunicación, hablar en público y escribir.

Lecciones de vida - Capítulo 8: Trabajos y Proyectos
- Cita fuentes al usar el trabajo de otros.
  - La dilación es el peor hábito de un estudiante
  - Cada universidad tiene un código de honor que prohíbe engañar, robar (en particular, plagio) y mentir
  - Te arriesgas a la suspensión, expulsión y otras consecuencias por mala conducta ética, especialmente plagio o trampas
  - Varios sitios web en línea y MS Word pueden ayudarte a dar formato a tus citas bibliográficas
- Tendrás que escribir numerosos trabajos en la universidad.
  - Empieza lo antes posible
  - Toma buenas notas
  - Utiliza ejemplos específicos.
  - Cita fuentes
  - Haz que otra persona revise tu mejor borrador final para detectar errores tipográficos, ortográficos y gramaticales
- Los proyectos grupales mejoran el trabajo en equipo, la responsabilidad, la resolución de problemas, la comunicación, el hablar en público y la escritura.

CAPÍTULO 9:
Recursos Académicos

La parte más importante del proceso académico es hacer un seguimiento de tus calificaciones en tus clases. Tus calificaciones son un elemento esencial para graduarte a tiempo. Después de la primera asignación o examen del curso, debes obtener ayuda si tu desempeño es deficiente. El material del curso solo se volverá más difícil porque la mayoría de las clases se basan en principios anteriores. Si no "abandonas" el curso o mejoras tus calificaciones de futuras asignaciones, reprobarás y repetirás la clase. Tu instructor puede o no buscar en que estás fallando en su curso. En clase, un maestro que mira el mar de caras puede no alcanzar al estudiante con dificultades. Él / ella no tiene el tiempo o la responsabilidad de obligar a los estudiantes a buscar ayuda. Para mantener a los estudiantes en el buen camino, muchas oficinas de registro universitario albergan bases de datos seguras en línea que les brindan acceso inmediato a las calificaciones de sus cursos. A su vez, un instructor universitario ingresa las calificaciones de sus estudiantes en la base de datos en línea en la que los estudiantes tienen acceso a tareas calificadas, exámenes y pruebas.[217] Además, todos los colegios / universidades envían avisos de calificaciones de cursos fallidos por correo electrónico o correo postal a los estudiantes afectados para la cuarta semana del semestre. Estos estudiantes son plenamente conscientes de las calificaciones de los cursos reprobados. Se supone que la advertencia les da a los estudiantes la oportunidad de mejorar sus calificaciones deficientes o bajas. En tu caso, tu instructor y / o universidad te avisarán sobre las calificaciones de los cursos que estén reprobando. Tendrás amplia notificación; así que, por favor, no hagas como que vives en Egipto, también conocida como la tierra de la negación. Una vez más, no te demores en obtener ayuda debido a la vergüenza o a una idea poco realista de que puedes "ponerte al día." Debes ser proactivo para hacer cambios y obtener ayuda.

Para tomar la iniciativa, tienes una primera línea de defensa contra la repetición de una clase. En cualquier momento, puedes calcular manualmente la calificación de tu curso tentativo en una clase. En algún lugar, en el programa del curso, el instructor enumerará los criterios de calificación para la clase. Durante el curso, es posible que lo estés haciendo peor o mejor de lo que crees, dependiendo del sistema de calificación del instructor. Por lo tanto, deberás comprender el esquema de calificación para que tus cálculos funcionen. Usando el plan de estudios, puedes calcular los puntos necesarios después de cada tarea calificada que deberás obtener para aprobar la clase. Por ejemplo, un instructor puede calcular las calificaciones de la tarea basándose en una escala de 100 puntos. Las calificaciones pueden estar ajustadas ya que algunas tareas pueden ser más importantes que otras. Por ejemplo, el grado numérico de 90 a 100 puede correlacionarse con un grado de letra de "A," mientras que de 80 a 89 es una "B." El examen de medio término podría valer el 15% de la calificación utilizando una escala de 100 puntos. Si recibiste 95 puntos en el examen de mitad de curso, obtuviste una A. Ya que es el 15% de tu calificación total, multiplicaría 95 puntos por 15%, serían 14.25. El 14.25 es una porción de los 100 puntos acumulativos. A medida que recibas los resultados, aplicarás el mismo proceso para cada una de tus tareas y exámenes. Para tu calificación final del curso, agregas todas tus calificaciones ajustadas de asignación y examen en base a la escala de 100 puntos. Por ejemplo, para la clase, un número total de 90 significa que tendrías una calificación acumulativa de la letra del curso de "A" (recuerda que de 90 a 100 es una "A"). Este fue un ejemplo, pero todo depende de tu instructor. Si no entiendes el sistema de calificación, debes pedirle a tu instructor que te lo explique. Por lo tanto, sabrás si te está yendo mal en su clase. Además, no debes sufrir en silencio si tienes problemas. La mejor estrategia para el éxito académico es obtener asistencia temprana. Puedes buscar ayuda a través del horario de oficina, tutoría o recursos en línea como Youtube.com. Estos recursos proporcionan una gran cantidad de apoyo académico que no debes nunca ignorar.

Sección A: Horas de Oficina

A menudo, los estudiantes no asisten a las horas de oficina del instructor o asistente de enseñanza (TA) cuando tienen dificultades para entender el material en clase. Es algo loco, ¿eh? Para reafirmarlo, muchos estudiantes no aprovechan del tiempo cara a cara con la persona responsable de sus calificaciones. Intentan resolverlo y solucionar los problemas por sí mismos. En su lugar, cada estudiante debe reunirse con su instructor o TA lo antes posible cuando se enfrente a un problema en un curso. Durante la clase, los instructores se dividen entre alcanzar el objetivo del curso y responder preguntas. Inmediatamente después de la clase, un instructor o TA no tiene mucho tiempo para responder las preguntas con gran detalle porque otra clase puede estar llegando o por otras razones. Por lo tanto, las universidades han ordenado que los instructores deben mantener horas de oficina para ayudar a los estudiantes.

El primer día, cada instructor comunica sus horarios de oficina: ubicación, días y horas específicos. El plan de estudios también incluirá las horas de oficina. Esos días u horas pueden no ser convenientes. Afortunadamente, la mayoría de los instructores programarán horarios de cita alternativos que sean convenientes para el estudiante. Es posible que sientas miedo o que te intimide tu instructor, pero recuerda que él / ella está allí para ayudarte. No puedes aprobar el curso si no entiendes el material. No tienes excusa para no llegar. Para las horas de oficina, debes venir preparado con preguntas específicas sobre la clase, la tarea, la asignación, la lectura, los exámenes o lo que sea. El instructor estará allí para responder a esas preguntas. Para los cursos técnicos en matemáticas o ciencias en particular, debes calcular suficiente práctica Problemas en el libro de texto para entender el proceso. Es posible que no esté seguro acerca de problemas particulares, pero puede demostrar que hizo un intento cuando puede visitar a su instructor durante sus horas de oficina. Por lo tanto, las horas de oficina pueden ser muy importantes para tu éxito en un curso.

Como complemento de las horas de oficina de los instructores, los TA tienen horas y horarios de oficina separados para los estudiantes. En un curso con una gran inscripción de estudiantes, el TA proporciona la interfaz principal del curso con los estudiantes. Algunos estudiantes subestiman la ayuda que los TA pueden ofrecer. Como asistente técnica, a menudo trabajaba en mis propias tareas porque nadie se presentaba a mis horas de oficina. No debes cometer el error de no ir a las horas de oficina de asistencia técnica. En mi curso universitario de Cálculo II, por ejemplo, me fui en el primer examen y recibí una calificación angustiosamente baja. A partir de entonces, fui a las horas de oficina de mi AT todas las semanas hasta el examen final. El TA de Cálculo II era un estudiante de matemáticas, que estaba obteniendo su título de posgrado. En cada sesión, él repasó pacientemente la tarea semanal asignada y mis exámenes anteriores de la clase conmigo hasta que pude resolver cada problema y entendí los conceptos. Como ningún otro estudiante se presentaba durante esas sesiones, él fue mi tutor personal durante las horas de oficina. Le doy el crédito a ese TA por ayudarme a aprobar ese curso.

Las horas de oficina están allí para ayudarte. Debes llegar preparado para trabajar. Trae tus notas, preguntas e intentos de asignaciones / tareas que no entendiste. Si se te consulta con anticipación, un instructor o TA trabajará contigo para desarrollar acciones o proporcionar la enseñanza personalizada necesaria para aprobar el curso. Una nota de precaución: tu instructor y TA son similares a tus jefes en un trabajo. Por lo tanto, se les debe dar el mismo nivel de deferencia. Algunos instructores y técnicos de asistencia técnica son relajados en sus interacciones con sus estudiantes, pero no son tus compañeros. En todas las comunicaciones, especialmente en el correo electrónico, debes asegurarte de utilizar palabras de respeto en particular: "Por favor," "¿Podría...?" "Solicito respetuosamente" y "Gracias."

Debes asegurarte de que tus comunicaciones sean cordiales y basadas en hechos. En el caso de que esas comunicaciones sean vistas por una fuente externa, tu interacción no será vista como inapropiada o irrespetuosa. Dado que algunos instructores y técnicos de asistencia técnica han visto y escuchado todo de los estudiantes, tus comunicaciones civiles se verán como un soplo de aire fresco.

Además, las horas de oficina te brindarán la oportunidad de discutir temas sobre una tarea o calificación de un curso. Si crees que recibiste una calificación debido a un error u otra razón, tienes la capacidad de disputar o apelar tu calificación con tu instructor. Debes informar al instructor tan pronto como sea posible, en lugar de esperar meses después de recibir la calificación. Solo el instructor puede volver a calificar un trabajo / examen / proyecto o cambiar una calificación general. El tiempo es esencial porque el proceso de apelación de una calificación tiene un período finito para realizarse. Primero, debes revisar el programa de estudios para comprender la política de calificaciones. En segundo lugar, debes reunir tu evidencia para disputar la calificación, lo que significa sacar la tarea específica o todo tu trabajo calificado, es decir, exámenes, documentos y proyectos. En tercer lugar, debes revisar tu (s) tarea (s) para cualquier comentario / nota del instructor que explique por qué obtuviste esa calificación. Para tu próximo paso, debes comunicarte con tu instructor y hacer una cita para reunirte durante sus horas de oficina.

Cuando te reúnas con tu maestro, debes traer tu evidencia y programa de estudios. Debes explicar respetuosamente tus preocupaciones relevantes para tu calificación (s) de manera clara y concisa. Si no estás satisfecho con las explicaciones del instructor, debes documentar tu comprensión de los resultados de la reunión en un breve correo electrónico respetuoso a tu instructor. Luego, tienes la opción de comunicarte con el jefe del departamento de tu instructor para iniciar el proceso de disputa o apelación de la calificación. Antes de presentar una apelación, debes revisar el sitio web de tu universidad o comunicarte con la Oficina del Registrador sobre el proceso formal de apelación de calificaciones de la universidad. Otra fuente de información es tu asesor académico. Después de haber investigado la política, el proceso de apelación no debe tomarse a la ligera. A menos que él / ella haya mostrado un patrón de comportamiento persistente, el instructor tendrá toda su documentación para mostrar su política de calificaciones, su trabajo calificado y cualquier intento de su parte de asistir a las horas de oficina. Sin embargo, si crees que tienes razón y que tienes la evidencia, debes continuar con una disputa o apelación formal de calificación. A pesar de esto, tienes la responsabilidad de hablar con tu instructor antes de presentar una apelación de calificación formal. Durante la reunión, él / ella tendrán la oportunidad de explicar o corregir cualquier problema (s) de calificación, según corresponda.

Sección B: Departamentos Académicos y Otros Recursos Universitarios

Si el horario de oficina no satisface tus necesidades, el departamento académico de tu especialidad u otras organizaciones del campus pueden ofrecerte una tutoría suplementaria. En las noches entre semana, por ejemplo, el Departamento de Matemáticas de UMCP ofrece tutoría gratuita en un programa llamado Éxito Matemático.[218] Cualquier estudiante de matemáticas que tenga problemas puede asistir a las sesiones gratuitas de tutoría de matemáticas en el lugar designado. Los tutores ayudan a resolver y explicar cualquier problema con la tarea en Cálculo I, Cálculo II, Ecuaciones Diferenciales, Álgebra Lineal y otras materias de matemáticas. Todos los tutores son júnior o sénior, persiguiendo especializaciones en matemáticas. En otro ejemplo, el departamento de ciencias de la computación de la UMCP también brinda tutoría gratuita en programación para estudiantes cada tarde. Además, el Departamento de Inglés de UMCP administra el Centro de Escritura, que está disponible para todos los estudiantes del campus. Con cita previa, un representante del Centro de Escritura revisará el documento de cualquier estudiante de pregrado UMCP antes de su presentación. En tu escuela, debes verificar si un departamento específico ofrece tutoría / ayuda similar para los problemas académicos.

Los departamentos académicos no están solos en proporcionar asistencia a los estudiantes. Dependiendo de tu escuela, una mezcla de otras organizaciones también pueden proporcionar apoyo de tutoría en todo el campus. Por ejemplo, la Oficina de Educación de Estudiantes Multiétnicos de la UMCP (OMSE) ofrece tutoría en Matemáticas, Inglés, Química y una gran variedad de temas.[219] Durante la semana, cualquier estudiante de UMCP puede ir a las oficinas de OMSE y recibir asistencia de tutoría gratuita. Otro recurso del campus es el centro de asesoramiento. Ofrece asesoramiento académico a los estudiantes, específicamente, técnicas para mejorar el estudio, la toma de notas y la preparación de exámenes.[220] Por lo tanto, las buenas universidades ofrecen una gran cantidad de apoyo / asistencia académica estudiantil a sus estudiantes. Al tener problemas académicos, debes buscar ayuda temprano. Si no estás seguro de por dónde empezar, debes consultar a tu instructor o asesor académico.

Sección C: Recursos en Línea

Además de los recursos de la universidad, varios sitios web brindan instrucción a una profundidad de nivel universitario. Debes ser proactivo para cambiar las malas calificaciones. Es posible que debas dedicar tiempo adicional para estudiar y comprender los conceptos de esa clase. Puede que te preguntes de dónde sacarás el tiempo. La alternativa es retomar una clase y graduarte después. Por lo tanto, puedes encontrar lo siguiente útil y complementario para asistir a las horas de oficina.

- Khanacademy.com.[221]
  - Cubre numerosos temas académicos, incluyendo ciencias de la computación, matemáticas, ciencias y economía, y humanidades

- o Gratis, online y a ritmo propio.
- o Explica conceptos complejos.
- El sitio web Wolfram Alpha.[222]
  - o Calcula soluciones a problemas matemáticos.
  - o Cubre muchas áreas tales como integración, derivados, límites y análisis de vectores
  - o Ofrece soluciones paso a paso, formas alternativas y gráficos adjuntos.
  - o Bueno para verificar dos veces las respuestas o para obtener una pista (aún debes comprender los conceptos básicos y subyacentes de la solución del problema; por lo tanto, intenta resolver el problema tú mismo primero).
- Youtube.com.[223]
  - o Un lugar único para encontrar perlas de información sobre una amplia gama de temas
  - o Plataforma donde varias instituciones de nivel universitario ofrecen cursos gratuitos de matemáticas, inglés, ciencias de la computación, biología, química o astronomía.
  - o Ofrece tutoriales sobre casi cualquier tema al escribir el tema en tu motor de búsqueda
  - o La calidad de la instrucción puede ser cuestionable.
- Cursos Masivos Abiertos en Línea (MOOCs).[224]
  - o Por lo general, cursos en línea gratuitos a tu propio ritmo, pero algunos cobran una tarifa
  - o Patrocinado por varias entidades, en particular, Udemy, ITundesU, Stanford, UC Berkeley, Duke, Harvard, UCLA, Yale y Carnegie Mellon
  - o Abierto a todos y promueve la participación.
  - o No otorga diplomas

- OpenCourseWare.[225]
  - o Cursos en línea gratuitos y a tu propio ritmo de sitios web de universidades y colegios
  - o Patrocinado por varias entidades universitarias / universidades, como la Universidad de Stanford, el Instituto de Tecnología de Massachusetts y Yale
  - o No hay registro para las clases.
  - o Grabación en video de académicos y conferencias de maestros en las aulas de sus cursos.
  - o Publica el nombre del curso, el programa de estudios, las conferencias y los materiales del curso en línea con el libro del curso disponible para comprar en línea en la librería de la escuela.
  - o No otorga créditos, títulos o certificados.
- Coursera.[226]
  - o Se asocia con diferentes universidades para proporcionar cursos en línea a tu propio ritmo.
  - o Cursos rotativos en diversas materias.
  - o Regístrate y regístrese en el sitio web para un curso específico de una próxima lista de cursos programados
  - o Disponible en seis idiomas, incluyendo inglés, chino, francés y español
  - o Las universidades pueden organizar sus propios cursos de Coursera.
  - o Refleja cursos en línea patrocinados por MOOCs o OpenCourseWare

Para ayudarte a aprobar tu clase o tus clases, puedes utilizar estos recursos para complementar tus conferencias universitarias, tus horarios de oficina o incluso para tu preparación para la universidad. Debes graduarte de la universidad a tiempo; por lo tanto, la demora de un curso fallido sin duda pondrá un punto difícil en ese plan.

Sección D: Tutores Pagados

Es posible que te beneficies de una tutoría pagada individualizada si has reprobado un curso o reprobaste el primer examen importante en un curso. De lo contrario, puedas caer más y más atrás. Dado que los estudiantes aprenden en diferentes niveles, algunos necesitan más ayuda que otros. A veces, un estudiante no puede comprender un tema a pesar de innumerables horas de oficina y de los recursos en línea. Él / ella necesita buscar ayuda tan pronto como sea posible. Un tutor pagado es un gran compromiso de tiempo y de gastos. El tutor puede dedicar tiempo para explicar el tema, ayudar a prepararse para un examen o enseñar durante el semestre para aprobar un curso. Un tutor pagado es un último recurso cuando se han agotado las alternativas gratuitas. A diferencia de la ayuda gratuita, las tarifas del tutor pueden reducir tu presupuesto.

Los tutores pagados son especialmente buenos para cursos técnicos como ciencias, matemáticas, ingeniería y ciencias de la computación. Algunos departamentos académicos universitarios proporcionan los nombres de los tutores y la información de contacto. Los tutores también pueden anunciarse en carteles universitarios, paredes de dormitorios u otros medios. El alumno potencial debería entrevistar a dos o tres tutores diferentes. Con frecuencia, los tutores son estudiantes graduados, estudiantes universitarios de años intermedios o estudiantes universitarios de último año. También debes comparar los costos entre los tutores.

Al seleccionar un tutor, debes investigar las credenciales del tutor, es decir, la calificación del tutor en la clase específica, cuando el tutor tomó el curso, el profesor del curso del tutor y cualquier experiencia previa como tutor. La calificación del tutor es importante porque su comprensión del material es esencial para su capacidad para explicarlo. Por último, tú y el tutor deben verificar si los horarios de ambos son compatibles.

Un tutor pagado debe adaptar las sesiones de instrucción a tus necesidades. La primera reunión debe ser gratis. Él / ella deben usar la primera sesión para evaluar tu nivel de conocimiento y las deficiencias específicas en la comprensión. El tutor también debe examinar tus tareas pasadas y los resultados de exámenes anteriores. Si es contratado, tu tutor debe enviarte un borrador de plan de lección para que lo revises dentro de una o dos semanas. Debería ser paralelo al programa del curso. El plan de la lección debe incluir el número de horas de tutoría semanales y fechas / horas tentativas, los temas por sesión, el costo por hora por sesión y la estructura de pago (por semana / mes). Cada sesión de tutoría debe reforzar la instrucción en el aula para ti. En muchos casos, un tutor pagado puede proporcionar el avance singular que necesitas para comprender el material del curso. Nuevamente, debes obtener ayuda lo antes posible de los recursos disponibles para beneficiarte de la intervención académica necesaria.

Lecciones de vida - Capítulo 9: Recursos académicos
- Obtén ayuda si tu desempeño es deficiente después del primer examen o tarea importante del curso
  o Aprende cómo calcular la calificación de tu curso utilizando los criterios de calificación del programa o preguntando a tu instructor
  o Prevén las calificaciones de los cursos inmediatamente después de pedirles ayuda a tu instructor o TA
  o Tu instructor y la universidad te notificarán oficialmente si estás reprobando el curso; sin embargo, no esperes hasta entonces para obtener ayuda.
  o Si tienes alguna inquietud acerca de una calificación de asignación o calificación final de curso, debes discutirlo con tu instructor tan pronto como sea posible
- Hay varios recursos gratuitos disponibles para ayudarte a mejorar tu calificación para aprobar un curso.
  o El horario de oficina te permite reunirte cara a cara con tu instructor o TA sobre temas académicos
  o Comprueba si los departamentos académicos específicos u otras organizaciones universitarias ofrecen tutoría gratuita en temas como matemáticas, inglés, ciencias de la computación, etc.
  o Varios sitios web como Khanacademy.com y Youtube.com brindan instrucciones detalladas sobre numerosos temas.
- Un tutor pagado es un último recurso a la tutoría / ayuda gratuita, pero puede proporcionar el avance singular que necesitas para comprender el material del curso.

CAPÍTULO 10:
Cursos Reprobados

Retomar cualquier clase costará tiempo y dinero adicional. Esto también puede afectar el calendario de graduación de un estudiante y la elegibilidad de ayuda financiera. No obstante, muchas universidades autorizan una segunda oportunidad para que un estudiante apruebe una clase reprobada. Cuando un estudiante falla un curso requerido con una calificación de "D" o "F," él / ella pueden inscribirse inmediatamente para volver a tomarlo. El estudiante entonces "repite" el curso, pero debe aprobar la clase esta vez con una calificación de "C" o mejor. A lo largo del semestre, el estudiante debe mantenerse en comunicación con su asesor a medida que mejora su calificación. Si el estudiante aprueba el curso, puede solicitar a la escuela el perdón de calificación. Cada universidad tiene una política de perdón de calificación diferente. El perdón de calificaciones le permite al estudiante usar la calificación más reciente y más alta del curso para contar en su cálculo del promedio de calificaciones acumulativo (GPA). La calificación reprobatoria del estudiante para el curso permanece en su expediente académico pero la calificación no cuenta en el cálculo del GPA general. La mayoría de las escuelas son muy estrictas en el procesamiento y aprobación del "perdón de calificaciones" de un estudiante. Algunas universidades solo permiten que los estudiantes de primer año soliciten el perdón de calificaciones. Aunque el perdón de calificación le permite a un estudiante mejorar su GPA, no debe abusar del proceso. La mejor apuesta de un estudiante es trabajar duro, estudiar y aprobar sus clases la primera vez. Francamente, las calificaciones de "D" o "F" en un curso indican una falta de conocimientos / habilidades de prerrequisito; una incapacidad para entender y aplicar los cursos; o problemas personales. Si un estudiante no aprueba un curso obligatorio por segunda vez, el departamento académico de la especialidad puede despedir al estudiante del programa. Al fallar un curso dos veces, ese estudiante debe volver a evaluar genuinamente sus objetivos principales y profesionales.

En tu situación, puedes haber fallado un curso. Si corresponde, debes consultar con la Oficina del Registrador de tu escuela si tiene una política de perdón de calificaciones y cómo se aplica. De cualquier manera, necesitarás repetir el curso para completar tu título. Si no pasas un curso requerido por segunda vez, debes considerar si un cambio de especialidad es una opción. Sin embargo, después de que hayas elegido tu especialización, puedes tener grandes reservas sobre cambiarla. El costo y el tiempo pueden ser disuasivos porque tendrás que tomar clases adicionales para la nueva especialidad para poder graduarte. No te desesperes, porque el cambio de especialidad puede ser lo mejor. Para cada obstáculo o falla en la vida, debes tener un plan de respaldo y continuar con tu vida. La marca del carácter de una persona no es cómo él / ella trata el éxito tras el éxito, sino cómo supera y triunfa a pesar de los obstáculos o el fracaso. En la universidad, tu enfoque debe ser aprender sobre ti más allá de tu zona de confort. A pesar del sentimiento sensiblero de las últimas oraciones, tu objetivo principal es graduarte a tiempo (¡Gotcha!). Lo más importante es graduarte y obtener tu título. Este capítulo pasa por el proceso para determinar si debes cambiar tu especialización.

Sección A: Calificación (es) Reprobada (s)

Un estudiante puede obtener numerosas calificaciones bajas, específicamente "Ds" y "Fs" en los cursos obligatorios mientras cursa su especialización. La escuela emitirá amplias advertencias al estudiante, especialmente, cuando su GPA se encuentre por debajo del nivel mínimo requerido. Como resultado, la escuela colocará formalmente al estudiante en período de prueba académico si él / ella continúan sin cumplir con los estándares académicos o no muestra la mejora requerida. Si ese es el caso, él / ella deberían evaluar si se justifica un cambio de especialidad. Por ejemplo, la Universidad de Maryland, College Park (UMCP) tiene un programa de ciencias computacionales altamente calificado. Los ex alumnos incluyen titanes de la industria tecnológica, en particular, Sergey Brin, cofundador de Google.[227] Solo los estudiantes más exitosos (que normalmente tienen experiencia previa en programación) sobreviven. En las horas de oficina del instructor y de la asistencia técnica, los estudiantes de ciencias de la computación a menudo están dispuestos a recibir ayuda similar a los clientes que esperan el nuevo iPhone en una Apple Store. Los cursos de ciencias informáticas para estudiantes de primer año de la UMCP a menudo no cubren los diferentes niveles de conocimiento y habilidades de los estudiantes. Un estudiante de informática debe poder programar o su GPA se hundirá rápida y brutalmente. El proceso de eliminación de UMCP todavía ha producido más de 600 doctorados desde que comenzó el programa de informática en 1973.[228]

En UMCP, noté que los exitosos estudiantes de ciencias de la computación programaban todo el tiempo. Estos estudiantes practicaban, practicaban y practicaban. Estos estudiantes realmente disfrutaban el desafío de hacer funcionar un programa. También sobresalieron en los cursos avanzados requeridos de matemática, que eliminaron muchos "aspirantes" de ciencias de la computación. En contraste, los estudiantes de ciencias de la computación menos estelares estaban en la especialidad por razones equivocadas. O bien, tuvieron un desempeño deficiente en sus cursos de informática o requirieron cursos avanzados de matemáticas. En lugar de perder tiempo y dinero, estos estudiantes deberían haber analizado sus intereses y la preparación académica previa.

Tan pronto sea posible, si tienes calificaciones bajas o suspensas, debes tomar la iniciativa. De lo contrario, puedes ser expulsado de tu carrera. Puedes estar paralizado por la ansiedad. Tu nivel de frustración puede ser tan alto y tú promedio de calificaciones tan bajo que pudieras tomar una decisión precipitada para cambiar de especialización, cambiar de universidad o abandonar la escuela. Eso es un error. Tienes que mirar el cuadro grande. Las preguntas que debes hacerte incluyen: "¿Todavía deseas este título en ese campo de estudio?" y "¿Estás ávido de hacer el trabajo?" También puedes preguntarte: "¿Qué hago ahora?" Respira, detente un minuto a pensar. Debes reflexionar sobre todas tus calificaciones de ese semestre. Puedes estar confundiendo un curso o semestre desafiante con una falta de aptitud percibida. Cuando te va bien en otras clases, puedes estar luchando en una clase en particular. Y una clase no te define. Si solo puedes aprobar esa clase, puedes obtener tu título. Tendrás que trabajar duro, estudiar mucho y obtener ayuda para elevar tu calificación. O, si tienes una especialización técnica, a menudo puedes obtener bajas calificaciones. Los reclutadores de trabajo entienden la diferencia entre obtener calificaciones de "C" en cursos técnicos en lugar de obtener "C" en cursos de artes liberales. Estos estudiantes "C" con títulos técnicos son comerciales y valiosos porque los empleadores necesitan sus habilidades. Antes de reducir tus pérdidas en tu especialidad específica, debes verificar tus opciones. Por esa razón, debes hablar con alguien de autoridad en la escuela.

Inicialmente, debes reunirte con el (los) instructor (es) en el (los) curso (s) en los que has fallado. Debes discutir tus cursos de reprobación, incluyendo entrenamiento / tutoría adicional y la posibilidad para un cambio. Por desgracia, la reunión con tu instructor y las horas de oficina adicionales pueden no producir mejoras. Antes de la fecha límite, debes considerar "abandonar" o "retirarte" de esas clases hasta una fecha posterior. Durante el intervalo, tendrás la oportunidad de obtener ayuda académica adicional, tomar otras clases, es decir, electivas, y tomar algunas decisiones. Sin embargo, inmediatamente debes discutir los problemas con tu asesor académico. Dado que has estado en contacto periódicamente con él, tu situación no debería ser una sorpresa. Recuerda, también pueden haber consecuencias financieras, es decir, que te pongan a prueba o suspensión de la ayuda financiera federal. Cuando tengas calificaciones bajas y / o retiros de cursos, debes discutirlos con un representante de la oficina de tu universidad. Cuando hayas agotado toda la asistencia de tutoría y los retrasos, todavía puedes obtener calificaciones reprobadas en tus cursos requeridos. Debes tomar una decisión lo antes posible sobre si necesitas cambiar de especialización. El tiempo no está de tu lado.

Sección B: Cambiar de Especialidad

Como se ilustra arriba, los estudiantes solo tienen éxito en su especialidad elegida cuando son dedicados y tienen la competencia requerida. Después de pensarlo mucho, finalmente puedes decidir cambiar tu especialización, especialmente si tienes calificaciones bajas o deficientes en tus cursos. Tan pronto como sea posible, debes hacer una cita y hablar con tu asesor académico. Antes de la reunión cara a cara con tu asesor, debes investigar sobre la política de probatoria académica de tu escuela o departamento. Cada universidad publica esa información en línea, incluida la suspensión académica, el despido de la escuela por deficiencias académicas y la readmisión. Tú debes leer esa política. Entonces, tu asesor académico solo confirmará o negará lo que ya sospechas. En tu reunión, el asesor debe abordar los problemas, a saber, tu GPA, tutoría, probatoria académica y el despido. Después de la conversación, puedes descubrir que tu situación puede no ser tan grave como crees. En ese caso, tú y tu asesor también pueden discutir el mejor curso de acción, incluyendo posibles nuevas especialidades. Para prepararte con anticipación, debes investigar nuevas carreras. El proceso es similar a tu búsqueda de tu primera especialización. Esta vez, tienes una mejor comprensión de tus gustos, aversiones y aptitudes para carreras específicas. Por ejemplo, puedes sustituir tu especialidad con una concentración menor o secundaria de cursos que hayas estado siguiendo. De todos modos, la situación de cada alumno es diferente. Un estudiante puede estar reprobando todas sus clases, incluidas las clases de educación general. Si ese es el caso, entonces las estrategias y los resultados serán completamente diferentes. Una vez más, necesitas hablar con tu asesor. En consecuencia, tú y tu asesor académico deben diseñar un plan de acción diseñado específicamente para ti. Luego, puedes tomar una decisión informada en lugar de una reacción instintiva sobre dejar la carrera o incluso la escuela.

A pesar del enfoque anterior en calificaciones bajas, es posible que tengas otros motivos para cambiar de especialización. A pesar de aprobar todos tus cursos, es posible que hayas perdido el gusto por obtener el título / licenciatura que elegiste en primer lugar o que hayas descubierto una pasión por otro campo profesional. Para mí licenciatura en UMCP, pensé que tenía la determinación de prosperar en ciencias de la computación. No, estaba equivocada. Durante un año, fui estudiante de ciencias informáticas de la UMCP que odiaba la programación. También me di cuenta de que una carrera universitaria debería abarcar temas que debería estar dispuesta a hacer todos los días en una carrera. Después de una discusión con mi asesor académico y algunas investigaciones, cambié de carrera. Eso sucede. Mi experiencia debería alertarte sobre problemas similares que puedas encontrar. Podrías haber cometido un error al perseguir a tu comandante. No te desesperes ni te castigues. Después de exponerte a los requisitos de tu especialidad, muchos estudiantes cambian su especialización porque la especialización no era lo que esperaban. A veces, el camino de una persona es sinuoso en lugar de una línea recta. Para iniciar el proceso de cambiar de especialización, debes seguir el mismo procedimiento descrito anteriormente, es decir, investigar nuevas especializaciones y reunirte con tu asesor académico actual para discutir alternativas.

Después de que hayas decidido cambiar de especialización, debes hacer una cita lo antes posible con el nuevo asesor académico del departamento / especialización. Debes aceptar la realidad de la situación y ser proactivo. Cada departamento / especialidad tiene sus propias políticas y procedimientos para aceptar nuevos estudiantes. El nuevo consejero académico te asesorará sobre las clases requeridas de esa especialización para completar el título. En cualquier caso, tú y el nuevo asesor deben redactar un plan académico revisado de dos o cuatro años para tu calendario de graduación. Entonces, es posible que debas enviar una solicitud de aceptación al nuevo departamento académico. Si eres aceptado, tendrás entonces una nueva especialización. Tu nuevo asesor te ayudará a coordinar cualquier documentación adicional con la Oficina del Registrador. Por ejemplo, el registrador de la universidad enmascara tus calificaciones reprobadas (D o F) que obtuviste en cursos que no cuentan para tu nueva especialización. Los créditos y calificaciones enmascarados aparecerán en tu transcripción, excepto que no se calcularán en tu GPA. Normalmente, el enmascaramiento de calificaciones se aplica a los estudiantes transferidos de primer año o aquellos con solo un semestre de clases específicas principales. Debes comunicarte con la Oficina de tu Registrador para conocer esto.

El nuevo asesor académico también puede dirigirte a la oficina de finanzas / tesorería de la escuela. En ese momento, puedes determinar si cambiar de especialidad afectará el financiamiento de tu escuela. Tendrás que tomar las medidas adecuadas, en consecuencia. Para cerrar el ciclo, debes informar a tu antiguo consejero académico cuando se producirá el cambio de especialidad. El mantener a todos informados, facilitará una transición sin problemas. Si tienes problemas académicos, sé realista y obtén ayuda lo antes posible. De nuevo, estás controlando tu propio destino en lugar de sucumbir a paralizarte de miedo.

Sección C: Contarle a tus Padres

Debes decirles a tus padres tan pronto como te des cuenta de que estás retomando un curso, suspendiendo varios cursos, cambiando de carrera (voluntariamente o no) o cambiando de escuela. Cualquiera de esas circunstancias puede cambiar tu línea de tiempo de graduación esperada. Cada año, los padres están en la oscuridad sin saber si su hijo se está graduando, reprobando, cambiando de grado, etc. Tus padres pueden estar pagando tu título universitario. Cambiar de especialidad puede alargar tu línea de tiempo de graduación, lo que costará dinero adicional para las nuevas clases. Tus padres solo pudieran estar dispuestos a pagar dos o cuatro años de universidad; así, tendrás que trabajar y pagar la matrícula extra. Debes asumir la responsabilidad y mantenerlos informados sobre cualquier cambio en tu estado académico. Es posible que tengas miedo de decirles a tus padres. Tu familia puede darte un poco de dolor inicialmente; aun así, tú y ellos deben discutir la carga financiera y las soluciones como adultos tranquilos y maduros. O bien, la situación será mucho peor cuando tu familia y amigos se presenten para tu graduación inexistente. No dejes que las noticias se agraven. Durante ese momento estresante de tu vida, necesitarás el apoyo de tu familia. Se preocuparán más por tu bienestar emocional y mental que por cualquier decepción con una graduación pospuesta. Si has hecho todo lo posible para aprobar tus clases, no eres un fracaso de ninguna manera. Con una acción rápida, deberías poder superar la decepción de cambiar de carrera u otro cambio de estado. A la larga, es posible que tu especialización inicial no haya sido para ti.

Lecciones de vida - Capítulo 10: Cursos Reprobados
- Las calificaciones deficientes en los cursos requeridos para tu especialización no te definen
  o Acércate a tu (s) instructor (es) para obtener ayuda
  o Evalúa si deberías cambiar a otra especialidad.
  o Discute las opciones con tu consejero académico, en particular, posiblemente "abandonar" o "retirarse" de un curso hasta una fecha posterior para obtener ayuda.
  o Informa a la oficina del administrador para verificar si hay implicaciones de ayuda financiera
  o Sé proactivo y obtén ayuda lo antes posible.
- Elige una nueva especialidad
  o Reúnete con un asesor académico del departamento para obtener una nueva (s) especialización (s) en la que estés interesado
  o Presenta una solicitud de aceptación al departamento, según corresponda.
  o Desarrolla un nuevo plan académico de dos o cuatro años para graduarte con tu nuevo asesor
  o Notifica a la Oficina del Registrador, a la oficina financiera y a tu antiguo consejero académico del cambio en las principales
- Informa a tu (s) padre (s) si una calificación reprobada de un curso o el cambio de especialidad afectará la financiación de la universidad, especialmente las becas / préstamos, y el calendario de tu graduación

CAPÍTULO 11:
Fuera del Salón de Clases

En la universidad, vas a conocer gente nueva y emocionante. Te aventurarás a lugares en los que nunca has estado antes. Estás fuera de casa, experimentando una aventura en la independencia. ¡Que te diviertas! Por otro lado, debes ser consciente de las amenazas a tu seguridad y bienestar. Hay peligro para los que están en el lugar y en el momento equivocado. Debes protegerte y tomar precauciones: sé consciente de tu entorno y de las personas que te rodean. Por ejemplo, puede correr o caminar solo para hacer ejercicio. También puede correr con auriculares o caminar con los ojos fijos en su teléfono. Estas actividades no deben ser problemas. El problema viene de otras personas. Al acecho, otros pueden verte como una presa ajena. Los resultados pueden ser tu teléfono arrancado de tus manos, un ataque por la espalda u otro daño físico. O, puedes atravesar el campus por la noche. Los ladrones / atracadores intentan mezclarse con los estudiantes en el campus y buscan posibles víctimas para emboscar en lugares aislados. Tu seguridad es primordial. No debes terminar en el hospital y perder varias semanas de clase debido a un ataque injustificado. A continuación, te presento algunas situaciones para aumentar tu conciencia sobre la seguridad en el campus, tu seguridad personal, el sexo responsable y otros temas.

<u>Sección A: Seguridad en el Campus</u>

La seguridad y la protección son fundamentales para tu felicidad en la escuela. Al investigar las universidades, debes investigar las estadísticas de delitos de las escuelas y sus áreas circundantes. El sitio web de cada escuela proporciona estadísticas de delincuencia y tienen una política de abuso sexual clara y exhaustiva.[229] Tú y tus padres también deben buscar en Google artículos de noticias sobre los delitos denunciados por las escuelas y el manejo de los incidentes. Además, el Departamento de Educación de los EE. UU. mantiene el sitio web "Seguridad del Campus."[230] Puedes hacer una búsqueda de una escuela por nombre o escuelas por varios criterios. Para una escuela específica, puedes encontrar a tu oficial de seguridad, coordinador del Título IX e información sobre delitos penales, delitos de odio, arrestos, etc. Además, el sitio web http://www.city-data.com proporciona una gran cantidad de información sobre ciudades dentro de los EE. UU. Proporciona datos sobre delitos, delincuentes sexuales registrados en áreas locales y otros datos. Estos sitios web son dignos de ver.

Con frecuencia, algunas buenas escuelas se encuentran en vecindarios cuestionables de las principales ciudades. En Washington DC, la Universidad de Georgetown, George Washington y la Universidad de Howard son los ejemplos más significativos de tales situaciones. Durante la década de 1980 y 1990, la delincuencia y la violencia fueron rampantes en la ciudad. En los últimos años, Washington D.C. pasó por un proceso de gentrificación cuando los baby boomers y los jóvenes profesionales regresaron a la ciudad. Ahora, estas universidades están ubicadas entre tiendas minoristas, espacios de oficinas ocupados por negocios, condominios de alta gama y conductos de transporte, como autobuses y paradas de metro. Algunos bolsillos dentro de D.C., sin embargo, no son los mejores. Según city-data.com para D.C., el 67% de los delitos denunciados son robos.[231] City-data.com también afirma que Washington D.C. tiene una tasa de delito mayor que el 95.7% de otras ciudades en los EE. UU.[232]

Además del área circundante, debes mirar las estadísticas de crimen en el campus. Aunque es posible que te sientas seguro en tu dormitorio, debes tomar ciertas precauciones como cerrar con llave el dormitorio por la noche o cuando te hayas ido. Un escenario de miedo sería despertar y encontrarte a un extraño en tu habitación que quisiera atacarte o robarte. Tal situación sería traumática. Debes estar consciente de que los delincuentes buscan constantemente objetivos y oportunidad. También sugiero que te inscribas en una clase de defensa personal para poder protegerte. Además, debes discutir la seguridad del campus con tus compañeros de cuarto. Con suerte, ellos, a su vez, se protegerán contra los "supuestos" amigos o extraños que logren entrar sin autorización a tu insegura y compartida habitación. Por lo tanto, debes consultar las estadísticas de seguridad y delitos de una universidad, ya que ambas tendrán un impacto en tu vida universitaria. Ningún lugar es completamente seguro: urbano, suburbano o rural. Si temes por tu vida cuando vivas en el campus o cerca de él, es posible que tu universidad preferida no sea la mejor opción.

Sección B: Seguridad Personal

En tu tiempo libre, puedes superar los límites, arriesgarte y confiar en tu instinto con una nueva persona o situación. Mi madre siempre me advirtió que "nada bueno sucede a las 2 de la mañana."

Entonces, sé juicioso con tu seguridad personal. Debes estar bien para poder asistir a clases y graduarte de la universidad. Debes escuchar a los amigos de confianza (y familiares) que intentan protegerte de un acto estúpido o de una conducta de riesgo. Fuera de la red de seguridad de tu familia y de tus amigos de confianza, pocas personas tienen su mejor interés en el corazón. Con buenos amigos, deberías poder pasar el rato sin preocuparte. Desafortunadamente, he visto artículos en los periódicos una y otra vez sobre hombres y mujeres que desaparecen después de una noche con "amigos." Los asociados que te abandonan en una fiesta no son tus amigos. No debes quedarte varado en alguna parte, teniendo que viajar con un extraño porque esas personas te dejaron por alguien o algo. Además, los amigos no dejan que los amigos hagan cosas estúpidas. Para garantizar eso, tu grupo debe tener un conductor sabias q para designado rotatorio, un vigilante de cartera, un portavasos, un revisor de abrigos, etc. En otras palabras, una persona del grupo debe siempre mantenerse en guardia y sobrio. Para cada excursión, tú y tú grupo deben hacer un pacto para escuchar cuando se enfrentan a las preocupaciones de seguridad de los amigos "racionales" con el fin de dar rienda suelta a la locura.

Cuando salgas de tu dormitorio o apartamento para pasar una noche en la ciudad, debes informar a alguien a dónde vas. Cuando sea posible, debes usar un sistema de amigos en el que tú y un amigo salgan juntos. Si no tienes a nadie a quien llamar o es tarde en la noche, entonces podrías considerar enviar un mensaje de texto a un amigo o dejar un mensaje de voz en tu propio teléfono. Debes dar tantos detalles como te sea posible, específicamente sobre la hora de salida, el destino, la hora prevista de regreso, los amigos que vayan contigo y el modo de transporte. Dejé un correo de voz en mi contestador automático como ese una o dos veces.

Eso me hacía sentir aliviada cuando era la que finalmente escuchaba y borraba el mensaje. Esta simple acción significaba que había llegado bien a casa.

Como otra medida, tú (hombre o mujer) puedes descargar una variedad de aplicaciones de seguridad para teléfonos inteligentes que proporcionan un nivel de seguridad aceptable. Por ejemplo, la aplicación gratuita Circle of 6 para teléfonos inteligentes envía mensajes de texto escritos previamente a seis contactos identificados previamente.[233] El primer mensaje envía tu ubicación GPS con una solicitud de recogida. El segundo mensaje envía una solicitud para que tus amigos te llamen lo antes posible. Cuando identifiques amigos confiables para la aplicación Circle of 6, deberías considerar elegir amigos con autos que funciones. Otra aplicación apropiada para la seguridad personal es Friend Radar, que es una manera rápida y fácil de localizar a un amigo "perdido" a menos de cien pies.[234] Consulta tu teléfono, debes crear un contacto llamado "en caso de emergencia." Este contacto debe corresponder al nombre y número de teléfono de un amigo local. Si alguien encuentra (no roba) tu teléfono, puede llamar inmediatamente a la persona de contacto de emergencia. Cuando tu teléfono requiera una contraseña para desbloquearlo, debes configurar tu pantalla bloqueada para mostrar el número de teléfono de emergencia como "emergencia: xxx-xxx-xxxx." En tu teléfono bloqueado, también te sugiero que muestres la primera inicial de tu nombre, tu apellido completo, el código de estado de dos dígitos y el código postal, proporcionando un punto de partida para identificarte.

Cuando estés solo en un evento o fiesta, debes estar en guardia y estar siempre atento a lo que te rodea. Trata de resistirte a dejar un evento o lugar con alguien que no conozcas. Joran Van Der Sloot no parecía el proverbial "Coco."[235] Era guapo y el hijo de un abogado. Supuestamente fue la última persona en ver a Natalee Holloway. Ella se graduó de la preparatoria y desapareció en un viaje de graduación a Aruba en 2005. Van Der Sloot supuestamente también fue la última persona que vio a Stephany Flores, una estudiante peruana de negocios. En 2010, Van Der Sloot fue declarado culpable de matar a Flores en una habitación de hotel en Lima.[236] El mal viene en muchas formas, incluido en un empaquetado atractivo. Por ejemplo, puedes decidir pasar tiempo con alguien que no es bien conocido por ti. En ese caso, debes ser consciente de tu seguridad. Cuando sea posible, debes tomar una foto de tu compañero con tu teléfono inteligente. Luego, debes enviar la foto, el nombre y el número de teléfono de esa persona a tu computadora o al teléfono inteligente de un amigo cercano. Si te sientes incómodo en una situación, debes irte rápidamente. En este momento, probablemente estás levantando al cielo los ojos. Estás pensando que la emoción y la espontaneidad se saldrán por la ventana cuando te encuentras con alguien nuevo en una fiesta o club nocturno. En diciembre de 2016, el Centro Nacional de Información sobre Delitos del FBI reportó 88,040 registros de personas desaparecidas activas para el año operativo.[237] De esos números, 42,807 (48.6%) se clasificaron como juveniles y se definieron como menores de 21 años de edad. La familia y los amigos de estos jóvenes desaparecidos están desesperados por encontrar su paradero. No juegues a la ruleta rusa con tu seguridad personal.

Cuando asistas a una fiesta dentro o fuera del campus, debes beber solo en recipientes cerrados de cerveza, agua, refrescos o bebidas. A veces, puede haber un ponche comunal. Mantente alejado de ello. No sabrías si alguien lo ha enriquecido con licor u otras sustancias. En una fiesta o bar con una nueva persona o grupo de personas, no debes dejar tu bebida o comida desatendida; perder de vista tu bebida o comida; o aceptar una bebida o comida de alguien que no sea el barman / azafata oficial del bar. Para tu seguridad, debes coger una nueva bebida o un plato tú mismo, ya que los depredadores sexuales y las personas malas ponen cosas en las bebidas o los alimentos.[238] Lo que añaden son típicamente sedantes, depresivos o drogas psicoactivas similares al Rohypnol o el éxtasis líquido. Las drogas vienen en forma líquida o pastilla (triturada). Las drogas causan pérdida de memoria, pérdida del conocimiento o autocontrol, lo que hace que la persona drogada sea vulnerable a agresiones sexuales, robos, secuestros, asesinatos, etc.

Aunque no hay una manera absoluta de prevenir un ataque con drogas o la exposición a una sustancia farmacéutica desconocida, debes tener cuidado. Cuando sea posible, debes salir con un amigo de confianza; así pueden cuidarse unos a otros. De acuerdo con las descripciones de los efectos, la experiencia de las drogas es traumática y aterradora.[239] Si te siente enfermo o desorientado, no debes irse solo o con un extraño. En su lugar, debes alertar inmediatamente a tus amigos o al administrador de que necesitas ayuda. También debes ir a un hospital o sala de emergencias porque una sobredosis de drogas puede ser mortal. Además, debes considerar presentar un informe policial sobre el incidente. Probablemente no sea la primera vez que el perpetrador haya pinchado la bebida o la comida de alguien. Si eres el sobreviviente de un ataque tan atroz, debes buscar asesoramiento. La preocupación con las drogas es real porque las consecuencias pueden ser terribles: agresión sexual, una infección de transmisión sexual (ITS), robo, secuestro o muerte. Si te sucede, no tienes la culpa, porque solo hay personas malvadas que usan las drogas en contra de los confiados. Estas situaciones ocurren en fiestas, reuniones sociales o en fechas. En la universidad, debes cuidar tu bienestar personal. Debes evitar ser objeto de una "Alerta Ámbar" o episodio de "Crimen Verdadero."

Sección C: Interacciones en Línea

El sexting es la nueva tarjeta de llamada o juego sexual previo. Sexting es cuando íntimos envían fotos / mensajes sexualmente provocativos entre dispositivos de medios. Las fotos pueden ser parcial o totalmente desnudas. El sexting tiene un impacto en tu seguridad personal y posibles metas futuras. No debes involucrarte en tal comportamiento. Cuando envías una foto / publicación explícita, confías en que la otra persona no hará algo despreciable con ella. En otras palabras, le estás dando tu control a otra persona. Te abre al chantaje, la intimidación y la explotación de internet. Sí, puedes estar haciendo sexting con tu novio / novia, pero desafortunadamente la gente rompe todo el tiempo. Muchas mujeres y hombres jóvenes lloran de lágrimas por la traición de un ex. Los ex inescrupulosos venden / publicaron cintas personales íntimas de sexo o fotos por dinero, enojadas, para avergonzar, o para lastimar a su pareja anterior. O bien, un tercero robó o compró las cintas / fotos. Luego, el tercero las vendió a los medios de comunicación o las publicó en sitios web de pornografía. Piensa en personas famosas que por diversión, experimentación u otras razones imprudentes crearon o posaron para fotos o videos provocativos que alguien filtró al público. No se dieron cuenta de que una foto / video picante podría tener consecuencias devastadoras después del acto. De todos modos, no participe en Sexting o cree videos / fotos que le avergonzaría compartir con amigos y familiares. Cuando las imágenes o los videos se ponen en línea, están ahí para siempre. Puede pasar el resto de tu vida tratando de restaurar tu reputación y recuperar tu dignidad.

Si vas a publicar imágenes o información personal voluntariamente, debes bloquear la seguridad en tus perfiles de redes sociales. Facebook, Instagram, Twitter, Tinder y textos pueden ser hackeados. Además, no hagas "amigos" de personas que no conoces. Algunos ladrones de Internet roban imágenes en línea y las utilizan para falsificar perfiles personales. El ladrón es conocido como un pez gato. Además, muchos empleadores buscan en los sitios web de redes sociales de posibles candidatos para eliminar a aquellos con juicios cuestionables, mala conducta, etc. Deberías considerar dar acceso solo a amigos y a familiares de confianza en tus redes sociales. Las celebridades que publican información delicada o imágenes en línea son modelos terribles para los jóvenes. Estas celebridades lo hacen porque buscan la fama a cualquier costo aunque esta sea la privacidad o la seguridad personal. Este tipo de personas se llaman putas de los medios de comunicación. Si no les mostrarías a tus padres, a tu empleador o a tu mejor amigo una imagen o publicación, deberías reconsiderarla en tu sitio web de redes sociales. Deberías guardar algún misterio sobre ti mismo.

Por último, puedes experimentar con internet para conocer gente nueva. Tinder, Yellow, Match.com, Plentyoffish.com y e-Harmony son solo algunos de los muchos sitios de citas en línea que existen. Básicamente, estás solo porque muchos sitios no realizan verificaciones de antecedentes. Una vez más, debes tomar las precauciones necesarias para protegerte. Las citas por Internet engendran intimidad y amistad instantánea donde realmente no existe. Los sociópatas y los psicópatas son expertos manipuladores que atraen a sus víctimas para que bajen sus guardias. Intentarán obtener información personal en direcciones y números de teléfono específicos de las víctimas previstas. Podrías pensar que estás conversando con otro estudiante de secundaria o de la universidad. En realidad, él / ella podrían ser un depredador sexual espeluznante o un potencial asesino, sentado en su casa con su ropa interior caída y secuestrando a las víctimas.

Si te conectas con una de tus "citas" de Internet, debes reunirte inicialmente en un lugar público. También debes enviar una foto de la persona a un amigo. Al final de la fecha, debes hacer arreglos para llamar por teléfono o FaceTime a ese amigo. Tu amigo debería llamarte si no llamas (no enviar mensajes de texto). La caducidad de ningún contacto es de dos días, lo que debería dar lugar a un informe a la policía. Aquí hay algunos otros consejos de seguridad: mira el dedo de la boda de su cita para ver una línea de color canela (y pregúntale si está casado); pide ver una identificación con foto en algún momento; realiza búsquedas de Google y Facebook de su nombre; no lo invites a tu casa ni te reúnas en un lugar aislado hasta que hayas salido durante unas semanas; reúnete con sus amigos después de algunas citas, según corresponda; y proporciona la información de contacto de tu "cita" a alguien en quien confíes.

Sección D: Sexo Responsable y Control de la Natalidad

A pesar del título de esta sección, no estoy abogando por el sexo prematrimonial para nadie. La abstinencia siempre ha estado de moda. Puedes elegir la abstinencia, que es tan importante como elegir tener relaciones sexuales. Debes querer que tu experiencia universitaria sea feliz y satisfactoria. El sexo está incluido en este libro porque las malas decisiones pueden devastar tu mente, tu salud y tu alma. A veces, la intensidad de una relación que sale mal ha provocado que muchos estudiantes universitarios abandonen la escuela o sufran trastornos mentales. Por lo tanto, debes iniciar un encuentro sexual con los ojos bien abiertos y tu mente consciente de las consecuencias. Quiero enfatizar que tú y tu pareja no tienen horarios para el sexo. Tu relación puede prosperar sin sexo. De cualquier manera, debes practicar la intimidad sexual responsable. El sexo no es una proposición unilateral.

El sexo tiene muchas facetas, especialmente caricias, sexo oral, masturbación mutua y otras actividades placenteras. Tú y tu pareja deben sentirse seguros, divertidos, apasionados y empoderados; de lo contrario, la confianza y la satisfacción se desvanecen. Por ejemplo, tu pareja puede presionarte constantemente para tener relaciones sexuales. Debes tomarlo como una señal de advertencia. Esa persona no respeta tus elecciones. Tú tienes el derecho de decir "No." Hay una diferencia entre el remordimiento y la fuerza. El remordimiento de una persona es cuestionar su decisión o acción voluntaria, mientras que la fuerza es la falta de una opción. En otras palabras, tu pareja y tu deben ser sensibles a cualquier renuencia, incertidumbre, miedo, discapacidad mental (en particular, estar borracho / alto) o resistencia. Si la hay, les aconsejo a cada uno que se alejen del encuentro. Por lo tanto, ambos deben tener claro que el sexo es consensual para disminuir el remordimiento y prevenir la fuerza. Con un acuerdo para tener relaciones sexuales, usted y su pareja, específicamente parejas hombre-mujer, mujer-mujer, y hombre-hombre deben hablar sobre sus deseos. Por favor, no permita que su voz sea silenciada. El sexo nunca debe ser crítico, presionado, aplastante, deshonesto, angustioso o insatisfactorio. De lo contrario, debes estar con alguien que te aprecie y te respete.

Al tener relaciones sexuales, debes tener en cuenta los riesgos de salud y emocionales. O bien, tú y tu pareja corren el riesgo de abandonar la escuela debido a un embarazo no planificado u otros problemas de salud. Tú debes tomar precauciones para usar el control de la natalidad siempre.[240] Por ejemplo, Bedsider.org proporciona una comparación de todas las formas de control de la natalidad. El sitio web ofrece discusiones interactivas sobre cada método, incluida la efectividad y los efectos secundarios. Si eres sexualmente activo, también puedes hablar sobre las opciones de control de la natalidad con tu médico o con el Centro de Salud para Estudiantes. La mayoría de las clínicas de salud de la universidad proporcionan condones y cómo aplicarlos de forma *GRATUITA*. Al estar con una nueva pareja, debes usar condones, así como un método anticonceptivo secundario. Esta práctica sexual segura previene el embarazo y la propagación de infecciones de transmisión sexual (ITS), especialmente el VIH / SIDA, las verrugas genitales, los piojos púbicos, la clamidia, la gonorrea, el herpes o la sífilis. Como muchas personas no tienen síntomas, tu pareja podría verse afectada por una ITS y no saberlo. Muchas ITS pueden causar infertilidad, cáncer, daños en el sistema nervioso, síntomas recurrentes (herpes) de por vida e incluso provocar la muerte si no se tratan. Ser infectado por una de estas enfermedades afectará negativamente a tu psiquis y tu salud. Por ejemplo, una persona puede contraer piojos púbicos por contacto sexual o por contacto con materiales de fibra, como ropa, ropa de cama o toallas que usó la persona infestada. Para protegerte, debes tener una discusión franca con tu pareja. Ambos deben hacerse una prueba de detección de ITS si ambos han sido sexualmente activos con otras parejas. Dependiendo del tipo de actividad sexual, la exposición a las ITS puede ser en cualquier lugar: garganta, áreas genitales o recto. En consecuencia, ¡hazte la prueba! Puedes obtener más información de tu médico o en la clínica de salud del campus.

Una relación sexual casual sin protección no es madura ni sabía. Típicamente, las parejas sexuales realmente no se conocen. Por lo tanto, necesitas protegerte y proteger tu futuro. Debes considerar llevar uno o dos condones en tu bolso o billetera. En el calor del momento, tu pareja puede decir que no tiene uno. Entonces, puedes sacar el tuyo. Además, debes cambiar los condones ocasionalmente en función de sus fechas de caducidad. Sí, los condones tienen fecha de caducidad. Si tu pareja se niega a usar un condón, él / ella no tiene tu mejor interés en el corazón. Con ese patrón de comportamiento, él / ella pueden tener una ITS o provocar un embarazo no planeado. Además, no debes participar en conductas sexuales de riesgo mientras estés bajo la influencia de drogas o alcohol. Ambos perjudican el juicio. Por ejemplo, la cerveza hace que las personas coloquen de forma poco inteligente el historial sexual de la otra persona en un segundo plano.

Mientras estés en la universidad, tú o tu pareja no deben desear un embarazo no planificado. Cuando una pareja no quiere ser padre, él / ella puede abandonar a la otra pareja para lidiar con la situación. Por lo tanto, él / ella no asumirá la responsabilidad emocional o financiera de este nuevo niño. Con un embarazo no planificado, tú podrías ser el único padre que brinde amor y apoyo financiero. Si deseas tener el miedo y la incertidumbre de un embarazo no planificado, MTV presenta el programa de televisión "16 y Embarazo." El programa es una mirada franca a los juicios y tribulaciones de jóvenes madres y padres que no estaban preparados. Estos espectáculos son desgarradores y no son bonitos de ver. Con un embarazo no planificado, tus opciones son criar a un niño sin terminar la universidad; lo que significa tener / criar a tu hijo mientras trabajas y vas a la escuela; pedir a tus padres que críen a tu hijo hasta que termines la universidad y te gradúes; la adopción; o un aborto. Cada decisión tiene consecuencias e interrumpe de alguna manera tus planes para el futuro: que son graduarte y obtener un título universitario.

Puedes decidir abandonar la escuela para criar a tu bebé. Los hijos de uno o dos padres solteros, que carecen de habilidades o un título de educación superior, son propensos a vivir en la pobreza. De los más de 800,000 niños y jóvenes sin hogar en los EE. UU., dos tercios de sus padres carecían de un diploma de escuela secundaria, y el 75 por ciento de estos padres estaban desempleados en 2013, según el libro "Ciudades y Vida Urbana."[241] Criar a un hijo no es barato En 2015, el precio estimado para criar a un niño hasta los 18 años era de $ 233,610.[242] Increíblemente, esta cantidad ni siquiera incluye la futura universidad del niño. Esto en cambio solo incluye el costo aproximado de la vivienda, la comida, la educación, el cuidado infantil, la ropa, los gastos médicos y los gastos dentales de un niño. A pesar de los precios, tú y tu pareja deberán ganarse la vida para manejar esos costos.

En una situación óptima, una mujer podría tener una pareja comprometida para compartir la carga de la adopción o la decisión de aborto. Cuando te enfrentes a tal situación, tú (y tú pareja, si corresponde) deben investigar los hechos y obtener información médica. Como soluciones para un embarazo no planificado, la adopción y el aborto son opciones viables. Cada uno también tiene problemas y consecuencias. Es posible que a los padres no se les permita tener una interacción futura con el bebé después de que se complete la adopción. Para una alternativa, el aborto es legal pero una de las decisiones más difíciles. A pesar de las protestas del movimiento antiaborto, la decisión nunca se toma por capricho o por conveniencia. El aborto es una decisión personal que nadie más tiene derecho a juzgar. Además, la adopción y el aborto también pueden crear situaciones legales problemáticas para el padre biológico soltero.[243] Los embarazos no planificados pueden tener un costo emocional y financiero para ambas partes involucradas. En resumen, debes pensar en tu objetivo de graduarte de la universidad a tiempo y cómo lograrlo. Mantente enfocado en tu objetivo. Los niños son caros, pero también pueden ser rayos de sol en tu vida. Cuando eventualmente tengas hijos, deberías sentir la alegría de tenerlos. Debes amarlos y cuidarlos, sin recelos mentales ni miedos financieros. Por lo tanto, debes ser responsable en tus encuentros y conductas sexuales. Cuando practicas relaciones sexuales seguras y responsables, estás previniendo un embarazo no planificado o la propagación de una ITS.

Sección E: Autoestima

Voy a tomar unos minutos para discutir las relaciones. Debes estar abierto a nuevas relaciones y considerar salir con frecuencia. Entonces, sabrás lo que te gusta y lo que no te gusta de tu pareja. Deberías tomarte tu tiempo. La universidad es un grupo de citas de primer nivel para parejas jóvenes, entusiastas y optimistas. Todos ustedes están allí para el mismo objetivo de graduación y, con suerte, tienen ambiciones similares. Cuando la gente te conoce por primera vez, te presentarán su mejor cara. Debes observar el comportamiento de una persona a lo largo del tiempo en lugar de lo que dice o cómo se ve. Si sales o te acuestas con alguien, tu mejor opción es seleccionar a tu pareja con prudencia. Nadie es perfecto; Entonces, una relación depende de la compatibilidad, la tolerancia, la atracción y el compromiso. Cuando encuentres a la persona adecuada, debes ser recompensado con un compañero, compañero y amigo. Él / ella debe respetarte y tratarte bien. Con las aventuras de una noche y el sexo casual, no está en condiciones de conocer realmente a su pareja. Por ejemplo, la otra persona podría ser mentalmente inestable. Para cuando se dé cuenta, tu seguridad y bienestar podrían estar en peligro.

Mi madre siempre decía: "No duermas con una persona estúpida o mala." Cuando una persona es ingenua o sin experiencia, es susceptible de caer en una relación con este tipo de personas. La gente estúpida y mala te detiene. Ellos no te apoyan ni se regocijan en tu avance. En cambio, están celosos de tus logros e intentan atraparte en sus expectativas. La mejor manera de identificar a estas personas es observar sus interacciones con otras personas, tener conversaciones prolongadas con ellos y conocer a sus amigos y familiares.

Con respecto a las personas estúpidas, la mayoría de las personas razonables harán cambios en su comportamiento o puntos de vista si descubren una nueva idea que tenga sentido. A pesar de esto, las personas estúpidas saben que algo está mal en su forma de pensar. Pero eligen no cambiar su comportamiento a pesar de cada evidencia. En una interacción, tú podrías señalar fallas en su lógica. Aunque reconocen las inconsistencias, las personas estúpidas rápidamente se ponen a la defensiva. Piensan que los estás rebajando o piensan que eres mejor que ellos. No respetan la educación, el conocimiento y el desacuerdo respetuoso. Las personas estúpidas son un obstáculo para tus finanzas, tu tranquilidad, tus valores y tu tiempo. Si ocurre un embarazo no planificado, es posible que te quedes estancado con esa persona débil mientras tu (probablemente solo) o ambos (probablemente no) críen a su hijo durante los próximos 18 años. Las personas densas usualmente causan caos / confusión a tu paso. Mantén distancia para mantener tu cordura.

En contraste, una persona mala usa la violencia física o la intimidación para salirse con la suya. En una relación, cualquier golpe, asfixia, temblor, gritos, mentiras habituales, acoso o correo electrónico / menajes es un signo de que el novio / novia ofensor necesita un manejo de la ira y / o ayuda psiquiátrica. Además, el acoso sexual, la agresión sexual o la violación pueden ocurrir en una relación tóxica. Extrañamente, probablemente pienses que el comportamiento posesivo de una pareja es una expresión de amor. ¡Despierta! Cuando observes un comportamiento degradante o manipulador en un compañero, debes correr a la salida más cercana. Presta atención a las señales de advertencia iniciales. Este tipo de novio / novia posesivo e irracional intentará aislarte de tus amigos y familiares. Tu socio "malo" no apoyará tus sueños para descubrir y explorar cosas nuevas. Típicamente, él / ella buscará mantener su comportamiento inaceptable oculto de otros fuera de la relación. La primera dama Eleanor Roosevelt estaba diciendo la verdad cuando dijo: "Nadie puede hacerte sentir inferior sin tu consentimiento." No sufras en silencio. Habla y reporta el incidente tan pronto como sea posible. Nadie tiene derecho a tocarte a ti ni a tu propiedad sin tu permiso.

Para el abusador, la relación se trata de poder y control. Las relaciones venenosas tienen un patrón de violencia que se intensifica con una ruptura. Después de un breve período, la persona tóxica puede pedir otra oportunidad. Puedes sentirte vulnerable. No le des a un compañero "malo" otra oportunidad de sacar su personalidad. Debes retirarte de la locura y el drama. Esta dinámica de abuso se aplica a las parejas heterosexuales, del mismo sexo, de bajos ingresos o ricas. No puedes cambiar ese tipo de persona o hacerla feliz. Si bien puedes sentirte avergonzado, culpable o con responsabilidad, no tienes la culpa. Por esa razón, debes consultar con el centro de asesoramiento de tu campus para establecer vínculos con tu novio / novia, informar el (los) evento (s) y romper el ciclo. Detener todo contacto con la otra persona. Si la otra persona se te acerca, corre al otro lado. ¡Entonces, debes comunicarte con la policía o los administradores de la escuela inmediatamente! Es posible que tengas artículos personales dentro de un espacio compartido, como un apartamento. En ese caso, debes llevar a alguien contigo o solicitarle al personal de la policía que te encuentre en el lugar para que las recuperes. De lo contrario, deberías renunciar a esas *cosas* y darlas por perdidas, es lo mejor.

Un novio o novia anterior o actual puede amenazarte verbalmente con la muerte o lesiones corporales. Debes tomar esas amenazas con seriedad, pedir ayuda e informar de inmediato el incidente. Yeardley Love era una jugadora de lacrosse de la Universidad de Virginia de 22 años. George Huguely V, su ex novio de la universidad, la golpeó brutalmente y la mató.[244] Huguely era un hombre supuestamente violento, que bebía alcohol en exceso. Después de su separación, supuestamente envió correos electrónicos amenazadores a Yeardley. Aunque su familia la impulsó a presentar una orden de restricción, Yeardley decidió no hacerlo. Si te enfrenta a una circunstancia similar, debes informar sobre las amenazas, especialmente cuando el abusador es otro estudiante universitario. Este no es el momento para que ejerzas tu independencia como adulto joven. Tú y tus padres deben presentar una queja ante la escuela. Las universidades están obligadas a proteger a sus estudiantes y responder a la conducta indebida / abuso sexual de acuerdo con el Título IX.[245] Tu universidad debe intervenir permitiéndote cambiar de clase, prohibiendo el contacto de la persona amenazadora contigo, suspendiéndolo o expulsándolo de la escuela y ofreciéndote asesoramiento.

Es posible que tu escuela no responda, que el comportamiento continúe o que la persona no sea un estudiante universitario. Tu (y tus padres, si es necesario) deben acudir inmediatamente a la policía local (no a la policía del campus) y solicitar una orden de restricción / protección. La orden debe estipular que el abusador no puede tener ningún contacto contigo en ningún lugar, en persona o por teléfono.[246] Las órdenes de protección están en una base de datos de aplicación de la ley a nivel nacional. Numerosas agencias de aplicación de la ley también exigen a los delincuentes que lleven un brazalete de tobillo con rastreo GPS.[247] Asegúrate de documentar todos los incidentes, contactos, violaciones y testigos. Por lo tanto, la policía puede tomar acción inmediata si hay una violación. La policía o el representante de la ley deben notificar la orden a la policía y administradores de tu universidad. Tú y tus padres, sin embargo, también deben informar a los administradores escolares y a la policía del campus. Finalmente, a través del sistema judicial, debes realizar un seguimiento para garantizar que una orden de restricción temporal se convierta en una orden de protección permanente. Por lo tanto, es extremadamente importante registrar todas las violaciones y contactos, en particular, cualquier visita, mensaje de texto o correo electrónico.

Estás en la universidad para obtener tu educación. No deberías tener que aprender o abandonar la escuela bajo la amenaza de violencia. Con un poco de suerte, la orden de restricción / protección inicial hará que el abusador se detenga y se calme a un nivel racional. Si continúan las amenazas, el acecho, el hostigamiento u otro comportamiento agresivo, tendrás que presentar cargos formales y llevar a la persona a la corte. El tribunal puede imponer multas, asesoramiento y / o tiempo en la cárcel. Recuerda, todas las personas abusivas están mentalmente desequilibradas. Te aconsejo que hagas de tu seguridad y bienestar una prioridad. Nuevamente, mantente alejado de las personas "estúpidas" o "malas" en una relación. No debes trivializar esa situación; debes estar atento.

Sección F: Violación y Agresión Sexual

Debes sentirte a salvo de la agresión sexual y de la violación en el campus. La agresión sexual es contacto / contacto sexual no deseado, mientras que la violación es una penetración física no deseada. La violación también ocurre cuando una persona no puede dar permiso para tener relaciones sexuales. Cuando cualquiera de la pareja está incapacitada, ebria o inconsciente, el sexo no es consensual. Si bien tu colegio o universidad puede aumentar la conciencia sobre estos delitos, puede que no pienses demasiado en estos delitos. Sin embargo, debes permanecer alerta a tu entorno y a las personas que te rodean. Según las estadísticas de 2015 de la Red Nacional de Violación, Abuso e Incesto, el 11.2% de todos los estudiantes universitarios (entre los estudiantes graduados y no graduados) experimentan violación o agresión sexual.[248] De ese porcentaje, el 23.1% son estudiantes femeninas de pregrado y el 5.4% son estudiantes masculinos de pregrado. En teoría, nadie tiene derecho a tocarte sexualmente a menos que des tu permiso. Cuando digas "no" al sexo, él / ella deben dejar de hacerlo. Desafortunadamente, muchos delincuentes sexuales violan voluntariamente las fronteras sexuales de otros. En un Informe especial de 2014, la Oficina de Estadísticas de Justicia (BJS) estimó que aproximadamente el 80% de las agresiones / violaciones sexuales contra estudiantes universitarios y no estudiantes fueron cometidos por alguien conocido por la víctima.[249] No todos los agresores y violadores son el asaltante aterrador que acecha en el callejón. El informe de BJS también indicó que los delitos de violación y agresión sexual contra estudiantes (80%) también eran más propensos a no ser denunciados a la policía que con victimizaciones no estudiantiles (67%).[250] Un sobreviviente puede tener miedo de denunciar la ofensa, no quiere que el delincuente tenga problemas o, a veces, se culpa a sí mismo en lugar de culpar al culpable. Para el perpetrador, la agresión sexual y la violación tienen que ver con el control, la fuerza y la violencia. Por lo tanto, el sobreviviente no tiene la culpa de la conducta o las acciones de otra persona.

La agresión sexual o la violación pueden ocurrir fuera del campus o en el campus. Con el ataque, puedes estar en shock y herido. Te aliento a que llames a un amigo o familiar para que te acompañen en el proceso de presentación de informes. Si estás fuera del campus, debes informar inmediatamente el asalto o la violación directamente a la policía local en lugar de a la policía del campus. Cuando el incidente ocurre en el campus, la policía del campus normalmente es la primera en la escena.[251] La policía del campus conoce el diseño del campus y la ubicación de los edificios. Dependiendo de la emergencia, la policía del campus generalmente también se comunica con el departamento de policía local.[252] Desafortunadamente, algunas fuerzas policiales universitarias han fracasado en las investigaciones o no tienen los recursos para manejar los delitos sexuales. Según un informe de BJS para el año académico 2011-2012, solo el 68% de los colegios y universidades de cuatro años de EE. UU. recurren a oficiales de policía jurados con capacitación certificada y poderes completos de detención, otorgados por una autoridad estatal o local.[253] Si se presentan agentes de seguridad del campus en lugar de oficiales de policía certificados, puedes solicitar respetuosamente la presencia adicional de oficiales de policía locales. La policía local sabrá los pasos apropiados para recopilar evidencia forense y coordinar un examen médico gratuito.[254] El examen médico también conocido como un kit de violación puede durar entre dos y cuatro horas. Después del incidente, no debes bañarte / ducharte, peinarte / cepillarte el cabello, cambiarte de ropa / zapatos o duchas (para mujeres). Después de presentar tu informe, debes realizar un seguimiento para obtener una copia del informe policial y el estado de la investigación. En casos extremos, es posible que no estés dispuesto a acudir a la policía. En ese momento, puedes ir directamente a un hospital o centro médico para recibir tratamiento, anticoncepción de emergencia y un examen médico.[255] Aún debes llamar a un amigo o familiar para que te acompañe en el proceso de informe.

Aunque te sientes vulnerable y asustado, puedes anticipar el apoyo de la policía, tus padres, el personal del hospital y los administradores de la universidad. Por ejemplo, tus padres pueden estar a kilómetros de distancia, pero debes involucrarlos de inmediato. Se preocupan por tu bienestar y salud emocional. No tienes que enfrentarte a esta situación traumática solo. Bajo el Título IX, los administradores escolares deben investigar y tomar en serio tu informe.[256] Pueden permitirte cambiar de clase para evitar la interacción con el perpetrador o expulsar / suspender a un perpetrador de la escuela. La respuesta de la escuela para protegerte debe ser rápida mientras se lleva a cabo la investigación. Además, debes buscar asesoramiento gratuito de salud mental en el campus o en un centro local de crisis de violación fuera del campus. A menudo, los sobrevivientes de agresiones sexuales y violaciones pueden quedar paralizados por el miedo y la ansiedad. El BJS informó que "menos de 1 de cada 5 estudiantes mujeres (16%) y no estudiantes (18%) que son víctimas de violación y agresión sexual recibieron asistencia de una agencia de servicios para víctimas."[257] Al buscar asesoramiento, se aborda tu recuperación mental y tú puedes recuperar el control. La agresión sexual y la violación son crímenes horribles que afectan a la víctima y a su familia. Es imperativo que notifiques de inmediato a tus padres y a las autoridades correspondientes (autoridades del orden público y / o administradores escolares) si es un agresor sexual o sobreviviente de violación. El culpable debe ser expuesto y llevado ante la justicia para prevenir futuras conductas / delitos sexuales.

Lecciones de vida – Capítulo 11: Fuera de la Clase
- Debes estar consciente de las amenazas a tu seguridad y a tu bienestar
    - o Al investigar las universidades, debes investigar las estadísticas de delitos de las escuelas y sus áreas circundantes
    - o Si puedes, debes usar un sistema de amigos en el que tú y un amigo salgan juntos
    - o Si sales solo, informas a alguien dónde, cuándo y a qué hora regresará
    - o No bebas alimentos que hayan estado fuera de tu vista.
- Las redes sociales / internet son herramientas.
    - o Evita el sexting, que puede hacerte vulnerable a la intimidación, el chantaje o la explotación sexual
    - o Bloquea y pon seguridad en tus cuentas de redes sociales para permitir solo el acceso de amigos y familiares
- El sexo seguro y responsable es importante para tu bienestar en la universidad
    - o La abstinencia es una opción viable también
    - o El sexo casual o riesgoso puede exponerte a consecuencias adversas
    - o Los condones previenen el embarazo no planificado y la propagación de infecciones de transmisión sexual (ITS), mientras que otros métodos de control de la natalidad previenen el embarazo no planificado
    - o Hazte la prueba si eres sexualmente activo
    - o Elije sabiamente a tus parejas para relaciones y parejas sexuales
- La violación y la agresión sexual son delitos.
    - o Denuncia al delincuente inmediatamente a la policía y administradores escolares
    - o Lleva a alguien (un amigo o familiar) contigo para hacer el informe, ya que puedes estar herido o en shock
    - o Informa e involucra a tus padres para que te apoyen.
    - o Una escuela debe responder rápidamente a un incidente denunciado y realizar una investigación (bajo el Título IX del Departamento de Educación)
    - o Obtén asesoramiento sobre salud mental dentro o fuera

del campus si eres un sobreviviente

CAPÍTULO 12:
Vida Universitaria

Puedes asistir a la universidad, pero serás miserable si solo te concentras en lo académico 24/7. Todos los días, querrás estar en otro lugar. La universidad es estresante. Tiene documentos, exámenes, pruebas, proyectos y otros plazos. Corres de clase en clase, evento a evento, práctica deportiva, cena y otros lugares. Tu familia, amigos y otras personas importantes también quieren algo de tu tiempo. A veces, no sabrás si vas a ir o venir. Con la persecución del papel, tienes que encontrar una manera práctica de lidiar con el estrés. Los métodos improductivos para lidiar con el estrés incluyen comer en exceso, drogas, alcohol y fumar. Cada una de estas cosas te meterá en problemas. Debes liberar la tensión de una manera productiva. En la universidad y durante tu carrera laboral, debes priorizar tú tiempo. Necesitas planificarte y participar en actividades que no sean estudiar o trabajar. Tu tiempo recreativo puedes usarlo para estar solo y reflexionar, pero parte de ese tiempo también debe incluir a otras personas. Periódicamente, levanta la cabeza de tus libros universitarios y mira el mundo que te rodea. Por lo tanto, no te aísles solo con actividades académicas, sino que trata de hacer un equilibrio.

Para ocupar parte de tu tiempo libre, puedes participar en equipos deportivos, clubes recreativos, clubes académicos, clubes sociales y fraternidades / hermandades. También puedes asistir a un campus / iglesia local, sinagoga, mezquita, templo, gurdwara u otros lugares de reflexión para calmar tu sed espiritual. Como otra alternativa, puedes ser voluntario en una organización de caridad, como una despensa de alimentos o refugio de animales dentro de tu comunidad universitaria. Al participar en cualquiera de estas diversas actividades, puedes hacer amigos en lugar de sentarte en tu dormitorio y hacer hincapié en tus calificaciones. Los amigos son un maravilloso sistema de apoyo. Ofrecen conversación, compañeros de viaje y exposición a cosas nuevas, por ejemplo, diferentes comidas, culturas, religiones, etc. Algunos de tus amigos de la universidad se acercarán a ti como tu familia. Cuando tienes verdaderos, buenos amigos, no te sientes aislado o atrapado. Otros métodos para aliviar el estrés son realizar actividad física, como correr, caminar, andar en bicicleta, jugar a los bolos, montar a caballo y jugar al racquetball. Borra el ceño fruncido de tu cara durante unas pocas horas: piragüismo, baile, una película, un viaje a la ciudad, jugar a las cartas, asistir a una fiesta, llamar a casa, comer pizza con algunos amigos, leer un libro, escuchar melodías, adquirir habilidades la guitarra, o incluso ver "Mantenerse al día con los Kardashians": el horror, el horror. En fin, este capítulo trata sobre estrategias para aumentar tu aceptación de tu nuevo entorno. Mientras estés en la escuela, no puedes vivir solo en "hechos." ¡Tienes que alimentar tu alma y divertirte también!

Sección A: Conexión Universitaria

Mientras asisten a la universidad, muchos estudiantes no cultivan una conexión con sus compañeros. Estos estudiantes aislados van a trabajar, van a la escuela, hacen tareas, duermen, van a trabajar, van a la escuela, hacen tareas, van a dormir, y bla, bla, bla. Para combatir esta situación, debes pensar en unirte a algunos clubes sociales o académicos mientras asistes a la universidad. Muchos departamentos académicos tienen capítulos estudiantiles que son de específicos de un título, como es la Sociedad de Ingenieros de Automoción. Estos tipos de clubes pueden ofrecer oportunidades de trabajo en red y pasantías. O bien, puedes unirte a un club basado en un interés. Por ejemplo, si eres un especialista en negocios, puedes convertirte en un miembro activo del club de finanzas o de matemáticas. Normalmente, cada sitio web de una universidad enumera sus organizaciones estudiantiles, lo que permite búsquedas por nombre, palabra claves o categorías. Como mínimo, puedes conocer a otros estudiantes para tomar un café, conocer a otros en aplicaciones de redes sociales o crear un grupo de estudio.

Al investigar una institución específica de dos o cuatro años, debes verificar si participas en una conferencia atlética nacional o estatal. Al participar o asistir a deportes universitarios, puedes cultivar una conexión con tu colegio o universidad. Por ejemplo, numerosos colegios comunitarios son miembros de la National Junior College Athletic Association (NJCAA) y compiten en béisbol intramural, baloncesto, porristas, fútbol, softball, tenis, atletismo y voleibol.[258] El NJCAA es el órgano rector nacional para los deportes universitarios de dos años. Deberías sentirte orgulloso de asistir a tu colegio o universidad. Por lo tanto, debes ir a algunos juegos de deportes cada semestre. El espíritu escolar no es solo para porristas. Además, puedes vincularte con otros estudiantes a través de los equipos deportivos de tu universidad. Para enriquecer tu experiencia universitaria, debes crear amistad con otras personas en la universidad.

Por último, no debes olvidar a la gente de casa. Para disminuir la nostalgia, debes llamar, enviar mensajes de texto o chatear por video con tu familia de apoyo y viejos amigos. Pueden informarte sobre los chismes y los acontecimientos de tu ciudad. Estoy seguro de que sus padres estarán felices de tomarse unos minutos para escuchar tu voz y escuchar tus historias sobre el examen difícil, la noche con amigos o la calificación de "A +" en tu trabajo de investigación de 15 páginas. Por lo tanto, debes desarrollar relaciones con nuevos amigos en el campus, así como mantener esas conexiones alentadoras en casa. De lo contrario, experimentarás dos o cuatro años largos y solitarios en la universidad.

Sección B: Compañeros de Cuarto

Sé un buen compañero de cuarto. Si estás viviendo con otras personas en dormitorios, tu experiencia universitaria será desdichada si la tensión y la lucha impregnan el espacio vital. Normalmente, los estudiantes viven en dormitorios en los que la escuela puede asignar uno o dos compañeros de cuarto. En la universidad, vas a tener compañero (s) de cuarto que pueden convertirse en tus mejores amigos de por vida. Luego, conocerás a otros a quienes no escupirías si estuvieran en llamas. En realidad, no todos los compañeros de cuartos no se convertirán en tus mejores amigos. De cualquier manera, tú y tu (s) compañero (s) de cuarto tienen que coexistir. No todos han sido entrenados en casa para ser respetuosos, corteses y amables. Para mostrar respeto a tu (s) compañero (s) de cuarto, debes saludar por la mañana y por la noche diciendo con una sonrisa "Buenos días," "Qué pasa," "Hola," "Hey," o lo que sea. De lo contrario, te verás grosero y descortés. Si la otra persona no responde, saluda de todos modos. Es difícil permanecer enojado o indiferente con alguien cuando sonríe y te desea un buen día.

Los compañeros de cuarto tienen un espacio compartido, que requiere cooperación, respeto, tolerancia y cortesía. En otras palabras, debes tratar de vivir según la regla de oro de "Hazle a los demás lo que quieres que te hagan a ti." Es muy difícil para los ocupantes vivir, estudiar o dormir cuando el caos y la confusión reinan a diario en una habitación o apartamento Sin embargo, el asesinato no está permitido cuando los compañeros de cuarto no pueden llevarse bien. Durante tu búsqueda de universidad, debes visitar los dormitorios de cada universidad o ver un esquema para verificar el tamaño de la habitación del dormitorio para mayor comodidad y privacidad. Además, debes averiguar si hay suites disponibles que, por lo general, tienen habitaciones individuales conectadas a un espacio común. Por último, debes investigar cómo se asignan los dormitorios, es decir, el primero que llega, el primer servicio; por cuestionario; o al azar. Con un poco de investigación adicional, es posible que puedas reducir el potencial de conflictos entre compañeros de habitación. Al comienzo del semestre, tú y tu (s) compañero (s) de cuarto deben sentarse y negociar la interacción diaria en su espacio compartido. Los compañeros de cuarto tienen que comunicarse, comunicarse y comunicarse. Este es el componente más crítico de la vida cooperativa. Es probable que los otros grandes problemas de contención se centren alrededor de los huéspedes del sexo opuesto, los préstamos, la limpieza y los niveles de ruido / luz. Voy a ir a través de cada uno de estos en detalle.

En la universidad, tu o tus compañeros de habitación pueden experimentar con las citas y el sexo. Por lo general, no debes pasar la noche en la habitación con parejas sexuales, personas importantes, amigos con beneficios u ocasionales, a menos que tú y tus compañeros de habitación estén de acuerdo. Además, algunas personas consideran que el sexo prematrimonial es incorrecto. Por lo tanto, las salidas a dormir son una falta de respeto a tus compañeros de habitación. El apartamento o la habitación también es tuyo, pero el ambiente será mejor si cada compañero de habitación respeta el derecho del otro a decir "No." Es posible que tu (s) compañero (s) de habitación quiera estudiar, relajarse o simplemente vestirse después de una ducha sin la vergüenza de una exposición inadvertida. Además, tu compañero de cuarto puede no querer presenciar tus aventuras sexuales. Si se discute y se permiten dormir fuera de casa, debes notificar a tu (s) compañero (s) de cuarto con al menos uno o dos días de anticipación que tu novio / novia pasará la noche. Luego, pueden actuar cerrando las puertas y usando audífonos, según sea necesario. Tu amante no debe quedarse en tu casa más de dos noches por semana. De lo contrario, él / ella se ha convertido en otro compañero de cuarto sin pagar las tarifas correspondientes de alquiler / residencia. Debes respetar nuevamente el deseo de tu compañero (s) de cuarto de limitar el tiempo de descanso de tu pareja. En su lugar, tú y tu pareja pueden ir a su apartamento / dormitorio. Ahí es donde ahorrar tu dinero es útil para obtener una habitación de hotel o motel. Cuando tu compañero de cuarto es la parte ofensora que participa en el descanso excesivo o no deseado en la habitación del dormitorio, debes hablar con él / ella sobre tus inquietudes y disgusto lo antes posible. Tu compañero de cuarto debe ser receptivo y actuar en consecuencia. Nadie debe perder el uso de su habitación porque a su compañero de habitación no le preocupa la privacidad.

Pregunta antes de tomar algo prestado. Si eres de una familia numerosa, recuerda lo frustrada que te sentiste cuando tu hermanita o hermano tomó prestada tu ropa o equipo sin preguntar. Es la misma premisa. Además, no debes comerte ni beberte los alimentos ni las bebidas de tus compañeros de habitación sin reemplazarlos o pagar por ellos. Tú y tú (s) compañero (s) de cuarto deben establecer reglas básicas sobre comer o beber lo último de algo. Es posible que estés mirando la última dona, pero asegúrate de que tu compañero de cuarto no se enfurecerá si él /

ella ha estado esperando para comerse esa delicia cubierta de chocolate todo el día. Pregunta y reemplaza, según sea necesario.

Mantén la habitación ordenada y limpia tus espacios compartidos. El desorden, la suciedad, la ropa y los zapatos en todas partes y los platos sucios con los malos olores que los acompañan son inaceptables. Estos engendran parásitos y condiciones de salud insalubres. Además, muchas personas no pueden estudiar, organizar o funcionar en un entorno tan caótico. Sé que estás fuera de casa por primera vez, pero trata de recordar que nadie es tu empleada de limpieza. Como compañeros de cuarto, deben idear un plan de limpieza que todos acepten seguir. Estos son deberes compartidos, es decir, lavar los platos, barrer, trapear y limpiar el baño que puedes dividir semanalmente entre compañeros de cuarto. Todos tienen que hacer su parte.

El siguiente hueso de la discordia es el ruido y los niveles de luz. Las personas difieren en su ruido y tolerancia a la luz. Por ejemplo, no puedo dormir si el televisor, la radio o alguna luz están encendidos. Tengo una tía que no puede dormir a menos que las luces estén encendidas, el televisor esté a todo volumen y la radio con un murmullo bajo. No podríamos ser compañeros de habitación a menos que hiciéramos una lluvia de ideas sobre un compromiso. Si no, tendríamos que ir por caminos separados. En la habitación, todos deben ser considerados, especialmente en la noche. Para mostrar respeto, en general, cada compañero de cuarto solo debe organizar una fiesta o invitar a numerosos amigos cuando él / ella le notifique al otro compañero de cuarto con suficiente anticipación. Teniendo esto en cuenta, usted o sus compañeros de habitación pueden realizarse exámenes, que requieren una buena noche de sueño. Siempre que sea posible, usa auriculares y una lámpara de escritorio si estás estudiando mientras tu compañero (s) de cuarto duerme. Si es posible, cuelga un calendario que indique los principales eventos académicos, incluidos trabajos, exámenes y presentaciones. El calendario mantendrá a todos en la habitación informados de fechas importantes que requieren niveles restringidos de ruido y luz. Cuando tú y tú (s) compañero (s) de cuarto siguen las acciones anteriores, el resultado debe prevenir la ira, la frustración y el odio.

Cuando tú y tu (s) compañero (s) de cuarto tienen un desacuerdo, debes ser imparcial en tus comentarios, reiterar políticas / acuerdos y no participar en ataques personales. Para garantizar la armonía, los problemas personales entre compañeros de habitación deben resolverse de manera justa y tan pronto como sea posible. Una vez más, los compañeros de cuarto tienen que **comunicarse** directamente, **comunicarse** y **comunicarse**. Sin embargo, si tú y tú (s) compañero (s) de cuarto han declarado la guerra abierta, es posible que tengas que coordinar una intervención. Por ejemplo, puedes tener un compañero de cuarto que roba, usa drogas ilegales, tiene problemas emocionales / de personalidad o simplemente es incompatible. En el campus, debes pedirle ayuda al Asistente Residente (RA) del dormitorio. Al vivir en el dormitorio o en la residencia, el RA es el responsable de garantizar la calidad de vida, la seguridad y la seguridad del dormitorio para los residentes. Recibe formación en resolución de conflictos entre residentes. Cuando sea necesario, él / ella pueden instigar un cambio de habitación.

Aunque la mayoría de los estudiantes de primer año y segundo año de la universidad viven en el campus en residencias universitarias, algunos estudiantes de tercer y último año generalmente pueden elegir sus compañeros de curto. Mientras vives fuera del campus, tu capacidad de resolución de conflictos es más difícil debido a tu obligación de arrendamiento o contrato de alquiler. Durante el proceso de selección de compañero (s) de cuarto, no debes tomar una decisión rápido. Siempre que sea posible, puedes verificar a tu compañero de habitación en Google u otras plataformas de redes sociales. Tú no eres espeluznante ni estás acosando a la persona sino investigando a alguien que puede vivir contigo. Luego, debes entrevistar a tu compañero (s) potencial (es) en persona antes de compartir una residencia. Por lo tanto, sus respuestas a tus preguntas pueden identificar de antemano la incompatibilidad y el posible conflicto. Esta entrevista es especialmente importante porque el alquiler vencerá cada mes, incluso si un compañero de habitación no paga o se muda antes. Al tener un compañero de cuarto en la universidad, debes comprender las expectativas de los demás para tener una experiencia agradable. Selecciona algunas o todas las preguntas de la lista a continuación para iniciar la conversación (consulte la Figura 9).

Preguntas para un Posible Compañero de Cuarto

Para conocerle

1. ¿Cuál es tu especialidad? ¿Cuándo te gradúas?

2. ¿Cuáles son tus hábitos de estudio?

3. ¿Tiene algunos o muchos exámenes, proyectos y documentos para el semestre?

4. ¿Qué tipo de cosas realmente te molestan cuando compartes un espacio con alguien más?

5. ¿Has tenido un compañero de cuarto antes?

6. ¿Cuéntame sobre una vez que tuviste que resolver un problema con un compañero de cuarto?

7. ¿Cuándo necesita o planea mudarse?

8. ¿Dígame qué considera que son las horas de silencio para estudiar, relajarse o dormir?

9. ¿Qué tipo de música te gusta? Que tan fuerte

10. ¿Es usted típicamente un "pájaro temprano" o un "búho tardío"?

Ponerse a trabajar

1. ¿Cuál es su fuente de ingresos para pagar el alquiler, los servicios públicos, etc.? ¿Está trabajando actualmente? Si es así, ¿cuánto tiempo has trabajado allí?

2. ¿Qué diría sobre usted una persona que lo conozca (aparte de un miembro de la familia)?

3. ¿Con qué frecuencia debemos hacer las tareas domésticas para mantener el lugar limpio, en particular, lavar los platos, lavar la ropa, barrer, trapear, etc.? ¿Qué actividades de limpieza te gustan y no te gustan?

4. ¿Cómo te sientes acerca de los invitados durante la noche? ¿Debemos establecer un límite o un tiempo en el que los huéspedes deben quedarse?

5. ¿Qué piensa acerca de la televisión, la radio o los niveles de ruido en general mientras se relaja en la habitación, duerme o estudia?

6. ¿Cómo pasas un fin de semana regular?

7. ¿Cuáles son sus pensamientos con respecto a fumar, beber o usar drogas?

8. ¿Tiene alguna restricción dietética o alergias, como el pelo de una mascota, el humo, etc.?

9. ¿Está abierto a compartir artículos personales como zapatos, ropa, computadora o impresora? ¿Cómo desea reabastecerse o pagar por artículos compartidos, como bolsas de basura, leche, pan, toallas de papel, etc.? ¿Deberíamos marcar nuestra comida o simplemente reemplazar lo que bebemos / comemos?

10. ¿Trae muebles, electrodomésticos u otros artículos para instalar en la habitación? ¿Quieres pintar las paredes o decorar con tu propio estilo?

11. ¿Tienes una mascota o planeas obtener una mientras vives aquí?

Hablemos ... construyamos una buena relación

¿Te importaría salir a tomar un café o bebidas para hablar un poco más en unos pocos días? (Esta oportunidad le permite verificar la compatibilidad).

Figura 9: Preguntas Para Conocer a un Posible Compañero de Cuarto

Según las respuestas, puedes tener un nuevo compañero de cuarto o rechazar cortésmente a la persona si existen problemas importantes, de estilo de vida o de incompatibilidad. Al final, tú y tus compañeros de habitación compartirán espacio durante al menos un semestre. El mejor plan de acción es comunicarse y respetarse mutuamente para evitar el caos y la confusión.

Sección C: Tolerancia

En la universidad, debes ser tolerante con la raza, religión, género, sexualidad, etc. de otras personas. En los últimos años, los estudiantes universitarios han sido suspendidos, expulsados y arrestados por mala conducta discriminatoria y horrible, en particular, publicando insultos raciales en línea, participando en acoso sexual / mala conducta / desprecio, creando videos / sitios web / tweets homofóbicos o antisemitas llenos de odio, o simplemente intimidando a otros. Además, la intimidación, que incluye el acoso, las amenazas o la violencia física, es un problema importante en las escuelas secundarias y las universidades. La intimidación puede ser en persona o a través de las redes sociales. Escoger a alguien porque es diferente o vulnerable es inmaduro, ignorante y odioso. En este día y edad, cualquier estudiante universitario que se involucre en los comportamientos mencionados debe ser degenerado o estúpido. Las autoridades del campus con frecuencia los castigan de inmediato para enviar un mensaje claro de que no se tolerará la intolerancia. Si participas en comportamientos o acciones intolerantes, entonces puedes y debes esperar consecuencias adversas.

A menudo, la inteligencia, la empatía, la civilidad, la curiosidad y la apertura mental están subestimadas en el discurso entre individuos. La mayoría de las personas tienen prejuicios porque realmente no conocen otra cultura, religión o raza. Tu campus puede tener poblaciones diversas porque los estudiantes provienen de todo el país y de muchos otros países. Por ejemplo, en numerosos campus, los estudiantes universitarios exhiben todo tipo de peinados, vestimenta de moda y símbolo cultural / religioso / étnico. Es fascinante y, a veces, divertido para "observar a la gente." Tu experiencia universitaria se verá reforzada con la exposición a otras personas que pueden no compartir tus valores, antecedentes o metas futuras. También tienes una excelente oportunidad para socializar y descubrir cómo tratar con diferentes personas. Puedes crear una experiencia de estudio en el extranjero en tu campus universitario. Puede que no "ames" a tu prójimo, pero puedes aprender a entenderlo. En otras palabras, deberías No sea tan rápido para juzgar las diferencias de otras personas sino para interactuar y estar abierto a aprender de ellos. Cada persona merece respeto y cortesía.

Como niño, existes en un pequeño círculo que es tu mundo. Tus amigos y familiares probablemente son similares a ti. Cuando te aventuras en el mundo como un adulto joven para asistir a la universidad, debes recordar que no todos son como tú. El mundo es un lugar grande. A partir de junio de 2017, hay más de 7.6 billones de personas en el mundo.[259] Sus religiones consisten en el hinduismo, el budismo, el cristianismo (incluye el catolicismo y el protestantismo), el judaísmo, el islam, el taoísmo y una variedad de otros. Homosexuales, heterosexuales, personas transgénero y otros comparten el mismo planeta. Muchas personas funcionan y prosperan con discapacidades como el síndrome de Down o navegan por la vida en una silla de ruedas. Los diferentes partidos políticos de los EE. UU. Incluyen republicanos, demócratas, libertarios, etc. La experiencia universitaria ofrece una mezcla de diversidad que amplía su círculo de amigos y conocidos.

Puede tener prejuicios, pero el problema surge cuando los convierte en acciones discriminatorias o malas. Por lo tanto, no se le permitirá violar la moral y los valores de la decencia y aceptación comunes. Si no puedes actuar en consecuencia, necesitas ir a otro lugar. La comunidad universitaria no te tolerará. En el mismo sentido, debe hablar en contra de la intolerancia, el racismo, la crueldad, la intimidación o la intolerancia de los demás. No debe excusar estos comportamientos / acciones flagrantes contra usted o alguien más porque están equivocados. Por lo general, el comportamiento intolerante se manifiesta porque los individuos no intervienen para ayudar. Pueden sentirse impotentes o temer las represalias de los demás. A pesar de estos posibles temores o incertidumbres, usted tiene la obligación moral de informar de inmediato las acciones discriminatorias o el acoso escolar a sus padres, administradores escolares, alguien con autoridad o cualquier adulto confiable. Continúa hablando hasta que intervengan. En verdad, la intolerancia prospera en las sombras pero se marchita bajo el escrutinio público.

En sus años de formación, los niños están abiertos a nuevas personas, ideas y conceptos. Se les enseña la intolerancia de sus padres u otros adultos. Es tan triste ver a un niño escupir odio que no tiene ninguna base en realidad. En un experimento, los niños pequeños vieron un video de propuestas de boda y matrimonios entre parejas de homosexuales en 2013.[260] Algunos de los niños se sorprendieron por los matrimonios de parejas del mismo sexo, pero muchos se vieron atrapados en la alegría de la ocasión. En ese momento, la mayoría de los niños se sorprendieron al escuchar que numerosos estados prohibían el matrimonio entre personas del mismo sexo. De nuevo, se enseña la intolerancia y el odio. Para coexistir con los demás, la tolerancia y el compromiso deben ser parte de su carácter. Compartimos una existencia en este mundo. Debes escuchar, observar y tomar tus propias decisiones sobre las personas. En la universidad, deberías considerar suprimir el juicio y practicar la apertura.

Sección D: Aptitud Física

Cuando te preocupas por tu próximo examen o examen, estás obligado a cuidar su bienestar físico. Mantenerse en forma es un gran calmante para el estrés, especialmente en el entorno de alta presión de la universidad. Además, el ejercicio diario puede ayudarte a quemar el exceso de energía, aumentar la inmunidad a las enfermedades y mejorar la resistencia. Estos beneficios, a su vez, te ayudan a concentrarte y mantenerte alerta en clase. A medida que trabajas, en realidad estás aumentando tu capacidad para concentrarte, obtener mejores calificaciones y graduarte a tiempo. A menos que estés en ROTC o asistiendo a una academia de servicio militar, no tendrás a nadie que te empuje a mantenerte en forma mientras estás en la universidad. Estarás tentado a dejar que tu peso se cuide solo. Eso puede funcionar durante los primeros meses, pero pronto encontrarás que tus pantalones ya no te quedan tan bien. Muchos estudiantes universitarios comen demasiada comida chatarra, beben demasiada cerveza y pasan muchas noches hasta altas horas de la madrugada. Esos estudiantes encontrarán un neumático de repuesto alrededor de la mitad para cuando alcancen su último año. Por lo general, es muy común que un estudiante obtenga al estudiante de primer año 15 (libras) debido al estrés y los malos hábitos alimenticios. Sin embargo, el estudiante de primer año no tiene nada de qué preocuparse si el estudiante toma el control sobre la actividad física y la nutrición adecuada.

Para combatir los kilos de más innecesarios, debes planear hacer ejercicio diariamente o cada dos días por lo menos de 30 minutos a una hora. El ejercicio debe abarcar fuerza, flexibilidad y entrenamiento cardiovascular. El gimnasio de tu universidad probablemente tiene aeróbicos, yoga y equipos de ejercicio disponibles. Ya que estás pagando la matrícula y las cuotas, también podrías capitalizar el uso del gimnasio. Además, encontrarás casi infinitos planes individuales de ejercicio en Internet. Otra forma de hacer ejercicio es caminar o andar en bicicleta enérgicamente de una clase a otra en todo el campus. O bien, puedes tomar algunos amigos y hacer ejercicios juntos. La clave para una rutina de ejercicio sostenible es encontrar un régimen que disfrutes y que puedas hacer fácilmente.

Al ponerte en forma, debes considerar dormir entre seis y ocho horas cada noche si es posible. El sueño regenera tu mente, ayudándote a pensar claramente. De lo contrario, un sueño inadecuado hará que sea más difícil concentrarte en la clase o leer (esas asignaciones de curso a veces aburridas) porque se está quedando dormido. Cuando estés cansado, tampoco querrás levantarte y hacer ejercicio. Al final, tu mente y tu cuerpo te agradecerán por el ejercicio y el sueño reparador.

Sección E: Dieta

La dieta también es importante para tu bienestar físico y mental en la universidad. La universidad puede ser agotadora; por lo tanto, necesitas funcionar en niveles máximos en clase. El hambre causa debilidad en tu cuerpo y mente. Realmente no puedes vivir solo de pizza. Lo sé porque lo intenté. La pizza reina en los campus universitarios. Es rápido y fácil de ordenar. Aunque la pizza tiene los cuatro grupos de alimentos (verduras, lácteos, granos y carne), está llena de sal, grasa, azúcar y otros conservantes. En clase, probablemente te resulte difícil concentrarte con un estómago vacío. Deberías comprar artículos de bocadillos fáciles que puedas colocar en su mochila. Cuando compres, debes intentar abastecerte de frutas y verduras, en particular manzanas, naranjas, bananas, apio y zanahorias. Otros artículos pueden incluir pan de pita de trigo integral con hummus, pasas, carne seca, almendras u otros bocadillos saludables. El color y la variedad de tus alimentos asegurarán que comas una selección diversificada de nutrientes, minerales y vitaminas. No estoy hablando de Skittles. Además, debes orientarte hacia las selecciones más saludables en el comedor de tu campus. Si no está seguros acerca de las cosas correctas para comer, la mayoría de las escuelas ofrecen asesoramiento sobre nutrición y dieta.[261] O bien, puedes crear tus propios menús, utilizando los recursos de Internet. No tienes que renunciar a la pizza, los perros calientes y a las papas fritas por completo. Puedes hacer que estos artículos sean un placer para intercalar con lo bueno.

Desafortunadamente, muchos estudiantes sufren trastornos de la alimentación, que pueden incluir atracones, anorexia nerviosa y bulimia. Los signos de estos trastornos son el ejercicio excesivo, la preocupación por los alimentos, la imagen corporal distorsionada, el miedo a subir de peso y la negativa a comer. Estos trastornos afectan a mujeres y hombres. Las imágenes en los medios de comunicación, incluyendo la televisión y las revistas, representan a jóvenes que supuestamente tienen vidas fáciles y cuerpos perfectos. Las redes sociales, especialmente bombardean a los adolescentes y adultos jóvenes con estos falsos ideales. En realidad, las mujeres y hombres jóvenes de la vida real nunca estarán a la altura de esas expectativas o juicios subjetivos. Quiero que entiendas que la realidad "perfecta" de los medios es un mito. Nadie es perfecto. Todo el mundo tiene caprichos físicos triviales como los pies malolientes, la celulitis, los vientres ondulados, el acné, las manos sudorosas, los nudillos peludos o los días de mal pelo que se convierten en años. En lugar de los problemas superficiales, los rasgos más importantes en los que las personas deben "trabajar" son su carácter y cómo tratan a los demás. Como resultado, la mejor manera de vivir tu vida es aceptarte y amarte a ti mismo, que son los signos más verdaderos del bienestar mental y físico. La vida universitaria puede ser estresante y competitiva. Tu trastorno alimentario puede aumentar debido a los requisitos diarios de la universidad, lo que daña más tu salud. Si sufres de tal malestar, eventualmente perderás tu habilidad para enfrentarte a lo académico. Debes buscar ayuda profesional de inmediato. Los trastornos de la alimentación se pueden tratar con asesoramiento a largo plazo. Tú no tienes que ocultar tu desorden o avergonzarte. Todas las universidades tienen clínicas de salud para estudiantes, que pueden ofrecer tratamiento o referencias. Con conciencia y ayuda, puedes enfrentar los desafíos de la universidad con una nueva actitud de salud mental y física.

Otro problema con la dieta es la prevalencia de la inseguridad alimentaria en los campus universitarios. Dado que la universidad es costosa, los estudiantes pueden ser atados por dinero para comprar alimentos suficientes para vivir. En respuesta, muchas universidades han creado "despensas de alimentos" en el campus.[262] Una despensa de alimentos suministra productos enlatados, pan, mantequilla de maní y otros alimentos básicos para ayudar a sus clientes hambrientos. El costo suele ser gratuito. Si no tienes alimentos para la próxima comida o varios días, debes investigar si tu universidad tiene una despensa de alimentos o si consideraría abrir una.

Además de la dieta, debes beber mucha agua cada día. Tu cuerpo está formado por un poco más de 70% de agua. Tienes que reponerlo. Para agregar sabor o variedad a tu agua, puedes usar bolsas de té, paquetes de sabor o zumos de frutas reales, específicamente una rodaja de limón, lima o naranja. Estas alternativas son baratas. Las bolsas de té, los paquetes de sabor y los zumos de frutas reales también permiten que el bebedor controle el azúcar agregado. Estás ahorrando dinero y tu cintura. En contraste, los refrescos, las bebidas deportivas, los cafés especiales y los jugos tienen cantidades enormes de azúcar.[263] Cuando tomas cuatro o cinco sodas al día con tus comidas, específicamente, estás consumiendo calorías innecesarias y agregando peso a tu cintura. Por ejemplo, una cucharadita de azúcar equivale a unos cuatro gramos de azúcar. Una lata de 12 onzas de Coca Cola normal contiene aproximadamente nueve cucharaditas (o 36 gramos) de azúcar. Puede que estés abriendo tu quinto refresco diario hoy. Imagina que ya has tragado 36 cucharaditas (o 144 gramos) de azúcar. El ingesta diaria recomendada para el azúcar es de aproximadamente seis cucharaditas para las mujeres y nueve cucharaditas para los hombres.[264] Cualquier azúcar no utilizada por encima de la cantidad diaria solo se convierte en grasa. Con el tiempo, el consumo sustancial de azúcar que se encuentra particularmente en alimentos y bebidas procesados es una de las principales causas de diabetes, obesidad y enfermedades del corazón. Por lo tanto, debes leer las etiquetas de nutrición en tus alimentos / bebidas y verificar tu contenido de azúcar. Con moderación, las noches de pizza, papas fritas, cerveza, refrescos e insomnio son O.K. pero no las conviertas en pilares de tu vida universitaria.

Sección F: Salud Mental

La salud mental es un gran problema en los campus universitarios. La mayoría de las personas con enfermedades mentales, incluidas aquellas con depresión a largo plazo y afecciones bipolares, no son violentas ni suicidas. Algunos controlan sus síntomas con medicamentos. Hay pocas instalaciones de tratamiento y camas disponibles para atender a la enorme población de personas con enfermedades mentales en todo el país. A menudo, las salas de emergencia de los hospitales solo se ocupan de situaciones de crisis y son inadecuadas para la atención a largo plazo. Si sufres de una enfermedad mental, no puedes escapar de tus problemas mentales yendo a la universidad. Estarás ocupado con las tareas de clase, trabajos, amigos y otras distracciones. El ambiente estresante de la universidad puede exacerbar su enfermedad mental. A menos que esté atento, puede olvidar su medicación o dejar de tomarla deliberadamente para concentrarse. En tu universidad, un tratamiento de salud mental efectivo requiere comunicación entre usted, los administradores escolares, los profesionales de la clínica de salud mental y la policía para ayudar y actuar, según corresponda.

Si sufres de una enfermedad mental, debes elegir y postularte a posibles escuelas con recursos de salud mental adecuados. Debes investigar cada posible escuela comunicándote con el centro de salud mental del campus o revisando el sitio web de la universidad. Las preguntas que deben hacerse deben incluir el número y las credenciales de los proveedores de asesoramiento; el costo de las sesiones individuales; la disponibilidad de consejería entre pares; y la posibilidad de programar citas en línea.[265] Cuando seas aceptado para la inscripción, puedes informar a los administradores de la escuela de tus necesidades específicas. Luego, tú, los administradores de la universidad, tu asesor académico y el centro de salud mental del campus pueden coordinar un plan de acción viable para integrar tus necesidades académicas con la supervisión de la salud mental.[266] Como recurso, el Comité Leader21 es una guía completa sobre los derechos de salud mental de los estudiantes.[267] Señala que los administradores expertos de la universidad han establecido protocolos académicos para acomodar los retiros de cursos, autorizar las ausencias de clase para el tratamiento o comunicarse con los maestros para facilitar el trabajo con el estudiante. De lo contrario, con el ritmo agitado de la universidad, tu problema de salud mental puede convertirse fácilmente en una situación explosiva.

Mientras estés en la universidad, es posible que solo tengas problemas para sobrellevar tu nuevo entorno, especialmente la soledad, el mundo académico, las relaciones, la vida en el dormitorio, el estrés, la ansiedad y la nostalgia. No tienes que sufrir solo. Antes de alcanzar un estado inmanejable de angustia mental, debe buscar ayuda de inmediato. Aunque puedes hablar con familiares o amigos, también debes comunicarte con el centro de asesoramiento del campus. Típicamente, el centro de consejería del campus es un recurso para estudiantes en dificultades. Es posible que tengas problemas con el nuevo entorno de la vida en el campus. Aun así, estos tipos de problemas de ajuste podrían afectar su rendimiento académico. Además, la mayoría de los centros de asesoramiento universitario suelen ofrecer asesoramiento grupal confidencial para diversas poblaciones de estudiantes como veteranos, estudiantes de Color o estudiantes lesbianas, gays, bisexuales y transexuales. Las sesiones de asesoramiento grupal pueden proporcionar apoyo, una vía para discutir problemas de ajuste y habilidades de afrontamiento con respecto a su nuevo entorno universitario. Finalmente, según sea necesario, el centro de asesoramiento de la universidad a menudo puede proporcionar referencias a otros recursos del campus, es decir, tutoría académica.

Tu próxima fuente de ayuda son los servicios de salud mental de tu escuela si persiste tu angustia emocional. La enfermedad mental requiere un tratamiento integral a largo plazo. Comprende que la enfermedad mental, incluida la depresión, el trastorno bipolar, el trastorno de estrés postraumático o el trastorno de ansiedad no es un defecto del carácter, sino una dolencia legítima y tratable. Sin tratamiento, los problemas psicológicos pueden afectar negativamente tu capacidad para funcionar en las clases, lo que puede llevar a un bajo rendimiento académico, paranoia y aislamiento. Si estás luchando y sufriendo, hay esperanza. A raíz de los tiroteos en las universidades, las universidades están promoviendo agresivamente los servicios de salud mental, incorporando programas de prevención del suicidio y referencias externas. Muchas universidades ofrecen acceso a las líneas directas de asesoramiento de crisis las 24 horas del día, los 7 días de la semana, incluidos los días festivos.[268] Para buscar ayuda adicional, la Línea Nacional de Prevención del Suicidio brinda apoyo emocional a las personas con crisis suicidas y trastornos emocionales las 24 horas del día, los 7 días de la semana. La ayuda es gratuita y confidencial en línea o por teléfono al 1-800-273-8255 (1-800-273-TALK).

Además, puedes solicitar un referido para dirigirte a un proveedor externo de salud mental porque puedes darte cuenta de que el centro de salud mental de tu campus no satisface tus necesidades. Los proveedores externos de atención de salud mental pueden abarcar toda la gama, incluido un profesional privado de salud mental, los servicios sociales y de salud del estado o los grupos nacionales de apoyo a la salud mental.[269] Para una referencia externa, debes confirmar las políticas de la clínica de salud mental de tu escuela y cualquier requisito de prima de seguro. Desde la aprobación de la Ley del Cuidado de Salud a Bajo Precio, sus padres también deben verificar si está cubierto para recibir tratamiento de salud mental fuera del campus según su plan de atención médica. Antes o durante una crisis de salud mental, debes buscar ayuda porque la mejor manera de compartir una carga es con amigos, familiares, consejería profesional y aquellos que desean ayudarlo. No estás solo.

Un estudiante en el límite podría no buscar atención médica por diferentes motivos, por ejemplo, el estigma percibido, la vergüenza, la ansiedad sobre la confidencialidad, la falta de seguro o el temor a la salida de la escuela.[270] El riesgo para los demás, así como el estudiante supera estas preocupaciones. Afortunadamente, numerosos colegios y universidades ahora enfatizan el reconocimiento temprano de los problemas mentales de los estudiantes y su intervención en el personal, los profesores y otros estudiantes. Mientras estés en la escuela, puedes observar a un amigo, compañero de cuarto u otra persona que tenga problemas personales graves. Dependiendo de la situación, puedes ser el primer observador de las señales de alerta temprana. Estos pueden incluir abuso de sustancias, comentarios suicidas, depresión, aislamiento, amenazas amenazantes, violencia contra otros, comportamiento errático o cambios excesivos en la apariencia / limpieza. No debes ignorar el problema, esperando que se solucione solo con el tiempo. Debes hablar con la persona si la conoces bien. Además, debes alentarlos a que obtengan ayuda a través de los canales adecuados de salud mental. De lo contrario, debes informar los problemas de salud mental sospechosos de la persona afectada antes de que el problema llegue a las etapas críticas. Los administradores del campus y la policía generalmente tienen protocolos para ayudar en este tipo de situaciones. Inmediatamente debe notificarles a ellos, así como a su dormitorio RA.

En 2012, James Holmes mató a 12 personas e hirió a 70 en el cine Aurora Colorado.[271] Él era un estudiante graduado de neurociencia en la Universidad de Colorado. Según un informe de la CNN, Holmes le dijo a un amigo que quería matar gente antes del tiroteo. En retrospectiva, su comportamiento debería haber puesto señales de advertencia si los administradores del campus, las autoridades policiales o un compañero de clase alerta habían conectado los puntos. Una gran cantidad de burocracia y problemas de privacidad hacen que muchos administradores de universidades reaccionen con lentitud. Si no ve los resultados de manera oportuna, debe informar a sus padres. A su vez, deben escalar el tema al presidente de la universidad, al jefe de la policía local y / o al fiscal general del estado. No esperes a actuar. Puedes salvar una vida o vidas.

Lecciones de vida –Capítulo 12: La Vida Universitaria
- No te aísles en la universidad
  - Forma una conexión con tus compañeros de clase y la comunidad universitaria
  - Únete a clubes sociales o académicos.
  - Participa o asiste a las actividades deportivas de tu universidad
- Sé un buen compañero de cuarto (dicho lo suficiente)
- Los actos de intolerancia, acoso y discriminación contra personas por su religión, raza, género, orientación sexual o nacionalidad harán que te suspendan, expulsen o te arresten más rápido de lo que puedes empacar tus maletas.
  - ¡No lo hagas!
  - Sé cívico, curioso y de mente abierta.
- Cuida tu bienestar físico a través de actividades físicas frecuentes como correr, caminar, andar en bicicleta, hacer yoga, etc.
- No puedes pensar si tienes una dieta insuficiente.
  - Intenta agregar más color y variedad a tus alimentos, a saber, verduras y granos enteros
  - Obtén ayuda si estás sufriendo de un trastorno alimentario
  - Pregúntale a tu asesor académico o a los administradores de la universidad si tu universidad tiene una despensa de alimentos que ofrezca alimentos básicos gratis a los estudiantes
  - Evite el consumo de bebidas azucaradas y toma más agua (saborizada si es necesario)
- Muchas universidades tienen protocolos de enfermedades mentales para ayudar a los estudiantes
  - Debes comunicar sus necesidades de salud mental a tu administrador escolar, asesor académico y centro de salud mental en el campus
  - Pide ayuda a su centro de asesoramiento universitario para resolver problemas relacionados con tu nuevo entorno universitario
  - Pide ayuda a tu clínica de salud mental de la universidad si tu angustia emocional persiste

- o Si la clínica de salud mental de la universidad no satisface tus necesidades, solicita una referencia externa
- o La Línea Nacional de Prevención del Suicidio ofrece asistencia 24/7 para el suicidio y el malestar emocional en línea y / o por teléfono, 1-800-273-8255
- o Al observar las señales de advertencia tempranas de un amigo o compañero de habitación de problemas mentales, como comentarios suicidas o amenazas amenazadoras, debes notificarlo de inmediato a los administradores de la escuela, a tu RA del dormitorio y a la policía; pide ayuda a tus padres si la escuela responde con lentitud

CAPÍTULO 13:
Drogas, Alcohol, y Fumar

Este capítulo puede parecer que se está desviando de guiarte en tu meta de graduarte de la universidad. Muchos adolescentes y adultos jóvenes se desvían, aplastados por las drogas, el alcohol y el tabaco. Cada sustancia puede arruinar tu salud y tu vida cuando su uso se convierte en hábitos excesivos o adictivos. No te estoy predicando, pero me interesa grandemente plantearte estos temas. Puedes optar por omitir el capítulo; sin embargo, te sugiero que regreses y te tomes unos minutos para leerlo en algún momento. Cada sección tiene consejos prácticos para los jóvenes que están pensando en experimentar por primera vez o en aquellos que actualmente están en riesgo.

En última instancia, un hábito de drogas o alcoholismo te detendrá en tus pasos. Bajo estas influencias, solo te importará conseguir tu próxima dosis o bebida. Las ambiciones de la universidad y de la carrera tomarán un segundo plano. Además, su uso continuado de estas sustancias puede ocasionar arrestos, trastornos mentales, problemas de salud, especialmente enfermedades del hígado y la muerte por sobredosis. Quiero que vivas el momento sin nublar tu mente con sustancias extrañas. Las drogas y el alcohol pueden hacerte olvidar lo que sucedió hace una hora. Puedes racionalizar el consumo de drogas o alcohol extremo porque los utilizas para fines recreativos o para el escapismo. Bueno, encuentra otro hobby.

En lugar de drogas y alcohol, debes drogarte de vida. Usa tu dinero para comprar experiencias. Por ejemplo, compra el paquete de "Breaking Bad" de HBO. Puedes pasar tiempo con tus amigos, pasar el rato, comer palomitas de maíz y mirar la última temporada. Esa es una gran manera de disfrutar la vida. Quiero que notes la ironía de "solo" ver una serie de distribuidores de metanfetamina (Meth) en lugar de usar metanfetaminas. De la misma manera que las drogas y el alcohol, la adicción a fumar desperdicia tu dinero y afecta tu salud. Las manos y los dientes manchados con nicotina solo son atractivos para otros fumadores. Además, muchas universidades prohíben fumar en los edificios del campus o cerca de ellos. Las personas que fuman al aire libre en pleno invierno o la lluvia torrencial tienen dependencia de la nicotina. El uso de drogas, el alcoholismo y fumar son adicciones. En su lugar, debes vivir tu vida con un cuerpo y una mente sanos y no contaminados. La primera dama, Eleanor Roosevelt, dijo la famosa frase: "La vida estaba destinada a ser vivida." Presta atención porque tienes muchos sueños que cumplir.

En mi ejemplo personal, he tenido una vida plena: trabajar, viajar y adquirir experiencias sin drogas, alcohol y fumar. En tu futuro, puedes comer una excelente comida en un pintoresco restaurante fuera del museo del Louvre en París, Francia (oh, espera, esa era yo). Deberías intentar navegar en kayak por el río Potomac mientras el sol sale sobre el Key Bridge (yo, otra vez). Luego, hay un tándem en paracaídas sobre la costa de Ocean City (sí, yo). O bien, puedes contemplar las vistas de St. Louis desde el Gateway Arch (me encantó). Una posibilidad podría ser escalar la Gran Muralla de China o cruzar el borde del Gran Cañón (las vistas eran fantásticas). Otra experiencia es conducir su automóvil por la calle Lombard de San Francisco, que es una de las calles más empinadas y sinuosas de América del Norte, ya que la parte inferior del automóvil hace chispas (Eso fue divertido, pero no tan bueno para mi automóvil). O, ejecute la parte 5K de la Maratón de Chicago (lo pasé genial). Tal vez, puedes montar un elefante en Tailandia (tengo fotos). Tal vez, te gustaría ver los fuegos artificiales en la víspera de Año Nuevo en South Beach, Florida (ya lo he hecho). O bien, puedes navegar por las olas en Lima, Perú (en mi lista de deseos). Mis aventuras no tienen que sonar tan únicas; son accesibles a cualquier joven sano y motivado. Sin las drogas, el alcohol y el tabaco, puedes sentir asombro, desafío, victoria, alegría y entretenimiento en la experiencia de la vida. Por cierto, cuando pasas muchas horas "siguiendo" a las celebridades en la televisión y en las redes sociales, estás consumiendo la vida de esas celebridades como las drogas. Te estás olvidando de vivir tu propia vida. Con frecuencia, debes dejar el teléfono inteligente / tableta para experimentar a las personas y a las situaciones de tu entorno inmediato.

Sección A: Drogas

Estoy subiendo a mi caja de jabón y haciéndote una súplica apasionada para que te mantengas alejado de las drogas. En 1982, Nancy Reagan, la ex Primera Dama, patrocinó una campaña contra las drogas con el lema: "Simplemente diga 'No'." En ese momento, pensé que era la cosa más estúpida que había escuchado. Las drogas barrían el interior de las ciudades y arrastraban innumerables vidas. Su llamada fue muy simple. Con el tiempo y la experiencia de la vida, me doy cuenta de que ella tenía razón. El abuso de sustancias y la adicción son horribles. Muchas personas se vuelven adictas a las drogas prescritas e ilegales después del primer uso. Sin embargo, tomar drogas es una responsabilidad individual. Nadie puede obligarte a tomar drogas o evitar que obtengas ayuda. En realidad, innumerables anuncios de televisión advierten a las personas sobre las consecuencias negativas del consumo de drogas. Los padres, la policía, los políticos y los educadores constantemente les dicen a los jóvenes adultos que se mantengan alejados. Aun así, innumerables jóvenes se abrazan y viven el estilo de vida de las drogas. A menos que estén bajo prescripción de un médico por el dolor o cualquier otro problema médico, no debes poner tu futuro en peligro al experimentar / usar drogas. ¡Estás siendo advertido!

Si tienes una mente y un cuerpo sensatos, no debes contaminar tu sistema. La cantidad de drogas ilegales / sintéticas es asombrosa, incluyendo Sizzurp (jarabe para la tos que contiene codeína), 25I / N-Bomb (25I-NBoMe), 2C-E, Molly, Salvia, Fentanilo, Heroína, Marihuana, Metanfetamina, Éxtasis, Sales de baño, y DXM.[272] Además, algunos usuarios abusan de medicamentos recetados, como oxicotina, codeína, metadona, anfetaminas o adderall. Algunos jóvenes también se drogan con medicamentos de venta libre, especialmente medicamentos para el resfriado. En la *Encuesta Nacional sobre Uso de Drogas y Salud de 2012*, 23.9 millones de estadounidenses mayores de 12 años consumían drogas ilícitas, como hachís, cocaína, crack o heroína.[273] La misma encuesta de 2012 también señaló que aproximadamente 18.9 millones de estadounidenses consumían marihuana. En la escuela secundaria y la universidad, las drogas suelen estar disponibles en el campus. Los adolescentes y adultos jóvenes pueden probarlos especialmente en situaciones sociales. Tus amigos pueden alentarte o presionarte para que consumas drogas. Espero que te des cuenta de que necesitas encontrar amigos nuevos. Esas personas también están tratando de convertirte en un perdedor. Recuerda, las drogas afectan a cada individuo de manera diferente. Algunas personas tienen una mayor tolerancia a los medicamentos en base al uso repetido a lo largo del tiempo. Una droga puede no afectar fácilmente a una persona pero puede ser extremadamente adictiva para otra. No caigas en la trampa.

Quiero que sepas que las personas inteligentes no consumen drogas. Los estudios han demostrado que el nivel de educación de una persona tiene un impacto en las tasas de abuso de sustancias. De acuerdo con la *Encuesta Nacional sobre Uso de Drogas y Salud de 2012*, entre los adultos de 18 años o más, los que abandonaron la escuela secundaria, los graduados de la escuela secundaria y aquellos con alguna universidad en general tuvieron tasas más altas de dependencia de sustancias que los graduados universitarios.[274] Las estadísticas muestran que las personas informadas se mantienen alejadas de las drogas. De hecho, los vendedores / vendedores de drogas son oportunistas que intentan ganar dinero con usted. Estas personas están viviendo y pagando sus cuentas mientras usted desciende hacia la adicción y la desesperación. Si los individuos no usan drogas, los carteles perderán su base de clientes.

No vivas tu vida en una neblina llena de drogas. Puedes convencerte de que puedes manejar el uso del éxtasis, del payaso loco, las sales de baño, Molly, el pegamento para aviones, el crack, la metanfetamina, la cocaína, la heroína o cualquier veneno, pero el cementerio está lleno de personas que pensaron que podían manejar las drogas. Permíteme mencionarte algunos: el Príncipe, Philip Seymour Hoffman, Whitney Houston, Heath Ledger, Janis Joplin, Corey Montieth, Jimmy Hendrix y muchos otros que no son ricos ni famosos. Cuando veo noticias sobre estas personas con talento, pienso "¡Dios, que su alma descanse, qué desperdicio!," Desperdicio de dones de talentos y de vida. Estas personas generalmente combinan múltiples tipos de drogas juntas. Sus cuerpos se vuelven tan tolerantes a su fármaco de elección que deben usar más y más fármacos, lo que conduce a sobredosis mortales. Como resultado, la persona adicta entra y sale de la rehabilitación antes de poder distanciarse de las drogas. Si sobreviven, pueden tomar años de tratamiento para volver a encarrilar su vida. La experiencia con las drogas es similar a la prisión en el sentido de que estas personas adictas se separan de los padres, otros miembros de la familia y amigos. La adicción a las drogas lleva trabajo, tiempo, dinero y compromiso. Deberías encontrar algo más que hacer.

Hoy en día, la metanfetamina (metanfetamina) y la heroína son los venenos de elección para que muchos jóvenes se droguen. Ambas drogas destruyen comunidades porque son baratas y fácilmente accesibles en la calle. La metanfetamina y la heroína la consumen los adictos hasta que no les importa nada más que obtener más de esas drogas. Por ejemplo, la metanfetamina causa estragos en la mente y en el cuerpo de una persona. Rehab.com muestra un montaje de imágenes de lapso de tiempo, con hombres y mujeres adictos a la metanfetamina.[275] Si no me crees sobre los estragos de esas drogas, esas imágenes no mienten. Los zombis existen. Las imágenes resaltan la transformación horrible de las personas durante sus años adictos a la metanfetamina. Ojos vidriosos, acné, piel pálida, dientes amarillos / descoloridos, envejecimiento prematuro y rasgos demacrados ilustran vidas desperdiciadas y futuros salieron mal. Usando heroína, tendrás una pérdida similar de ambición, salud física y agudeza mental. Cuando te enganches con cualquiera de los medicamentos, arrojarás tus planes universitarios y tu vida al baño a menos que finalmente busques / obtengas tratamiento médico y asesoramiento.

Además, las costumbres de la sociedad están cambiando sobre el uso de la marihuana. El mensaje mixto es discordante para los jóvenes. No debes caer presa de las exageraciones sobre la marihuana. Algunas personas afirman que la marihuana no es peor que el alcohol. En contraste, la Administración de Drogas y

Alimentos de los Estados Unidos (FDA, por sus siglas en inglés) solo ha aprobado medicamentos de marihuana en forma de píldora.[276] No obstante, la FDA no cuenta con datos suficientes de un estudio científico a largo plazo para aprobar el uso total o parcial de la planta de marihuana con fines recreativos. A pesar de las incógnitas, miles de personas, incluidos algunos legisladores estatales, quieren despenalizar el consumo de marihuana. Estos legisladores estatales quieren los enormes ingresos fiscales de las empresas de marihuana sancionadas. Distribuidores / vendedores, sin embargo, mezclan constantemente los ingredientes con la marihuana, aumentando sus propiedades adictivas y su potencia para alterar la realidad. Lamentablemente, los usuarios de marihuana están inhalando sustancias extrañas en sus pulmones perfectamente sanos o comiendo productos horneados con infusión de marihuana con el potencial de causar daño. Además, la distribución y venta de marihuana es un delito federal con una sentencia mínima obligatoria y multas. Además, puede enfrentar una condena por delito mayor e ir a la cárcel si la policía descubre que usted está en posesión de marihuana. El consumo de marihuana tiene problemas de salud y una ley federal vigente. Por lo tanto, no debes caer en la causa célebre de la marihuana.

Además cualquier afiliación con drogas puede destruir tu futuro si la policía te atrapa en posesión de drogas ilegales o sustancias controladas. Según la Oficina de Prisiones y la Oficina de Estadísticas de Justicia, en 2015, el 48,6% de las personas en las prisiones federales y el 16% de las personas en las prisiones estatales fueron encarcelados por delitos de drogas.[277] Con frecuencia, los grupos de bajos ingresos y minoritarios reciben sentencias más duras y largas en prisión por delitos de drogas debido a una representación legal inadecuada. Además, las personas que son condenadas por un delito relacionado con drogas o encarceladas en una prisión federal / estatal pueden tener su ayuda financiera federal suspendida o estar limitadas en su elegibilidad para préstamos estudiantiles federales o la Beca Pell.[278] Por lo tanto, un delito relacionado con las drogas puede anular los sueños de muchas personas de financiar su futura educación universitaria. En realidad, los Estados Unidos gastan más dinero en el encarcelamiento de delincuentes de drogas que en el envío de jóvenes a la universidad. En una estimación de 2013, los EE. UU. gastaron $ 1 billón en cuatro décadas en la guerra contra las drogas o $ 51 mil millones por año a nivel estatal y local.[279] La cárcel y la prisión son lugares crueles y muchas veces violentos. Cuando te mantienes alejado de las drogas, estás aprovechando la oportunidad de vivir en un dormitorio en lugar de una celda de prisión. A diferencia de la universidad, es más probable que las cárceles enseñen a los reclusos a ser mejores criminales que a los ciudadanos.

En algunos estados, las personas arrestadas pueden ser acusadas y condenadas por un delito grave por posesión / distribución de drogas. A menudo, estas personas en libertad condicional experimentan altas tasas de desempleo después de una condena por delito grave. Dependiendo del estado, agencia gubernamental o empresa, un delito grave puede impedir la obtención de licencias / certificaciones en ciertos campos profesionales, en particular la seguridad, la aplicación de la ley, el cuidado de la salud, el cuidado de niños y productos farmacéuticos. En este punto, es posible que estés solicitando una beca militar o quieras unirte a los militares. Estás poniendo en riesgo tus objetivos por el uso de drogas. Muchas agencias gubernamentales, especialmente las compañías militares y privadas, requieren que su personal se someta a pruebas de drogas anuales o semestrales. Si te atrapan con sustancias ilegales en te sistema, te despedirán o nunca te contratarán. El uso de drogas pondrá obstáculos en tu futuro. Algunos estados también prohíben votar a los delincuentes que cometen delitos graves. Por último, el tiempo que se pasa en prisión separa a las personas de la familia, los amigos y de todo lo que saben.

Además, debes evitar salir con consumidores de drogas. Mi madre solía decir: "Cuando te acuestas con perros, vas a tener pulgas." En otras palabras, puedes quedar atrapado en una redada policial simplemente porque estás con tus "amigos" que están usando / tratando / en posesión de drogas. Las consecuencias pueden incluir tu arresto, tu auto incautado, tu casa allanada, multas, pagar miles de dólares a un abogado para limpiar tu nombre o un cargo / condena por un delito grave de drogas. Las metas de tu vida se detendrán mientras arreglas el desastre.

En ese momento, puedes estar en las garras de la adicción a las drogas. Debes buscar ayuda en los servicios de salud mental de tu campus. A menudo patrocinan opciones de asesoramiento y tratamiento. O bien, el centro de salud mental del campus puede remitirte a programas de rehabilitación por adicción a las drogas fuera del campus. La adicción a las drogas no es un defecto de carácter sino una enfermedad tratable. Buscar ayuda es el primer paso hacia la recuperación. De lo contrario, puede caer en un infierno de abuso de sustancias, robo, traición de la confianza, pérdida de amigos / familiares, cárcel, deterioro mental / físico, falta de vivienda, desesperación, pérdida de sueños y posiblemente muerte. Por lo tanto, estoy secuestrando el llamado a la acción de Nancy Reagan sobre el abuso de sustancias, "Simplemente diga 'No'."

Sección B: Alcohol

La gente bebe alcohol todo el tiempo. A menudo, beber alcohol y socializar no son problemas. Cuando bebes de manera responsable, debes poder mantener tu ingenio sobre ti y tú entorno. El consumo de alcohol puede convertirse en una preocupación cuando este consumo de alcohol afecta otros aspectos de tu vida. En la universidad, el abuso del alcohol puede causar problemas académicos y sociales para ti. Por ejemplo, puedes poner en peligro tu graduación con un comportamiento tonto, en particular el consumo excesivo de alcohol, el consumo de alcohol por menores de edad o conducir bajo la influencia del alcohol. En las películas, el consumo excesivo de alcohol se celebra como un rito de paso para los estudiantes universitarios. Los bebedores compulsivos consumen grandes cantidades de licor en un corto período de tiempo. En los campus universitarios, numerosos estudiantes intentan recrear su versión nocturna o semanal de la película "Animal House." En la *Encuesta Nacional sobre El Uso y la Salud de las Drogas* de 2012, los estudiantes universitarios de tiempo completo de entre 18 y 22 años de edad participan en el consumo excesivo de alcohol a una tasa del 40,1 por ciento, mientras que los estudiantes universitarios de medio tiempo participan en el consumo excesivo de alcohol a una tasa del 35,0%.[280] Además, los videos de Spring Break en Youtube.com son un testimonio de los excesos en el consumo de alcohol en la universidad. Estos jóvenes estudiantes universitarios beben hasta que son descuidados, incoherentes, deteriorados o se desmayan. La misma encuesta de 2012 afirmaba que "los estudiantes universitarios de tiempo completo de 18 a 22 años tenían más probabilidades que sus contrapartes femeninas de ser bebedores compulsivos (45.5 contra 35.3 por ciento)."[281] Este comportamiento es imprudente sin importar el sexo o la edad. Dependiendo del peso de una persona, el consumo de alcohol y la duración de la ingesta, él / ella podrían beber rápidamente más allá de la intoxicación. El resultado es la inconsciencia, la abstinencia de alcohol, coma o posiblemente muerte. Otros impactos del abuso del alcohol son los accidentes de tráfico y la intoxicación por alcohol. Las consecuencias superan los máximos temporales de consumo excesivo de alcohol.

El peligro acecha a los desprevenidos en fiestas dentro o fuera del campus. El Instituto Nacional de Abuso de Alcohol y Alcoholismo (NIAAA) citó que "696,000 estudiantes entre las edades de 18 y 24 años son agredidos por otro estudiante que ha estado bebiendo."[282] Mientras que algunos estudiantes beben en exceso, es probable que luchen o agredan a otros a medida que el alcohol fluye. Con suerte, mientras asistes a una fiesta así, no te verás atrapado en la trampa de los puños volantes o la red de la policía. Las mismas estadísticas de NIAAA también afirmaron que entre las edades de 18 y 24 años, "97,000 estudiantes reportaron haber sufrido una agresión sexual relacionada con el alcohol o una violación sexual."[283] Mientras estás borracho, puedes pelear, contraer una ITS, tener un embarazo no planeado, o ser víctima de agresión sexual / violación. Debes conocer y evitar los peligros del consumo excesivo / excesivo de alcohol o la asociación con quienes lo hacen.

En muchos estados, los estudiantes universitarios que están por debajo del límite legal de 21 años de edad son menores de edad y no pueden beber legalmente.[284] Por desgracia, las fiestas universitarias o las fraternidades dedicadas a las novatadas son conocidas por el libre flujo del alcohol y el consumo de alcohol entre los menores de edad. Si eres menor de edad y estás bebiendo, puedes recibir un castigo, incluida la revocación de tu licencia de conducir, multas o la inscripción en un programa de educación sobre el alcohol. Con algunas excepciones legales, cuando permites o alientas el consumo de alcohol por parte de menores de edad, puedes estar sujeto a multas, arrestos y encarcelamiento. Las consecuencias de tolerar o participar en el consumo de alcohol por menores de edad son enormes. Durante una fiesta en una casa de fraternidad, Dustin Starks, un estudiante de la Universidad del Norte de Texas, se cayó de un balcón después de una noche de consumo excesivo de alcohol.[285] Tenía 20 años. La policía del campus emitió órdenes de arresto para siete personas por presuntamente suministrar alcohol a Stark. El consumo de alcohol por parte de un menor de edad arruinó ocho vidas, lo cual fue absurdo y evitable.

Cuando bebes o tienes algún impedimento, no debes ponerte al volante de un automóvil. Como conductor con licencia, eres responsable de la operación segura de tu automóvil, protegiéndote a ti mismo, a tus pasajeros y a otros conductores. Al conducir, debes estar concentrado y no debes distraerte con las llamadas, mensajes de texto, otros ocupantes o personas con problemas de alcohol. También te suplico que reconsideres conducir en un automóvil con un conductor que haya estado bebiendo o que está distraído. De hecho, conducir es un privilegio que puede ser suspendido o revocado. Desafortunadamente, la NIAAA estimó que "1,825 estudiantes universitarios entre las edades de 18 y 24 años murieron a causa de lesiones no intencionales relacionadas con el alcohol, incluidos accidentes automovilísticos."[286] Cuando conduces ebrio, puedes encontrar varios escenarios. Mientras te sientas en un charco de su propio vómito, la policía acordonará la escena de tu accidente automovilístico destrozado para reunir pruebas. Esperemos que solo te hagas daño. Es más que probable que hayas matado a otros en tu auto, a otras personas en otro auto, o a alguien que caminaba o andaba en bicicleta por la carretera, lo que equivale a vidas destruidas. No te hagas esto a ti mismo, a otras personas ni a tu familia. Tus padres no asistirán a tu graduación de la universidad porque puede que te estés recuperando en un hospital con lesiones relacionadas con el alcohol, en la cárcel o que hayas muerto.

Tus ojos probablemente estén vidriosos o han comenzado a cerrarse. Probablemente te estás diciendo a ti mismo: "Soy joven y puedo manejar mi forma de beber." Beber alcohol en exceso puede acecharte. Las personas con discapacidades alcohólicas se arriesgan con su seguridad y reputación porque racionalizan el comportamiento imprudente, especialmente las relaciones sexuales sin protección, el consumo excesivo de alcohol, el ir a casa con extraños, la conducción imprudente, el tránsito por el carril central o el vandalismo. Si tus amigos borrachos están vomitando o haciendo pis detrás del edificio más cercano, ¿realmente quieres seguir su ejemplo? Además del desastre, tú y tus amigos probablemente serán arrestados por conducta desordenada y exposición indecente. Dado que muchos campus universitarios también tienen cámaras en casi todas partes, tu caos puede aparecer en un bucle continuo en Youtube.com. ¿Cómo quieres definirte? Puedes sentir que beber te da valor, aceptación de tus compañeros o independencia como adulto. El consumo excesivo de alcohol solo instiga un comportamiento inusual.

Ahora es el momento de pedir ayuda. Si el consumo de alcohol afecta tu personalidad, tus calificaciones y tu vida, debes buscar tratamiento en tu centro de salud mental dentro o fuera del campus. Los profesionales capacitados pueden ofrecerte recomendaciones para su regreso a la sobriedad. Eres inteligente, atractivo y único. Estás destinado a tantas experiencias y logros maravillosos en el futuro a medida que te gradúas, trabajas, viajas, juegas y vives. Ser uno mismo; así, la gente llegará a conocer y apreciar tu verdadero yo. Deberías disfrutar de tu juventud sin el consumo excesivo de alcohol, el consumo de alcohol por menores de edad o la conducción mientras estás discapacitado. Todavía puedes ser la vida de la fiesta.

<u>Sección C: Fumar</u>

Cuando fumas, estás incorporando en tus pulmones al menos 7000 productos químicos en particular amoníaco, monóxido de carbono, nicotina, acetona, arsénico, alquitrán y formaldehído, de los cuales al menos 69 de estos ingredientes causan cáncer.[287] Quizás pienses que fumar o masticar te hace ver bien o te ayuda a aliviar el estrés. Esos motivos son ilusiones. Al fumar, estás poniendo en riesgo tu salud. El hábito de fumar de una persona también es un riesgo para otras personas que inhalan el humo de segunda mano. Muchos colegios y universidades prohíben fumar en el campus, principalmente en aulas y dormitorios. Los cigarrillos, cigarros, narguiles, cigarrillos sin humo, cigarrillos electrónicos, zumos, tabaco de mascar o tabaco no tienen beneficios para la salud. El consumo de tabaco sólo tiene desventajas. Los problemas cosméticos consisten en mal aliento, tos persistente, voz ronca, cabello maloliente, dientes amarillentos y manos manchadas de nicotina. Los no fumadores por lo general no quieren besar a los fumadores. Como fumador, ya has disminuido tu grupo de citas. Además, fumar reduce seriamente la esperanza de vida debido al cáncer de mandíbula, pulmones, labio, esófago, laringe (caja de la voz), boca, garganta, riñón, vejiga, páncreas, estómago y cuello uterino.[288] Abundan otros problemas médicos, como enfermedades del corazón, infertilidad, apoplejía, enfermedad de las encías y asma. Ninguno de estos problemas de salud suena sexy o genial.

Otra deficiencia de fumar cigarrillos es el costo. Las ventas de cigarrillos y los impuestos son una excelente manera para que los estados generen ingresos de los fumadores adictos. Los fumadores de cigarrillos están dispuestos a pagar cualquier cosa para obtener su nicotina. En 2017, por ejemplo, el estado de Nueva York propuso impuestos que aumentarían el costo de un paquete a aproximadamente $ 13.[289] Si un neoyorquino fuma un paquete por día, pagará $ 4,745 en el transcurso de un año. Puedes gastar esa cantidad de dinero en un viaje a Disney World, pagar un semestre en la universidad u organizar una fiesta para un grupo de amigos. Fumar es una adicción que vaciará tus bolsillos y te matará. A pesar de que está haciendo ejercicio y comiendo bien, está malgastando sus esfuerzos fumando. También estás haciendo que el estado, la compañía tabacalera, sus accionistas, el médico especialista en cáncer y el dentista sean muy ricos. Fumar y masticar son para tontos.

Por supuesto, la nicotina es una droga adictiva, lo que hace que fumar sea muy difícil de dejar de fumar. Los Centros para el Control y la Prevención de Enfermedades (CDC, por sus siglas en inglés) analizaron los datos para dejar de fumar en una encuesta realizada durante un período de 10 años. En 2010, los CDC afirmaron que aproximadamente el 68.8% de los fumadores adultos querían dejar de fumar, pero solo aproximadamente el 6.2% dejó de fumar.[290] Para ayudar a los estudiantes a dejar el hábito, las clínicas de salud para estudiantes de las universidades suelen ofrecer programas gratuitos para dejar de fumar. Estos programas pueden incluir reemplazo o asesoramiento de nicotina. Si deseas o has intentado detenerte, debes revisar los recursos para dejar de fumar en el campus. Aumentará tu esperanza de vida, mejorará tu función pulmonar y reducirá el riesgo de cáncer relacionado con fumar. En la universidad, debes correr a tus clases y respirar libremente en lugar de llevar un tanque de oxígeno contigo debido al tabaco. Con ayuda, si es necesario, debes cortar completamente tus lazos con productos para fumar.

Lecciones de vida – Capítulo 13: Drogas, Alcohol y Fumar
- La adicción a las drogas desperdicia tu dinero y afecta negativamente tu salud
  - Solo di "¡No!"
  - Las drogas afectan a las personas de manera diferente y pueden llevar a la adicción para algunos
  - Numerosas personas comunes y famosas pueblan el cementerio debido a las drogas.
  - El consumo de marihuana puede afectar negativamente tu salud, libertad, perspectivas de empleo y futuro
  - La adicción a las drogas requiere trabajo, tiempo, dinero y compromiso; entonces, busca otro pasatiempo y busca ayuda.
- El consumo excesivo de alcohol engendra mal juicio y comportamiento
  - Puedes poner en peligro tu graduación con el consumo excesivo de alcohol, el consumo de alcohol por menores de edad y la conducción bajo la influencia
  - El consumo excesivo de alcohol puede llevar a la abstinencia, el coma o incluso la muerte.
  - El consumo de alcohol por menores de edad puede llevar a la revocación de su licencia, multas o inscripción en un programa de educación sobre el alcohol.
  - Conducir bajo la influencia puede llevarte a la muerte, a otros en otro automóvil o a un amigo en tu automóvil.
  - Los borrachos no son lindos sino peligrosos para ellos mismos y para otros.
  - Obtén ayuda para la adicción al alcohol en la clínica de salud para estudiantes de tu campus o para referencias fuera del campus
- Los productos para fumar son riesgos para la salud.
  - El humo del tabaco libera al menos 7000 productos químicos en tus pulmones
  - Obtén ayuda para tu adicción al tabaco en la clínica de salud para estudiantes de tu campus

CAPÍTULO 14:
La Graduación

Guao, ya casi has llegado. La graduación está a semanas de distancia. Con tu diploma universitario, serás uno de aproximadamente el 30% de la población que ha obtenido una licenciatura o superior. ¡Debes estar orgulloso de ti mismo y de tus logros! Te se estás graduando en tu especialidad y en tu horario programado. Piensa en las muchas horas que pasaste estudiando, investigando, leyendo y escribiendo. Tómate un momento y reflexiona sobre los innumerables trabajos del curso, exámenes, proyectos y presentaciones que entregaste. Luego, considera todas las actividades extraescolares y los juegos deportivos a los que asististe. Además, has hecho muchos amigos a los que echarás de menos o esperarás ver de nuevo. Cuando mires atrás, con suerte, recordarás una experiencia universitaria emocionante y verdaderamente maravillosa. Has hecho todo bien y no puedes esperar para entrar en el mundo real. Seguramente, puedes sentarte y empaparte del logro de ser un graduado de la universidad. ¡Aún no! Tienes algunas acciones para terminar antes de tu graduación.

Sección A: Asesoramiento de Salida

Para asegurarte de que los estudiantes sean elegibles para graduarse, las universidades pueden requerir que los graduados de último año completen una lista de verificación administrativa, también conocida como lista de verificación de consejería de salida. Al completar la lista de verificación, se asegura de que los registros de sus estudiantes universitarios, los saldos de sus cuentas y otras obligaciones administrativas estén completamente satisfechos. En contraste, algunas universidades ofrecen un portal web en línea para que los estudiantes verifiquen su estado de aprobación de graduación. Cuando un estudiante se registra, cada administrador de departamento / oficina marcará un estado "completado" si todo está en orden. Cuando el estudiante graduado termina los requisitos de cada departamento, verá un estado final completo. Luego, él / ella está listo para graduarse y marchar por el pasillo en la ceremonia de graduación. Tal portal puede ser una opción para ti. A continuación, actualizarás tu estado con frecuencia hasta que tengas un estado completamente autorizado. A través del portal en línea de tu estudiante, también debe imprimir una copia de tu transcripción no oficial para tus registros. Tu transcripción es importante porque muestra las clases completadas y los GPA del semestre. Es posible que tu universidad no requiera consejería de salida, pero puedes tener problemas que te impidan graduarte a tiempo. Por lo tanto, debes realizar tu propio asesoramiento de salida. Como mínimo, debes reunirte con tu asesor académico, un representante de la oficina de tesorería y un agente de la Oficina del Registrador.

Al menos el semestre anterior a la graduación, debes visitar a tu viejo amigo, tu asesor académico. Tú y tu asesor académico revisarán u plan de graduación de dos o cuatro años. Con él / ella, debes verificar que tendrás la cantidad correcta de créditos para graduarte y asegurarte de que el calendario de tu graduación sea correcto. Debes avisarle si tienes algún problema académico en tus últimas clases. Él / ella se asegurarán de que hayas desarrollado un plan para solucionar los problemas. Algunos estudiantes de último año que se gradúan se extienden más allá de su fecha de graduación original debido a una clase fallida o la presentación tardía de una tarea. No debes ser uno de ellos porque has obtenido ayuda académica temprano, según sea necesario, para aprobar tus clases.

En la oficina de tesorería / ayuda financiera o en línea, debes verificar los estados de cuenta y facturación de tu estudiante universitario. Debes verificar si tienes alguna tarifa / factura pendiente. Esto incluiría la matrícula impaga, los cargos por pago atrasado, multas de estacionamiento pendientes o pagos atrasados de servicios de salud. Normalmente, la oficina de becas / ayuda financiera de tu universidad debe notificarte tus deudas al comienzo de cada semestre. Debes conocer y satisfacer tus obligaciones financieras universitarias a medida que se acumulan. Tu escuela no dará a conocer tu expediente académico o diploma hasta que borres el saldo de tu cuenta de estudiante. Podrías estar pensando "¿Y qué?" Las escuelas de posgrado, las pasantías o incluso los empleadores no aceptarán tu solicitud sin un certificado oficial. La transcripción oficial muestra tus calificaciones y confirma que te graduaste. No aceptarán tu copia no oficial como prueba. Tampoco tendrás éxito en salir de la universidad sin pagar. A pesar del período de gracia, tu universidad puede incluso entregar tu deuda a una agencia de cobranza.

Si pediste prestados préstamos estudiantiles federales o privados, debes reunirse con un representante de la oficina de ayuda financiera o de tesorería. Él / ella llevará a cabo una sesión de asesoramiento de salida de préstamos para asegurarse de que comprendes tus responsabilidades y requisitos de reembolso. Para evitar problemas futuros, también debes asegurarte de que tus prestamistas de préstamos estudiantiles federales y privados tengan tu información de contacto, incluido un número de teléfono que funcione. Al final de la reunión, debes conocer el monto total del préstamo, cuándo comienzan tus pagos, el monto de reembolso mensual y dónde enviar el pago. Este es también tu tiempo para hacer preguntas, tomar nota y obtener copias de tus papeles de préstamo. Además, para ayudar a los prestatarios, el sitio web de Ayuda Federal para Estudiantes ofrece acceso a los estudiantes del Sistema Nacional de Datos de Préstamos para Estudiantes (NSLDS).[291] NSLDS es la base de datos central del Departamento de Educación de los EE. UU. que rastrea el número, tipo y monto total de la ayuda financiera federal de una persona, incluidos los préstamos y subvenciones federales para estudiantes. El sistema NSLDS también alerta a un estudiante si él / ella está alcanzando los límites de su vida en montos de préstamos estudiantiles federales o "período máximo de elegibilidad." En contraste, es posible que tu universidad no haya manejado tus préstamos privados para estudiantes. Luego, debes comunicarte con tu prestamista o administrador de préstamos para confirmar los requisitos de pago de tu préstamo antes de graduarte. Aunque no detendrás tu graduación, debes tomar medidas para mantenerte al tanto de tus préstamos estudiantiles federales o privados. De lo contrario, tendrás un impacto adverso sobre ti mismo o sobre el bienestar crediticio y financiero de su co-firmante por no realizar el pago.

Tu próximo contacto será con la Oficina del Registrador para confirmar tu elegibilidad para graduarte. De lo contrario, la Oficina del Registrador notificará a los graduados de último año que deben solicitar la graduación al menos el semestre anterior a la graduación. Si no cumples con la fecha límite para solicitar, es posible que tengas que esperar hasta la próxima fecha de graduación disponible. Cuando solicites la graduación, indicarás el semestre de graduación esperado y solicitarás una verificación de tu elegibilidad para la graduación. También verificarás tu dirección permanente para la entrega del diploma y la ortografía de tu nombre. Cuando la Oficina del Registrador reciba tu solicitud, un representante evaluará si has obtenido suficientes créditos universitarios y si has completado todos los requisitos de grado. Cuando la revisión es satisfactoria, la Oficina del Registrador confirmará tu fecha de graduación actual o te notificará un cambio. Después de que se publiquen las calificaciones finales del curso, la Oficina del Registrador llevará a cabo una revisión final de su registro de estudiante y le notificará la finalización de su grado. En la ceremonia de graduación, tú y tus compañeros graduados recibirán chaquetas de carpeta de diploma vacías. Probablemente estarás sorprendido por esta delicadeza. Algunos estudiantes se inscriben para comenzar y caminar, pero no se gradúan. Fallan en su último semestre debido a requisitos académicos incompletos o cuentas de estudiantes no pagadas. Después de la ceremonia de graduación, las universidades normalmente enviarán los diplomas a los graduados aprobados. En resumen, debes reunirte / ponerte en contacto con tu asesor académico, un representante de la oficina financiera y el agente de la Oficina del Registrador para confirmar tu estado de graduación. De lo contrario, evitarás tu objetivo de graduarse a tiempo. Toma la iniciativa y hazlo.

Sección B: Costos de la Graduación

La graduación cuesta dinero. Tu graduación de la escuela secundaria fue hace sólo dos o cuatro años. Sin embargo, tu universidad te exigirá nuevamente que compres tus atuendos, que incluyen gorra y bata, capucha y borla departamentales, para participar en la ceremonia de graduación. No tienes que asistir; sin embargo, deberías porque trabajaste duro y ganaste la caminata de graduación. Si el dinero es una preocupación, debes presupuestar una cantidad práctica para gastar en artículos opcionales, es decir, un anillo de clase, anuncios oficiales, invitaciones, fotos de graduación y un marco de diploma. Típicamente, los vendedores patrocinados por la universidad los venden. Por lo tanto, debes verificar tus finanzas para determinar si puedes y debes comprar:

- El anillo de clase significa tu membresía como graduado universitario de tu escuela. Dado que solo el 30% de la población de los EE. UU. tiene un título universitario o superior, un anillo universitario es similar a un anillo del Super Bowl. Pueden ser costosos dependiendo de las piedras y el metal utilizado. La compra de un anillo de clase es estrictamente voluntaria, pero tiene un significado especial para un estudiante graduado que lo compra.

- Los anuncios e invitaciones pueden ser costosos según el papel de lujo, las inserciones de tejido, los sellos de sobres y otros accesorios. A menudo, los estudiantes compran grandes cantidades para enviar a amigos y familiares. Después de la graduación, estos estudiantes pueden tener docenas de anuncios / invitaciones no utilizados. En su lugar, puedes comprar la cantidad mínima de invitaciones y luego enviar anuncios que cree en MS Word o MS PowerPoint.

- Las fotos oficiales de graduación capturan al estudiante que camina por la etapa de graduación, recibe el sobre del diploma y le da la mano al decano / canciller / rector de la universidad. El costo de las fotos de graduación varía según los tamaños y las cantidades compradas.

- Un marco de diploma hace que su diploma parezca oficial, lo que significa que cumpliste con todos los requisitos de grado para graduarse. Deberías decidir sobre un presupuesto y proveedores de marcos de investigación en particular proveedores locales y en línea. Pueden ser más baratos que el vendedor patrocinado por la universidad. NOTA: Obtuviste tu diploma universitario; por lo tanto, debes enmarcar y mostrarlo.

Sección C: Día de la Graduación

En el día de la graduación, no debes estar estresado ni ansioso. El día debe ser la culminación de tu gran trabajo académico. Algunos estudiantes se marchan el día obteniendo los detalles de la ceremonia de graduación incorrecta. Debes prestar atención a los anuncios de graduación de tu universidad. Muchas universidades tienen un sitio web de "preguntas frecuentes" de graduación, que detalla los procedimientos y las políticas. O, la mayoría de las escuelas publican información sobre la graduación en sus sitios web al menos uno o dos meses antes de la fecha. Proporcionarán la fecha, la ubicación, las instrucciones de manejo, la información de estacionamiento, la hora de inicio de la ceremonia de graduación, la hora de alineación de los graduados y otros detalles vitales. Debe leer esta información cuidadosamente. No querrás ser uno de esos estudiantes que vienen corriendo perdidos, aturdidos y confundidos con su familia en la cabina de información el día de la graduación. Aunque la graduación es tu día, debes pensar en tus invitados. Para la ceremonia, tú y tus invitados deben llegar a tiempo. A tiempo significa que debe presentarse por lo menos una hora a una hora y media antes de que comience la ceremonia. De lo contrario, no hay manera de que pueda estacionar, acomodar a sus invitados y llegar a la ubicación de la alineación. Muchas universidades no permitirán que los estudiantes marchen si llegan tarde. Antes de dejar a tus invitados en la fila, debes coordinar un lugar de reunión posterior a la graduación o distribuirles tu número de teléfono celular.

Tu escuela puede tener una práctica de graduación. Debes aprovechar la oportunidad para determinar dónde se sentarán tus padres y amigos. Debes ubicar las áreas accesibles para sillas de ruedas, especialmente los ascensores o rampas designadas para personas con sillas de ruedas o que no puedan navegar por las escaleras. Como graduado, tú también eres responsable de enviar por correo electrónico o correo la información de graduación (quién, qué, dónde, etc.) a todos tus invitados. Otras cosas que se incluirán serían un esquema del lugar de graduación, alojamiento en hoteles y el aeropuerto más cercano para los huéspedes que viajan desde fuera de la ciudad. Esta planificación previa reducirá el caos y la confusión en el día especial.

En cuanto al día de graduación, este momento no debe ser la primera vez que te pones tu gorra y bata. Anteriormente, deberías haberte asegurado de que todos los artículos estén en la bolsa de regalía. Además, debes sacudir la bata y plancharla (suspirar). Deberías considerar colocar dos o tres pasadores de seguridad en el interior de la bata en caso de que algo se suelte. Aunque la bata y el vestido cubrirán tu ropa, puedes tomar fotografías o salir con tus invitados más tarde. Tu mejor apuesta es vestir bien con los zapatos apropiados (sin chanclas o tenis). Además, probablemente deberías considerar llevar zapatos cómodos y que se hayan roto. Tú y tus compañeros de clase estarán de pie durante bastante tiempo antes de la procesión de graduación. Estarás odiando la vida si te duelen los pies. Además, debes desayunar o almorzar rápidamente porque algunas ceremonias pueden durar de dos a tres horas. Además, puedes colocar algunos bocadillos pequeños como galletas de mantequilla de maní empacadas, galletas de queso o mezcla de frutas secas en un bolsillo. Los bocadillos llenarán cualquier sensación de hambre durante la ceremonia.

Al final de la ceremonia principal en todo el campus, tu mayor hazaña será reunirte con tus invitados para felicitarlos, tomar fotos y quizás incluso una cena de celebración en un restaurante local. Tu familia y amigos te envolverán en abrazos y besos de felicitación. Con suerte, han brindado aliento, amor y consejos durante el curso de su viaje a la universidad. Puede que hayas hecho el trabajo pero no lograste la hazaña solo. Debes darles tu agradecimiento y alabanza, así como cualquier poder superior que te guíe. Si estás solo en la graduación, todavía tiene el apoyo de quienes no pudieron asistir. En cualquier caso, debes estar orgulloso de ti mismo porque has alcanzado tu objetivo. Puedes respirar y absorber este momento. ¡Eres un graduado de la universidad! Enhorabuena, has llegado a la meta de este capítulo en tu vida.

Sección D: Después de la Graduación

Ahora que te graduaste a tiempo, es de esperar que tengas un empleo remunerado en una nueva y fantástica carrera que pague bien. Tu trabajo debe desafiarte y ejercer los conocimientos y habilidades claves que obtuviste al obtener tu título universitario. Si no has comenzado antes, debes comenzar a ahorrar por lo menos seis meses de gastos de manutención. Después de la graduación, probablemente tuviste que pagar el depósito de seguridad y el alquiler de su primer apartamento; pagar por el gas o el transporte; y, otros gastos esenciales según corresponda. Aun así, pueden surgir emergencias inesperadas. Una crisis médica, un desempleo sostenido u otros eventos pueden impedirle ganar ingresos para pagar tu matrícula universitaria, préstamos estudiantiles y facturas. Tus ahorros pueden ayudarte a superar este tipo de dificultades. Cuando hayas acumulado un colchón de ahorros, tu próximo curso de acción es invertir tu dinero lo antes posible. Cuando inviertas, comprenderás la distinción vital entre acumular activos financieros para la libertad financiera en lugar de acumular pasivos, especialmente ropa / zapatos de gama alta, automóviles caros y recibos de restaurantes. Invertir abarca constructores de riqueza, como contribuir a una cuenta tradicional de jubilación individual ROTH / total, que pone dinero en un fondo de índice, que tiene una cartera de acciones y bonos individuales, o que posee una propiedad de alquiler que produce ingresos. Tienes que hacer tu tarea sobre las mejores inversiones para tu situación. Al igual que el ahorro, la inversión es un proceso sistemático que debe ocurrir con el tiempo.

En ese punto, es posible que sientas que no tienes suficiente dinero para invertir. Entonces, si es posible, debes considerar disminuir tus gastos, ganar más y / u obtener un trabajo de medio tiempo para usar ese dinero adicional únicamente para la inversión. Tus decisiones de dinero hoy tendrán un impacto positivo o negativo en tu futuro cuadro financiero. Sin embargo, no debes negarte por completo o vivir como un pobre. En su lugar, debes vivir una vida financiera sensible. Por lo tanto, no estás ahorrando e invirtiendo por el hecho de contar tu dinero en tu vejez. Estás adquiriendo riqueza; para que puedas vivir la vida que deseas, incluso viajar, tomar clases, pasar tiempo con amigos, trabajar en el trabajo de sus sueños, ser voluntario o pasar tiempo con tus nietos (con suerte, todavía no tiene hijos). En 2018, el pago promedio de la Seguridad Social es de aproximadamente $ 1,400 en ingresos mensuales o $ 16,800 por año. Esa cantidad no es prácticamente nada en la economía actual, especialmente porque los costos de la vivienda, los bienes y los servicios continúan aumentando. Para numerosos jubilados, esta cantidad es su única fuente de ingresos porque no pudieron ahorrar ni invertir. Por lo tanto, la inversión es una cobertura contra la inflación (aumento de los costos), así como la pobreza en la jubilación.

A medida que inviertes, debes desconfiar de los estafadores financieros y los charlatanes que intentarán separarse de tu dinero. No cuentan con formación financiera formal ni certificaciones profesionales. Si una oportunidad de inversión parece demasiado buena para ser verdad, probablemente sea una estafa. Te advierto que seas muy crítico y prudente. Debe cuestionar, investigar y verificar a cualquier persona o cualquier vehículo financiero que prometa rendimientos escandalosos. La carga recae sobre ti para realizar tu debida diligencia. No inviertas en algo que no entiendas completamente. Además, debes discutir los pros y los contras de cualquier inversión con un amigo, mentor o pariente de confianza para evitar tomar una decisión de forma aislada. Cuando hagas negocios con cualquier compañía, especialmente con una firma de inversiones, te sugiero que busques en el sitio web de la junta reguladora correspondiente, así como en el representante de la firma y / o Google de Yelp para cualquier queja o revisión deficiente. Si busca asesoramiento financiero, debes entrevistar a algunos planificadores financieros certificados (CFP) basados en honorarios. Un CFP es un fiduciario que asesora a los clientes sobre la gestión de inversiones y pone en primer lugar los intereses de sus clientes.[292] Él / ella no trabajan a comisión. Cada CFP ha pasado exámenes rigurosos para obtener la certificación CFP. Debes asegurarte de que el CFP seleccionado tenga una reputación prístina, al menos ocho años de experiencia y trabajará contigo para alcanzar tus objetivos financieros.

Gurus financieros, entre ellos Michelle Singletary (contribuyente financiero de National Public Radio), Clark Howard (experto en consumo y presentador del programa Clark Howard Show), Mellody Hobson (contribuyente financiero de CBS), Dave Ramsey (autor financiero y personalidad de radio) y Jill Schlesinger (asesora financiera de CBS colaborador) proporcionan consejos prácticos sobre finanzas personales. Explican los beneficios de ahorrar e invertir, promediar los costos en dólares, dividendos, diversificación y otros principios monetarios sólidos a través de sus podcasts, libros, blogs, sitios web y apariencias. Sus libros generalmente están disponibles en las bibliotecas públicas para retirar o descargar como libros electrónicos. O bien, puedes leer los artículos en línea de estos gurús. Otra buena fuente es el sitio web de la CNN Money 101 Guide to Financial Freedom.[293] Discute presupuestos, conceptos básicos de banca, inversiones y otros temas útiles. Además, aplicaciones como Robinhood, Wealthfront y Acorns ponen la inversión a su alcance con la descarga de un teléfono inteligente.[294] Por último, feedthepig.org educa sobre temas financieros de manera interactiva y divertida.[295] Los ahorros e inversiones son medios para la riqueza futura y la salud financiera. Una vez más, el dinero es una herramienta que debe aprender a usar de manera efectiva para tener un nivel de comodidad, salud y seguridad en la vida cotidiana. Dado que has aumentado tu educación financiera al obtener tu título universitario, estás preparado financieramente para conquistar el nuevo mundo valiente de trabajar (o comenzar un negocio), obtener ingresos y vivir de manera independiente.

Sección E: Conclusión

Tu título universitario es importante para un mejor salario, menor desempleo y estabilidad a largo plazo. Como egresado de la escuela secundaria o graduado de la escuela secundaria, te resultará difícil obtener altos ingresos de por vida y prosperar en el mercado laboral. De lo contrario, necesitarás habilidades comerciales especializadas, talento y / o conocimiento. Para algunos, un programa técnico o aprendizaje proporcionará licencias y certificación para convertirse en obreros. Para otros, necesitarán obtener títulos de dos años dependiendo de tus calificaciones, una universidad de cuatro años es una plataforma de lanzamiento para la carrera profesional de un graduado universitario. Dado que el mundo es un lugar grande, hay caminos ilimitados para el éxito. Con suerte, su camino ayudará a alimentar su deseo de ser un aprendiz de por vida. En el mundo globalizado de hoy, los EE. UU. necesitan personas innovadoras, imaginativas y técnicamente capacitadas. Con tu certificación / licencia o título universitario, debes utilizar tus conocimientos y habilidades recién adquiridos para impactar positivamente en tu comunidad y en el país.

Si asistes a la universidad, tu objetivo es graduarte a tiempo dentro de tu programa de estudios de dos o cuatro años. Cuando sea posible, debes graduarte con la menor cantidad de deuda. No puedes sobrevivir con una esperanza y una oración cuando se trata de asistir y pagar la universidad. Tú y tú (s) padre (s) deben tomar decisiones de preparación universitaria y financiera tan pronto como en el noveno grado en la escuela secundaria. Si bien los asesores de orientación de la escuela secundaria y los maestros pueden ofrecer comentarios, debes tomar la iniciativa para investigar las universidades potenciales y sus costos. Debes ser realista acerca de lo que puedes pagar después de que tus padres hayan proporcionado cuánto pueden y pagarán por tu título. Tú y tus padres también deben buscar los medios para financiar la universidad, a saber, becas, subvenciones, asistencia para la matrícula y trabajo. La decisión de asistir a una universidad en particular debe ser cuidadosa y detallada. Además, debes tomar las rigurosas clases apropiadas de preparatoria que te preparen para los cursos universitarios, particularmente en matemáticas, inglés y ciencias. Debes estudiar y perfeccionar estas habilidades y conocimientos mientras estás en la escuela secundaria.

En el primer día de clase, el reloj comienza a correr. En la escuela secundaria, ojalá, hayas investigado varios intereses y campos profesionales. Tu exposición a la universidad debería consolidarse si un título / licenciatura en particular es el adecuado para ti. Tan pronto como sea posible, debes seleccionar una especialización y asistir a los cursos universitarios que cumplan con los requisitos de tu título. En la universidad, leerás mucho, escribirás sin parar y participarás en el pensamiento crítico. Además, estarás obligado a asistir a clases, tomar notas, completar las tareas a tiempo y contribuir a la discusión. Es posible que necesites ayuda en cualquier momento durante tu viaje hacia la graduación. Debes ser proactivo. Tu asesor académico es tu guía. Tu plan académico de dos o cuatro años es tu hoja de ruta para mantenerte en camino hacia la graduación. También tienes otros recursos, como profesores calificados e inspiradores (O.K, no todos), TA, su departamento académico y recursos en línea. Pida ayuda académica lo antes posible. A pesar de toda la ayuda brindada, es posible que tu especialidad no sea una buena opción. Tienes que tomar una decisión informada acerca de cambiar de especialidad. Una vez más, debes obtener información de tus asesores académicos y financieros.

La universidad no estudia las 24 horas, los 7 días de la semana. Debes conectarte con tus compañeros de clase y con la comunidad universitaria. Tu diversión, sin embargo, necesita ser moderada con seguridad. Para llegar a la graduación, debes responsabilizarse de las decisiones y acciones prudentes relacionadas principalmente con las drogas, el alcohol y las relaciones / sexo. Desde el inicio de la universidad hasta el final, el objetivo debe permanecer constante: graduarte a tiempo y obtener tu título.

Lamentablemente, estamos al final del camino. Si estás en la escuela secundaria, con destino a la universidad o actualmente en la universidad, tienes la inteligencia, el deseo y ahora el conocimiento para obtener tu título universitario. Si te gradúas de la universidad, espero que este libro te haya ayudado a superar algunos de los obstáculos que enfrentan muchos estudiantes universitarios. Cuando te gradúes de la universidad, te unirás a un grupo selecto que representa una pequeña fracción de la población de los EE. UU. Haz una reverencia. La universidad es solo un capítulo en tu vida; así, gire la página a un futuro más brillante. No permitas que las distracciones, otras personas o el miedo te detengan del sueño. ¡Puedes hacerlo!

Lecciones de vida – Capítulo 14: Graduación

- Lleva a cabo un asesoramiento de salida en su universidad con tu asesor académico, la oficina de ayuda financiera y la Oficina del Registrador para asegurarte de que cumples con los requisitos de graduación.
    o Solicita la graduación
    o Paga cualquier saldo pendiente en tu cuenta de estudiante
    o Obtén toda la información sobre los plazos de pago, en relación con tus préstamos federales y / o privados para estudiantes
    o Asegúrate de que el registrador tenga tu información de contacto futura correcta
- Presupuesta los fondos para pagar tu regalía como mínimo porque ganaste el honor de caminar por ese pasillo de graduación
- Ahorra la pena y la de tus invitados presentándote a tiempo y en el lugar correcto para la ceremonia de graduación
    o Notifica a los invitados antes de quién, qué, por qué, etc.
    o Sacude tu regalía y asegúrate de que todo esté allí
- Enmarca tu diploma y cuélgalo con orgullo en una pared
- Te graduaste a tiempo con la menor cantidad de deuda. – ¡Haz una reverencia!
- Ahorra e invierte para hoy y mañana.
- Disfruta tomando el viaje de graduación universitaria contigo. Felicitaciones y mis mejores esperanzas para tu éxito y logros continuos.

Acrónimos[1]

(AP) Colocación Avanzada

(AACC) Asociación Americana de Colegios Comunitarios

(BJS) Oficina de Estadísticas de Justicia

(CDC) Centros para el Control y Prevención de Enfermedades

(CFPs) Planificadores Financieros Certificados

(CFPB) Oficina de Protección Financiera al Consumidor

(CEO) Director Ejecutivo

(ELMS) Sistema de Gestión de Aprendizaje Empresarial

(FICO)Organización de Crédito Fair Isaac

(FBI) Oficina Federal de Investigaciones

(FAFSA) Solicitud Gratuita de Ayuda Federal para Estudiantes

(GPA) Promedio de Calificaciones

(TICAS) Instituto de Acceso & Éxito Universitario

(IB) Bachillerato Internacional

(MOOCs) Cursos Abiertos Masivos en Línea

(Meth) Metanfetamina

(MC) Universidad de Montgomery

(NCES) Centro Nacional de Estadísticas de la Educación

(NCHC) Consejo Nacional de Honores Colegiales

(NIAAA) Instituto Nacional de Abuso de Alcohol y Alcoholismo

(NSLDS) Sistema Nacional de Datos de Préstamos Estudiantiles

(OMSE) Oficina de Educación Estudiantil Multiétnica

(PBS) Servicio de Radiodifusión Pública

(ROTC) Cuerpo de Entrenamiento de Oficiales de la Reserva

(RA) Residente Asistente

(STEM) Ciencia, Tecnología, Ingeniería o Matemáticas

(STIs) Infecciones de Transmisión Sexual

(TAs) Ayudantes de Enseñanza

(TESTUDO) Oficina del Registrador UMCP

(UMCP) Universidad de Maryland, College Park

(UWM) Universidad de Wisconsin-Milwaukee

(USMA) Academia Militar de los Estados Unidos

---

[1] Todos los acrónimos son a partir de sus nombres en inglés. *Nota de la traductora.*

Lista de Figuras

Figura 1: Logro Educativo de la Población de 25 Años y Más, 2016...……..……………….. Página 2

Figura 2: Niveles de Educación para Residentes de los Estados Unidos, edades 25-64, 2014…………...…………....……….. Página 3

Figura 3: Logro Educativo de la Fuerza Laboral de 25 Años o Más por Raza y Etnia Hispana o Latina, Promedios Anuales de 2014…....………………………………………………….. Página 4

Figura 4: Tasas de Desempleo para Personas de 25 Años o Más, por Nivel Educativo Ajustado por Temporada, de abril de 2005 a abril de 2015 ………………..……………………………….... Página 22

Figura 5: Mediana de Ingresos y Pagos de Impuestos de Trabajadores de Tiempo Completo Durante Todo el Año de 25 Años o Más, por Nivel de Educación, 2015……………..… Página 23

Figura 6: Tipos de Colegios y Universidades…………….... Página 40

Figura 7: : Resumen de las Diferencias de Préstamos Federales y Privados …………………………………………………….... Página 87

Figura 8: Requisitos de Elegibilidad para los Préstamos Stafford. ………………………………………………………….. Página 89

Figura 9: Preguntas para Conocer a un Posible Compañero de Habitación …………………………………………… Página 242

Índice

A

Academias de Louisville en Kentucky
....14
acoso 243, 245
acreditación 47
agresión sexual 226, 228
alcohol...219
    bebedores compulsivos 268
    conducción deteriorada 270
    menores...................................269
Andrews, Linda 117, 120
año sabático...................................125
apelación de calificación 188
aplicaciones de seguridad para
    teléfonos inteligentes......... 211, *Ver*
    También *Circle of 6*
Archer, Leanna 15
asalto sexual 227
asesor académico 55–56, 105, 128, 137,
    188, 201–2, 204, 252, 281, 290
asistente de enseñanza...................185
Asistente Residente (RA) 240
asistentes de enseñanza 152
Asociación Americana de Colegios
    Comunitarios 52
Asociado en Artes...........................56
Asociado en Ciencias 56
Asociado en Ciencias Aplicadas 55
auxiliares docentes..... *Ver asistentes de*
    enseñanza

B

Bachillerato Internacional (IB) 28
Bankrate.com..................... 93–94, 110
becas 77–80

basadas en el mérito 79
empleador..................................78
escuelas militares 80
organizaciones locales de la
    comunidad...........................77
ROTC......................... 70, 79, 246
Becas Pell....................................146
biblioteca........................45, 163, 177

C

centro de carreras................... 105, 134
Centro de Educación de la Universidad
    de Georgetown...........................24
Centro de Escritura 189
ciencias, tecnología, ingeniería o
    matemáticas (STEM) 33
Circle of 6....................................211
citar las fuentes..................... 175, 177
citas en línea................................215
    pez gato...................................215
city-data.com................................208
CNNMoney....................................57
código de honor 173
    plagio 174
    trampa.....................................174
colocación avanzada 28, 30, 33, 128
comienzo......................................237
Cómo Elegir una Especialidad en la
    Universidad ..... *Ver Andrews, Linda*
compañeros de cuarto......209, 236, 240
consejero de escuela secundaria.. 27, 44
consolidación...........................88, 93
costo total del año académico 73
criterios de calificación 184
cuenta corriente....... 100–102, 109, 111

Cuerpo de Entrenamiento de Oficiales de la Reserva (ROTC). *See* También becas

curso IB..29

cursos AP 28

cursos de educación general49, 55, 126, 143

cursos de recuperación 31–32, 130

cursos IB 28

D

descripción del curso.......................142

despensa de alimentos.....................249

deuda de la tarjeta de crédito 111

    aplicaciones de pago móviles.....111

    calculadora de pago a interés.....110

drogas..219

    heroína 262, 264

    marihuana........................ 262, 264

    metanfetamina 260, 263, 264

    Reagan, Nancy..........................261

    Rehab.com................................264

    Rohypnol..................................213

E

Edison, Thomas 10

educación financiera 100

    cuenta corriente........................100

    cuenta de ahorros 102

    informe de crédito....................110

    invertir.....................................286

    puntaje de crédito.....................109

El Instituto para el Acceso y el Éxito Universitario (TICAS) 90

el plan de estudios...........................155

el programa de estudios...................153

electivas 143

Elvi, Zelkadis.................................... 5

embarazo no planificado 218–21

enfermedades mentales 251

enmascaramiento de calificaciones .204

escritura de papel 173, 175

especialidad..56, 117, 120–21, 125–26, 129

estudiante de primer año 15............246

exámenes..165

    ensayos....................................166

    exámenes acumulativos.............166

    libro abierto.............................166

    libro cerrado 166

    TESTBANK 168

exámenes de AP................................28

exámenes IB 29

F

FAFSA............................... 70, 83, 85

FAFSA4caster 70, 84

FinAid.org...................... 70, 84, 93

Forbes.com 46, 72

G

gestión del tiempo..........................162

GPA 130, 197, 202

grupo de estudio.................... 157, 162

guía de orientación para estudiantes 118

H

Holmes, James...............................255

horario de oficina............160, 185, 189

Huguely, George............................224

I

Indeed.com 13

Instituto Nacional de Abuso de Alcohol y Alcoholismo 269

ITS .... *Ver sexo*

J

Junta de Universidades.....................28

K

Khanacademy.com..........................190
Kimbro, Dennis 103
kit de violación 227

L

Latimer, Leah 32, 77, 80
libros de texto 105, 163–64
Línea Nacional de Prevención del
  Suicidio....................................253
LinkedIn...13
lista de verificación de consejería de
  salida..277
  asesor académico 278
  ayuda financiera.......................279
  Oficina del Registrador 280
  préstamos estudiantiles..............280
Love, Yeardley 224

M

mentor..9, 122
Monster...13

N

National Junior College Athletic
  Association (NJCAA) 235
Nivel más Alto.........*Ver Latimer, Leah*

O

Obama, Barack 26
Oficina de Educación de Estudiantes
  Multiétnicos de la UMCP (OMSE)
 190

Oficina de Estadísticas de Justicia..226,
  265
Oficina de Estadísticas Laborales ...13–
  14, 122
oficina de la tesorería........99, 204, 278
Oficina de Protección Financiera del
  Consumidor 75, 92
Oficina del Censo de EEUU 1, 22
Oficina del Registrador 51, 127, 142,
  145, 147, 188, 198, 204, 278, 281
oficina financiera........... *Ver* oficina de
  tesorería
orden de protección.......................225
orden de restricción................ 224–25

P

participación en clases...................156
pasantía 134
perdón de calificación 197
período máximo de elegibilidad 90, 280
plan académico ...55, 129–31, 141, 203,
  290
policía del campus 227
prestamistas 75, 91–94, 97, 109
préstamos estudiantiles.....5, 60, 75, 86,
  88, 93, 95, 97
  abusar.......................................95
  el enfoque de la avalancha de deuda
 94
  indulgencia...............................95
  préstamos federales para estudiantes
 86
  préstamos privados para estudiantes
 86
  Préstamos Stafford.....................88
Préstamos Stafford 89–90, *Ver También*
  préstamos estudiantiles
proceso de disputa o apelación de la
  calificación..............................188
programa de articulación............50–51

programa de estudios en el extranjero 129

programas de honores 132

proyecto grupal 180

puntaje de crédito en la Organización Crediticia Fair Isaac (FICO) 109

R

RA ....*Ver* También *Asistente Residente*

RateMyProfessor.com 151

Reagan, Nancy...................... 261, 267

Red Nacional de Violación, Abuso e Incesto......... *Ver También violación*

refinanciamiento 93

regalía 284

registro de clase 119, 141

    abandonar curso.......................144

    agregar una clase......................145

    calendario académico 98, 145

    lista de espera 144

    retiro 145

remisión de matrícula......................78

Rohypnol ....*Ver drogas*

roofies ....*Ver Rohypnol*

Roosevelt, Eleanor............10, 223, 260

rúbrica..............................176–77, 179

S

salud mental 251

    asesoramiento grupal.................252

    líneas directas de asesoramiento de crisis....................................253

semestre 50, 72, 98–99, 129

Servicio de Transmisión Pública (PBS) 157

sexo..216

    abstinencia...............................216

    control de la natalidad 218

    fuerza 217

    infecciones de transmisión sexual (ITS) 218

    remordimiento 217

sexting..214

sistema de cuartos 130

Sistema Nacional de Datos de Préstamos para Estudiantes (NSLDS) 280

Solicitud Gratuita de Ayuda Federal para Estudiantes............. *Ver FAFSA*

Starks, Dustin 270

subvenciones .6, 68, 70, 82, 85, 99, 280

T

TA186, *Ver asistentes de enseñanza*

tarifas de solicitud............................41

tasas de interés...........75, 91, 108, 110

Título IX 208, 224, 228

tomar notas............................ 155, 158

trabajo-estudio 83

transferencia de créditos..47, 50–52, 62

trastornos de la alimentación 248

tutor pagado...................................193

V

vacaciones universitarias................137

violación............. 10, 223, 225–26, 228

W

Wolfram Alpha..............................191

Bibliografía

"10 Very Successful People Without A College Degree." BuzzFeed, Inc. January 17, 2013. Accessed June 2015. http://www.buzzfeed.com/suits/very-successful-people-without-a-college-degree.

"2016 NCIC Missing Person and Unidentified Person Statistics." FBI. gov. January 20, 2017. Accessed November 26, 2017. https://www.fbi.gov/file-repository/2016-ncic-missing-person-and-unidentified-person-statistics.pdf/view.

"25 Colleges and Universities Ranked by Their OpenCourseWare." Learn.org. 2003-2017. Accessed November 25, 2017. https://learn.org/articles/25_Colleges_and_Universities_Ranked_by_Their_OpenCourseWare.html.

"A Stronger Nation 2016 ©2016." Lumina Foundation. April 2016. Accessed November 2017. http://strongernation.luminafoundation.org/report/2016/.

"About MC." Montgomery College. 2016. Accessed July 2016. http://www.montgomerycollege.edu/.

Academic Catalogue 2013-2014. Volume XXXI: U.S. Edition, DeVry Institute of Technology, 2013. July 29, 2013. Accessed December 2013. https://www.devry.edu/d/US_Catalog.pdf.

"Academic Scholarships and Merit Scholarships." *Scholarships.com.* 2018. Accessed August 19, 2018. https://www.scholarships.com/financial-aid/college-scholarships/scholarships-by-type/academic-scholarships-and-merit-scholarships/.

"Academies of Louisville." *Jefferson County Public Schools.* 2017. Accessed June 8, 2018. https://www.jefferson.kyschools.us/academies-louisville.

"Access Your Full File Disclosure." LexisNexis Personal Reports. 2017. Accessed November 16, 2017. https://personalreports.lexisnexis.com/access_your_full_file_disclosure.jsp.

"Accreditation - Institution Search, U.S. Department of Education Database of Accredited Postsecondary Institutions and Programs." Office of Post Secondary Education, U.S. Department of Education. 2017. Accessed November 09, 2017. http://ope.ed.gov/accreditation/Search.aspx.

"Accreditation: What does Accreditation Mean?" Digital Properties, LLC. 2013. Accessed March 2015. https://www.50states.com/college-resources/accreditation.htm.

La Guía Comprensiva del Estudiante para la Universidad & Otras Lecciones de Vida

"Add a citation and create a bibliography: Word." Microsoft. 2017. Accessed November 22, 2017. https://support.office.com/en-us/article/Add-a-citation-and-create-a-bibliography-17686589-4824-4940-9c69-342c289fa2a5.

"Advising Policies, Undergraduate Computer Science at UMD." University of Maryland, College Park. Accessed November 17, 2013. http://undergrad.cs.umd.edu/advising-policies.

Alcohol Facts and Statistics." National Institute on Alcohol Abuse and Alcoholism, U.S. Department of Health and Human Services. June 2017. Accessed November 29, 2017. https://www.niaaa.nih.gov/alcohol-health/overview-alcohol-consumption/alcohol-facts-and-statistics.

"Alcohol Policy Information System - Underage Drinking Maps & Charts." National Institute on Alcohol Abuse and Alcoholism, U.S. Department of Health and Human Services. 2016. Accessed November 29, 2017. http://alcoholpolicy.niaaa.nih.gov/Underage_Drinking_Maps_and_Charts.html.

American Civil Liberties Union. *Know Your Rights and Your College's Responsibilities: Title IX and Sexual Assault*. Women's Rights Project. Accessed December 13, 2017. https://www.aclu.org/files/pdfs/womensrights/titleixandsexualassaultknowyourrightsandyourcollege%27sresponsibilities.pdf.

"America's Top Colleges." Forbes. 2014. Accessed April 2014. http://www.forbes.com/top-colleges/list/.

"America's Top Colleges - United States Military Academy." Forbes. 2013. Accessed May 2015. http://www.forbes.com/colleges/united-states-military-academy/.

"America's Top Colleges - University of Maryland, College Park." Forbes. 2013. Accessed March 2015. http://www.forbes.com/colleges/university-of-maryland-college-park/.

"America's Top Colleges - University of Maryland, College Park." Forbes. 2016. Accessed October 22, 2016. http://www.forbes.com/colleges/university-of-maryland-college-park/.

"America's Top Colleges - University of Wisconsin, Milwaukee." Forbes. 2013. Accessed July 2013. http://www.forbes.com/colleges/university-of-wisconsin-milwaukee/.

"America's Top Colleges - University of Wisconsin, Milwaukee." Forbes. 2016. Accessed October 22, 2016. http://www.forbes.com/colleges/university-of-wisconsin-milwaukee/.

Andrews, Linda Landis. *How to Choose a College Major*. New York, NY: McGraw-Hill, 2006.

"AP Course Ledger." The College Board, University of Oregon. 2002-2016. Accessed February 13, 2015. https://apcourseaudit.epiconline.org/ledger/.

"Application Deadlines." The Campus Commons, University Language Services. 1998-2017. Accessed November 09, 2017. http://www.universitylanguage.com/guides/us-university-and-us-college-application-deadlines/.

"*Annual Credit Report.com.*" Central Source, LLC. 2018. Accessed May 5, 2018. https://www.annualcreditreport.com/index.action.

"Associate Degree Programs Online & Classroom - DeVry." DeVry Institute of Technology. 2013. Accessed March 2014. http://www.DeVry.edu/degree-programs/associate-degree.html.

"Avoiding Scams." *Federal Student Aid, U.S. Department of Education.* 2018. Accessed August 8, 2018. https://studentaid.ed.gov/sa/types/scams.

"Back to School Statistics." Fast Facts - National Center for Education Statistics, U.S. Department of Education. January 1, 2014. Accessed February 6, 2015. http://nces.ed.gov/fastfacts/display.asp?id=372.

Bader, John B. *Dean's list: eleven habits of highly successful college students.* Baltimore, MD: The Johns Hopkins University Press, 2011.

"Bankrate.com Credit Card Minimum Payment Calculator -- How long will it take to pay off credit cards?" Bankrate.com. 2017. Accessed November 17, 2017. https://www.bankrate.com/calculators/credit-cards/credit-card-minimum-payment.aspx.

"Before & After Drugs: The Horrors of Methamphetamines - Infographic." Rehabs.com. 2012. Accessed May 2014. https://www.rehabs.com/explore/meth-before-and-after-drugs/infographic.php#.WhMkFyaWzIU.

"Best Colleges - University of Maryland, College Park." U.S. News & World Report L.P. November 2017. Accessed November 09, 2017. https://www.usnews.com/best-colleges/university-of-maryland-2103.

"Best Colleges - United States Military Academy." U.S. News & World Report L.P. 2013. Accessed May 2015. http://colleges.usnews.rankingsandreviews.com/best-colleges/united-states-military-academy-2893.

"Best Colleges - United States Military Academy." Map. U.S. News & World Report L.P. 2013. Accessed May 2015. http://colleges.usnews.rankingsandreviews.com/best-colleges/united-states-military-academy-2893/map?int=c6b9e3

"Best Colleges - University of Maryland, College Park." Map. U.S. News & World Reports L.P. 2013. Accessed June 2015.

La Guía Comprensiva del Estudiante para la Universidad & Otras Lecciones de Vida

http://colleges.usnews.rankingsandreviews.com/best-colleges/university-of-maryland-college-park-2103/map?int=c6b9e3.

"BibMe: Free Bibliography & Citation Maker - MLA, APA, Chicago, Harvard." BibMe, a Chegg Service. 2017. Accessed November 22, 2017. http://www.bibme.org/.

"Birth Control Methods." Bedsider. 2013. Accessed March 13, 2014. http://bedsider.org/methods.

"Browse Student Organizations - OrgSync at UMD." University of Maryland, College Park. 2013. Accessed July 2015. http://orgsync.umd.edu/browse_student_organizations.

Byrne, Richard. "7 Resources for Detecting and Preventing Plagiarism." Free Technology for Teachers. August 24, 2010. Accessed November 22, 2017. http://www.freetech4teachers.com/2010/08/7-resources-for-detecting-and.html.

"Camp Information." Maryland Athletics, University of Maryland, College Park. March 22, 2016. Accessed November 2016. http://www.umterps.com/ViewArticle.dbml?DB_OEM_ID=29700&ATCLID=208130407.

"Campus Safety and Security." U.S. Department of Education. 2017. Accessed November 28, 2017. https://ope.ed.gov/campussafety/#/institution/search.

Caplinger, Dan. "Graduates Keep Struggling With Private Student Loans." Daily Finance, AOL.com. September 1, 2014. Accessed November 14, 2017. http://www.dailyfinance.com/2013/09/01/students-still-struggle-private-loan-college-debt/.

Carnevale, Anthony P., Stephen J. Rose, and Ban Cheah. "The College Pay Off: Education, Occupations, Lifetime Earnings." *Center on Education and the Workforce: Georgetown University*. 2014. Accessed May 8, 2018. https://cew.georgetown.edu/wp-content/uploads/2014/11/collegepayoff-complete.pdf.

"Certificates: Gateway to Gainful Employment and College Degrees." Chart. McCourt School of Public Policy, Center on Education and the Workforce, Georgetown University. June 5, 2012. Accessed November 13, 2017. http://cew.georgetown.edu/certificates/.

"CFPB Ombudsman." *Consumer Financial Protection Bureau*. 2018. Accessed August 19, 2018. https://www.consumerfinance.gov/.
Choy, Susan P. "Students Whose Parents Did Not Go to College: Postsecondary Access, Persistence, and Attainment, NCES 2001–126." National Center for Education Statistics, U.S. Department of Education. December 2001. Accessed November 7, 2017. http://nces.ed.gov/pubs2001/2001126.pdf.

"Choose the Federal Student Loan Repayment Plan That's Best for You." *Federal Student Aid, U.S. Department of Education*. 2018. Accessed July 14, 2018. https://studentaid.ed.gov/sa/repay-loans/understand/plans.

"Circle of 6." Tech 4 Good Inc. 2015. Accessed June 26, 2016. http://www.circleof6app.com/.

"*City-data.com: Crime Rate in Washington, D.C.*" Advameg, Inc. 2018. Accessed May 5, 2018. http://www.city-data.com/crime/crime-Washington-District-of-Columbia.html.

Clark, Kim. "Community college: How to choose the right school." CNNMoney. June 7, 2012. Accessed July 2015. http://money.cnn.com/2012/06/07/pf/college/community-college/index.htm.

Clark, Kim. "6 tips to help you pick the best community college." CNNMoney. June 7, 2012. Accessed November 13, 2017. http://money.cnn.com/2012/06/06/pf/college/best-community-college/index.htm.

"Closure of ITT Technical Institutes." Federal Student Aid. May 11, 2017. Accessed November 09, 2017. https://studentaid.ed.gov/sa/about/announcements/itt.

"College Affordability and Transparency Center." U.S. Department of Education. 2015. Accessed November 17, 2017. http://collegecost.ed.gov/catc/#.

"College Affordability and Transparency Center." U.S. Department of Education. 2018. Accessed August 10, 2018. https://collegecost.ed.gov/index.aspx.

"*College and University Food Bank Alliance.*" CUFBA National. 2018. Accessed May 7, 2018. https://sites.temple.edu/cufba/about-us/.

"College Data, College Profile - University of Wisconsin - Milwaukee." 1st Financial Bank, USA. 2013. Accessed October 22, 2016. http://www.collegedata.com/cs/data/college/college_pg01_tmpl.jhtml?schoolId=1702.

"College Navigator." National Center for Education Statistics, U.S. Department of Education. 2013. Accessed August 2015. http://nces.ed.gov/collegenavigator/.

"College Navigator - DeVry University-Virginia." National Center for Education Statistics, U.S. Department of Education. 2018. Accessed April 2018. https://nces.ed.gov/collegenavigator/?q=DeVry+university&s=VA&id=482653#expenses.

"College Navigator - Montgomery College." National Center for Education Statistics, U.S. Department of Education. 2016. Accessed April 2016. https://nces.ed.gov/collegenavigator/?q=montgomery%20college&s=MD&id=163426#general.

La Guía Comprensiva del Estudiante para la Universidad & Otras Lecciones de Vida

"College Navigator – Sarah Lawrence College." National Center for Education Statistics, U.S. Department of Education. 2018. Accessed June 2018. https://nces.ed.gov/collegenavigator/?id=195304#expenses.

"College Navigator - University of Maryland-College Park." National Center for Education Statistics, U.S. Department of Education. 2018. Accessed April 2018. https://nces.ed.gov/collegenavigator/?q=University+of+Maryland+College+Park&s=MD+VA&id=163286#expenses.

College Navigator: Find the School to Match any Interest from Archery to Zoology. New York, NY: Random House, 2007.

"College Rankings - Top 500 Ranked Community Colleges." StateUniversity.com. 2013. Accessed July 2015. http://www.stateuniversity.com/rank/score_rank_by_commc.html.

"College Transfer Simplified." AcademyOne, Inc. 2017. Accessed November 13, 2017. http://www.collegetransfer.net/Home/tabid/976/Default.aspx.

"College Video Tours." It's Nacho, YOUniversityTV. 2017. Accessed November 08, 2017. https://www.youniversitytv.com/category/college/.

"Compare Schools." *Consumer Financial Protection Bureau.* 2018. Accessed August 9, 2018. https://www.consumerfinance.gov/paying-for-college/compare-financial-aid-and-college-cost/.

"Compiling the Forbes/CCAP Rankings." Center for College Affordability and Productivity. Accessed August 2015. http://centerforcollegeaffordability.org/uploads/2012_Methodology.pdf.

Colley, Angela. "Credit Unions vs. Banks - Differences, Pros & Cons." Money Crashers. July 13, 2011. Accessed November 17, 2017. http://www.moneycrashers.com/why-credit-unions-are-better-than-banks/.

"Costs." University of Maryland, College Park. 2016. Accessed October 22, 2016. https://admissions.umd.edu/finance/costs.

"Cost to Attend University of Wisconsin Milwaukee: Annual Costs." CollegeCalc.org. 2018. Accessed May 19, 2018. http://www.cite.com/bibliography.html?id=5b007c70b9aa8fef618b4571.

Cotner, Herb. "Ask a Cop: What Should I Say When I Call 911 for a Loved One?" National Alliance on Mental Illness. January 31, 2014. Accessed November 28, 2017. https://www.nami.org/About-NAMI/NAMI-News/Ask-a-Cop-What-Should-I-Say-When-I-Call-911-for-a.

Couch, Christina. "Six Things to Know About Private Student Loans | Fox Business." Personal Finance, Fox Business/Bankrate, Inc. August 2, 2012. Accessed November 15,

2017. http://www.foxbusiness.com/features/2012/08/02/6-things-to-know-about-private-student-loans.html.

"Council for Higher Education Accreditation." Council for Higher Education Accreditation. 2013. Accessed March 2015. http://www.chea.org/.

"Coursera - Courses." Coursera Inc. 2017. Accessed November 25, 2017. https://www.coursera.org/courses?languages=en.

"Credit vs. debit: Get the most from your cards." Better Money Habits, Bank of America Corporation. 2017. Accessed November 17, 2017. https://bettermoneyhabits.bankofamerica.com/en/personal-banking/difference-between-debit-and-credit?cm_mmc=EBZ-CorpRep-_-Taboola-_-text_link_creditvsdebit-_-Taboola_Desktop_Textlink_CPC_CC_CreditVsDebit%25252525252520-%25252525252520fbid#fbid=REEvu9JkTe5.

Csiszar, John. "12 Best Apps for First-Time Investors." GOBankingRates. July 26, 2017. Accessed November 17, 2017. https://www.gobankingrates.com/investing/10-apps-timid-first-time-investors/.

Curry, Colleen. "Natalee Holloway Is Dead, Judge Decides." ABC News. January 12, 2012. Accessed November 26, 2017. http://abcnews.go.com/News/judge-pronounces-natalee-holloway-dead/story?id=15346993.

"Deferment and Forbearance." Federal Student Aid, U.S. Department of Education. 2017. Accessed November 17, 2017. https://studentaid.ed.gov/sa/repay-loans/deferment-forbearance.

"Degree Mill and Accreditation Mills - Video." Council for Higher Education Accreditation/CHEA International Quality Group. 2013. Accessed March 2015. http://www.chea.org/4DCGI/cms/review.html?Action=CMS_Document&DocID=208&MenuKey=main.

"Department of Mathematics - Testbank." University of Maryland, College Park. 2016. Accessed November 22, 2017. https://www-math.umd.edu/testbank.html.

"Digest of Education Statistics: 2011 - Undergraduate Prices." National Center for Education Statistics, U.S. Department of Education. May 2012. Accessed October 2014. https://nces.ed.gov/programs/digest/d11/.

"Directorate of Cadet Activities." United States Military Academy, West Point. 2013. Accessed May 2016. http://www.usma.edu/dca/SitePages/Home.aspx.

"Directory of Accredited Institutions." Accrediting Commission of Career Schools and Colleges. 2013. Accessed March 2015. http://www.accsc.org/Directory/index.aspx.

La Guía Comprensiva del Estudiante para la Universidad & Otras Lecciones de Vida

"Educational attainment of the labor force age 25 and older by race and Hispanic or Latino ethnicity, 2014 annual averages." Chart. TED: The Economics Daily - U.S. Bureau of Labor Statistics. November 18, 2015. Accessed November 26, 2016. http://www.bls.gov/opub/ted/2015/educational-attainment-and-occupation-groups-by-race-and-ethnicity-in-2014.htm.

"Educational Attainment: 2012 - 2016 American Community Survey 5 - Year Estimates." American FactFinder - U.S. Census Bureau. 2016. Accessed April 19, 2018. https://factfinder.census.gov/faces/tableservices/jsf/pages/productview.xhtml?pid=ACS_16_5YR_S1501&src=pt. Educational Attainment of the Population 25 Years and Over data.

Edwards, Halle. "SAT / ACT Prep Online Guides and Tips." What's Better for You: IB or AP? College Expert Guide: PrepScholar. 2013-2018. Accessed April 23, 2018. https://blog.prepscholar.com/whats-better-for-you-ib-or-ap.

"ELMS." Division of Information Technology, University of Maryland, College Park. 2016. Accessed October 27, 2016. http://www.elms.umd.edu/.

Executive Summary – Mid-Year snapshot of private student loan complaints. Report. Consumer Financial Protection Bureau. July 2013. Accessed November 14, 2017. http://files.consumerfinance.gov/f/201308_cfpb_complaint-snapshot.pdf.

"FAFSA4caster." Federal Student Aid, U.S. Department of Education. 2018. Accessed August 7, 2018. https://fafsa.ed.gov/FAFSA/app/f4cForm?execution=e1s1.

Fain, Paul. "Graduate, Transfer, Graduate." Inside Higher Ed. November 8, 2012. Accessed July 2015. http://www.insidehighered.com/news/2012/11/08/high-graduation-rates-community-college-transfers.

"FAQ on Textbooks." National Association of College Stores. January 2014. Accessed June 10, 2015. https://www.nacs.org/advocacynewsmedia/faqs/faqontextbooks.aspx.

"Fast Facts - AACC." American Association of Community Colleges. 2017. Accessed November 10, 2017. https://www.aacc.nche.edu/research-trends/fast-facts/.

"Federal Pell Grant Program – Federal Student Aid." U.S. Department of Education. 2018. Accessed May 1, 2018. https://studentaid.ed.gov/sa/types/grants-scholarships/pell.

"Federal Student Loan Portfolio by Volume ($), September 2011 (source Federal Student Aid - Outstanding Principal Balance)." Chart. New York Times. December 9, 2011. Accessed July 7, 2015. http://graphics8.nytimes.com/news/business/piecharts.pdf.

"Federal Student Loans for College or Career School Are an Investment in Your Future." *Federal Student Aid, U.S. Department of Education.* 2018. Accessed August 14, 2018. https://studentaid.ed.gov/sa/types/loans.

"Federal Work-Study Jobs Help Students Earn Money to Pay for College or Career School." *Federal Student Aid, U.S. Department of Education.* 2018. Accessed August 17, 2018. https://studentaid.ed.gov/sa/types/work-study.

"Feed The Pig: Tools to Invest, Save and Budget Your Money." Feed the Pig, American Institute of CPAs. 2006-2013. Accessed November 17, 2017. https://www.feedthepig.org/.

"Find a college that's right for you! - College Search." Peterson's, A Nelnet Company. 2017. Accessed November 08, 2017. http://www.petersons.com/college-search.aspx.

"Find Support, National Alliance on Mental Illness (NAMI)." NAMI. 2014. Accessed November 28, 2017. https://www.nami.org/Find-Support/NAMI-Programs/NAMI-Family-to-Family.

"Find Your College - College Search." The Princeton Review: TPR Education IP Holdings, LLC. 2013. Accessed February 2015. https://www.princetonreview.com/college-search?ceid=cp-1023919.

Fiske, Edward B., and Shawn Logue. *Fiske guide to colleges, 2013.* Naperville, IL: Sourcebooks, 2012.

"For-profit Colleges and Universities." National Conference of State Legislatures. July 3, 2013. Accessed October 2013. http://www.ncsl.org/research/education/for-profit-colleges-and-universities.aspx.

"Forgiveness, Cancellation, and Discharge." Federal Student Aid, U.S. Department of Education. 2017. Accessed November 15, 2017. https://studentaid.ed.gov/sa/repay-loans/forgiveness-cancellation.

"Four Year Plans." College of Computer, Mathematical, and Natural Sciences, University of Maryland, College Park. October 12, 2012. Accessed November 17, 2013. https://cmns.umd.edu/undergraduate/advising-academic-planning/academic-planning/four-year-plans.
"Four-year Curriculum: Bachelor of Science in Computer Science (BSCS)." Chart. Department of Electrical Engineering and Computer Science, The Catholic University of America. 2017. Accessed November 18, 2017. http://eecs.cua.edu/res/docs/CS-General-Track-Fall-2017.pdf.

"Free English Tests and Exercises Online for ESL, TOEFL, TOEIC, GRE, SAT, GMAT." EnglishTestStore. 2005-2016. Accessed November 07, 2017. http://englishteststore.net/index.php?option=com_content&view=featured&Itemid=344.

"Free Online Proofreader: Grammar Check, Plagiarism Detection, and more." Paper Rater. 2014. Accessed November 10, 2015. http://www.paperrater.com/.

La Guía Comprensiva del Estudiante para la Universidad & Otras Lecciones de Vida

"FAQs for the Media: 'When Reporting a Crime, Who Should Students and Residents Located on Campus Call?'" *International Association of Campus Law Enforcement Administrators*. 2018. Accessed August 18, 2018. https://www.iaclea.org/faqs-for-the-media.

"Freshman Application Checklist." University of Maryland, College Park. Accessed November 09, 2017. https://www.admissions.umd.edu/apply/freshmanchecklist.php.

"Friend Radar." Not Exactly Software LLC. 2009 - 2013. Accessed October 10, 2015. http://www.notexactlysoftware.com/FriendRadar.

"General Education Courses at MC and at UMCP." Montgomery College. 2013. Accessed August 2015. http://cms.montgomerycollege.edu/EDU/Department2.aspx?id=26608.

"General Education Program." University of Maryland, College Park. 2013. Accessed September 24, 2015. http://www.gened.umd.edu/.

Giang, Vivian. "The 40 Highest-Paying Jobs You Can Get Without A Bachelor's Degree." Business Insider. August 07, 2012. Accessed June 2015. http://www.businessinsider.com/the-40-highest-paying-jobs-you-can-get-without-a-bachelors-degree-2012-8.

Gould, Jon B. *How to Succeed in College (While Really Trying): A Professor's Inside Advice*. Chicago, IL: The University of Chicago Press, 2012.

"Grants and Scholarships Are Free Money to Help Pay for College or Career School." *Federal Student Aid, U.S. Department of Education*. 2018. Accessed August 7, 2018. https://studentaid.ed.gov/sa/types/grants-scholarships.

Gray, Meghan, and Rachel Mehlhaff. "UNT bans alcohol at fraternity events following student's fall." Dallas News. February 07, 2013. Accessed November 29, 2017. https://www.dallasnews.com/news/denton/2013/02/07/unt-bans-alcohol-at-fraternity-events-following-students-fall.

Grove, Allen. "Why Do College Textbooks Cost So Much Money?" ThoughtCo. January 1, 2017. Accessed November 21, 2017. http://collegeapps.about.com/od/payingforcollege/f/college-books-cost.htm.

Guo, Jeff. "*Attention college students: You may have earned a degree without knowing it.*" Washington Post.com. Feb 10, 2018. Accessed May 7, 2018. https://www.washingtonpost.com/blogs/govbeat/wp/2015/02/10/attention-college-students-you-may-have-earned-a-degree-without-knowing-it/?noredirect=on&utm_term=.0dbea3f4d454.

"Harms of Cigarette Smoking and Health Benefits of Quitting." National Cancer Institute. December 3, 2014. Accessed November 29, 2017.

https://www.cancer.gov/about-cancer/causes-prevention/risk/tobacco/cessation-fact-sheet.

Helhoski, Anna. "2 extra years in college could cost you almost $300,000." USA Today. June 21, 2016. Accessed June 21, 2016. https://www.usatoday.com/story/money/personalfinance/2016/06/21/2-extra-years-college-could-cost-you-almost-300000/86148832/.

Helmenstine, Anne Marie. "Get Facts Rohypnol or Roofies." ThoughtCo. March 7, 2017. Accessed November 26, 2017. https://www.thoughtco.com/rohypnol-or-roofies-fast-facts-606394.

"Helping Victims with Safety. Helping States with Implementation." Cynthia L. Bischof Memorial Foundation. March 03, 2015. Accessed November 27, 2017. http://www.cindysmemorial.org/.

Hershbein, Brad, and Melissa S. Kearney. "Major Decisions: What Graduates Earn over Their Lifetimes." The Hamilton Project: Brookings Institution. September 29, 2015. Accessed October 2017. http://www.hamiltonproject.org/papers/major_decisions_what_graduates_earn_over_their_lifetimes.

Hicken, Melanie. "Average cost to raise a kid: $241,080." CNNMoney. August 14, 2013. Accessed November 26, 2017. http://money.cnn.com/2013/08/14/pf/cost-children/.

"High Hopes, Big Debts." The Project on Student Debt. May 2010. Accessed November 9, 2017. https://ticas.org/files/pub/High_Hopes_Big_Debts_2008.pdf.

"High School Students and Teachers." American Mathematical Society. 2014. Accessed July 2015. http://www.ams.org/programs/students/high-school/high-school.

"Highest Educational Attainment Levels Since 1940: Adults 25 Years and Older with a Bachelor's Degree or Higher." U.S. Census Bureau. March 30, 2017. Accessed April 19, 2018. https://www.census.gov/library/visualizations/2017/comm/cb17-51_educational_attainment.html.

"How does your community college stack up?" CNNMoney. Accessed September 2015. http://money.cnn.com/pf/college/community-colleges/.

"How FICO Credit Score is calculated." Fair Isaac Corporation. 2001-2017. Accessed November 18, 2017. http://www.myfico.com/crediteducation/whatsinyourscore.aspx.

"How to Choose a Financial Planner." The Wall Street Journal, Dow Jones & Company. 2017. Accessed December 13, 2017. http://guides.wsj.com/personal-finance/managing-your-money/how-to-choose-a-financial-planner/.

La Guía Comprensiva del Estudiante para la Universidad & Otras Lecciones de Vida

"How to Write a Thesis Statement." Writing Guides: Writing Tutorial Services, Indiana University, Bloomington. April 7, 2014. Accessed November 24, 2017. http://www.indiana.edu/~wts/pamphlets/thesis_statement.shtml.

"Illiteracy Statistics." STATS, Statisticsbrain.com. July 22, 2017. Accessed November 22, 2017. https://www.statisticbrain.com/number-of-american-adults-who-cant-read/.

"Interest Rates and Fees." Federal Student Aid, U.S. Department of Education. 2017. Accessed November 15, 2017. https://studentaid.ed.gov/sa/types/loans/interest-rates.

"Is Taking a Gap Year Before College Right For You?" *The Princeton Review*. 2018. Accessed August 23, 2018. https://www.princetonreview.com/college-advice/deferred-admission.

"Intuit Mint: It's All Coming Together." *Intuit, Inc.* 2018. Accessed August 18, 2018. https://www.mint.com/.

Kannel, Susan. "A Consumer's Guide to Going to School: Types of colleges and universities." Chart. Chicago, IL: Council for Experiential Learning. 2013. Accessed October 25, 2017. http://www.cael.org/pdfs/a_consumer-s_guide_to_going_to_school_-_cael.

"Khan Academy." Khan Academy. 2017. Accessed November 25, 2017. http://www.khanacademy.org/.

Kimbro, Dennis Paul. *The Wealth Choice: Success Secrets of Black Millionaires*. The Napoleon Hill Foundation, 2013.

Latimer, Leah Y. *Higher Ground: Preparing African-American children for College*. New York, NY: Avon Books, Inc., 1999.

Leadership21 Committee. "Campus Mental Health: Know Your Rights." The Judge David L. Bazelon Center for Mental Health Law. 2008. Accessed March 7, 2015. http://www.bazelon.org/wp-content/uploads/2017/01/YourMind-YourRights.pdf.

"Leanna's Essentials - All Natural Products." Leanna's Essentials - All Natural Products. 2016. Accessed October 3, 2016. http://www.leannasessentials.com/.

"Learning Assistance Service." Counseling Center, University of Maryland, College Park. 2015. Accessed March 11, 2015. https://www.counseling.umd.edu/las/.

"Learning Links." Grays Harbor College. 2017. Accessed November 07, 2017. https://www.ghc.edu/content/learning-center-learning-links.

Lewin, Tamar. "Unwed Fathers Fight for Babies Placed for Adoption by Mothers." The New York Times. March 19, 2006. Accessed March 7, 2015.

http://www.nytimes.com/2006/03/19/us/unwed-fathers-fight-for-babies-placed-for-adoption-by-mothers.html.

Lewis, Darcy. "Consider a College With a Focus on Minority Students." *U.S. News & World Report*. September 21, 2016. Accessed August 18, 2018. https://www.usnews.com/education/best-colleges/articles/2016-09-21/consider-a-college-with-a-focus-on-minority-students.

Lino, Mark. "*The Cost of Raising a Child.*" U.S. Department of Agriculture. Jan 13, 2017. Accessed May 6, 2018, https://www.usda.gov/media/blog/2017/01/13/cost-raising-child.

Lobosco, Katie. "Too Poor to Pay for College, Too Rich for Financial Aid." *CNNMoney, Cable News Network, A WarnerMedia Company*. April 29, 2018. Accessed August 17, 2018. https://money.cnn.com/2016/04/28/pf/college/college-financial-aid/index.html.

Ma, Jennifer, Matea Pender, and Meredith Welch. "Education Pays 2016 © 2016: The Benefits of Higher Education for Individuals and Society." Trends in Higher Education Report 2016. The College Board. 2016. Accessed June 2018. https://trends.collegeboard.org/sites/default/files/education-pays-2016-full-report.pdf.

MacDonald, Jay. "Debt Payoff Debate: Pay Smallest Balance 1st? Or Highest Rate?." *CreditCards.com*. January 23, 2013. Accessed June 22, 2018. https://www.creditcards.com/credit-card-news/paying-off-debt-study-smallest_balance-financially-wrong-1276.php.

Macionis, John J., and Vincent N. Parrillo. *Cities and urban life*. 6th ed. New Jersey: Pearson Education Inc, 2013.

"Majors by College." University of Maryland, College Park. 2017. Accessed November 18, 2017. https://www.admissions.umd.edu/explore/majors/majors-college.

Malone, Michael S. *The Everything College Survival Book: From Social Life to Study Skills—All You Need to Know to Fit Right In*. 2nd ed. Avon, MA: Adams Media, 2005.

Marcus, Lilit. "Fundraising helps teen go from homeless to Howard U." Today, NBC News. August 19, 2013. Accessed June 13, 2015. https://www.today.com/news/fundraising-helps-teen-go-homeless-howard-u-6C10945702.

"Marijuana as Medicine." National Institute of Drug Abuse. April 2017. Accessed November 28, 2017. https://www.drugabuse.gov/publications/drugfacts/marijuana-medicine.

Martin, Andrew, and Andrew W. Lehren. "Student Loans Weighing Down a Generation with Heavy Debt." The New York Times. May 12, 2012. Accessed November 17, 2017.

La Guía Comprensiva del Estudiante para la Universidad & Otras Lecciones de Vida

http://www.nytimes.com/2012/05/13/business/student-loans-weighing-down-a-generation-with-heavy-debt.html?pagewanted=all&_r=0.

Marus, John. "Stopping the clock on credits that don't count." The Hechinger Report, Teachers College at Columbia University. April 22, 2013. Accessed February 10, 2015. http://hechingerreport.org/stopping-the-clock-on-credits-that-dont-count/.

"Maryland at a Glance: Maryland Community Colleges." Maryland State Archives. June 2, 2017. Accessed November 08, 2017. http://msa.maryland.gov/msa/mdmanual/01glance/html/colcom.html.

"Maryland at a Glance: Maryland Higher Education, Colleges, Universities." Maryland State Archives. October 24, 2017. Accessed November 08, 2017. http://msa.maryland.gov/msa/mdmanual/01glance/html/edhigh.html.

"Maryland Community Colleges." *Maryland Association of Community Colleges*. 2018. Accessed August 20, 2018. https://mdacc.org/.

"Maryland Junior College Athletic Conference." Maryland Junior College Athletic Conference. 2017. Accessed November 14, 2017. http://www.mdjuco.org/landing/index.

"Maryland Transfer Advantage Program (MTAP) - Science, Engineering and Technology (SET)." Montgomery College. 2013. Accessed July 2015. http://cms.montgomerycollege.edu/EDU/Department2.aspx?id=24851.

"Massive Open Online Courses (MOOCs)." edX Inc. 2016. Accessed November 25, 2017. http://mooc.org/.

"Matching Careers to Degrees." Chart. Big Future, The College Board. October 20, 2017. Accessed October 20, 2017. https://bigfuture.collegeboard.org/explore-careers/careers/matching-careers-to-degrees.

"Math Success Program, Frequently Asked Questions." Department of Resident Life, University of Maryland, College Park. 2016. Accessed October 27, 2016. http://reslife.umd.edu/programs/math_success/faq/.

"Mathematics Placement Test Information." Department of Mathematics, University of Maryland, College Park. 2013. Accessed February 2015. http://www-math.umd.edu/placement-test-information.html.

McGurran, Brianna. "When to Refinance Student Loans." *Nerdwallet.com*. July 26, 2018. Accessed 2018. https://www.nerdwallet.com/blog/loans/student-loans/student-loan-refinancing-faq/.

Meyer, Cathy. "4 Things You Need to Know about Restraining Orders." LiveAbout. July 14, 2017. Accessed November 27, 2017. http://divorcesupport.about.com/od/abusiverelationships/a/restrain_order.htm.

"Michelle Obama." Biography.com. 2016. Accessed October 3, 2016.
http://www.biography.com/people/michelle-obama-307592.

"Middle States Commission on Higher Education." Middle States Commission on Higher
Education. 2017. Accessed November 09, 2017.
http://www.msche.org/?Nav1=ABOUT&Nav2=MISSION.

"Money 101: Personal Finance, Investing, Retirement, Saving." Time, Inc. 2017.
Accessed November 17, 2017. http://time.com/money/collection/money-101/.

"National Junior College Athletic Association." National Junior College Athletic
Association. 2017. Accessed November 14, 2017. http://www.njcaa.org/.

"National Suicide Prevention Lifeline." *Substance Abuse and Mental Health Services
Administration, Mental Health Association of New York City*. 2018. Accessed June 8,
2018. https://suicidepreventionlifeline.org/.

"Naviance by Hobsons." *Hobsons - Naviance.com*. 2016. Accessed May 8, 2018.
https://www.naviance.com/.

"NCHC Online Guide." National Collegiate Honors Council. 2017. Accessed November
14, 2017. http://www.nchcguide.com/nchc-directory/#more-52.

Nichols, James. "Kids React to Gay Marriage." YouTube. November 03, 2013. Accessed
November 28, 2017. http://www.youtube.com/watch?v=8TJxnYgP6D8.

"NSLDS Student Access: National Student Loan Data System." *Federal Student Aid,
U.S. Department of Education*. 2018. Accessed July 14, 2018.
https://www.nslds.ed.gov/nslds/nslds_SA/.

"Nutrition Services." University Health Center, University of Maryland, College Park.
2009. Accessed November 28, 2017. http://www.health.umd.edu/nutritionservices.

O'shaungnessy, Lynn. "Why freshmen retention rates matter | Unigo." Unigo. June 1,
2015. Accessed July 13, 2016. https://www.unigo.com/get-to-college/college-
search/why-freshmen-retention-rates-matter.

Olefson, Shari B. *Financial Fresh Start: your five-step plan for adapting and prospering
in the new economy*. New York, NY: American Management Association, 2013.

"Oral Communications Center." *Excellence from planning to practice* (web log).
Department of Communications, University of Maryland, College Park. 2014. Accessed
September 24, 2015. http://umdocc.wixsite.com/blog.

"Parents - Helping your child with the College Planning Process." The College Board.
2013. Accessed July 2015. https://bigfuture.collegeboard.org/get-started/for-parents.

Paul, Annie Murphy. "What We Can Learn from First-Generation College Students." Time, Inc. April 11, 2012. Accessed November 07, 2017. http://ideas.time.com/2012/04/11/what-we-can-learn-from-first-generation-college-students/.

"PCC Compass Placement Test Review Packet." Portland Community College. Accessed November 7, 2017. https://www.pcc.edu/resources/tutoring/sylvania/student-success/documents/total.pdf.

Petrecca, Laura. "In tight job market, some teens start their businesses." USA Today. May 22, 2009. Accessed October 2016. http://usatoday30.usatoday.com/money/smallbusiness/2009-05-18-teen-entrepreneurs-start-businesses_N.htm.

"Phi Beta Kappa National Honor Society." Phi Theta Kappa. 2017. Accessed November 14, 2017. https://www.ptk.org/default.aspx.

"PLUS Loans." Federal Student Aid, U.S. Department of Education. 2015. Accessed February 17, 2015. https://studentaid.ed.gov/sa/types/loans/plus.

"Practice and Be Prepared for ACCUPLACER." The College Board. 2017. Accessed November 07, 2017. https://accuplacer.collegeboard.org/student/practice.

"Pre-Transfer Advising." Office of Undergraduate Studies, University of Maryland, College Park. Accessed November 10, 2017. http://www.transferadvising.umd.edu/.

Private Loans: Facts and Trends. Report. The Institute for College Access & Success. June 2016. Accessed November 14, 2017. https://ticas.org/sites/default/files/pub_files/private_loan_facts_trends.pdf.

"Program Requirements, Aerospace Engineering." University of Maryland, College Park. 2017. Accessed November 18, 2017. http://www.aero.umd.edu/undergrad/program-req.

"Prosecutors: Theater shooting suspect told classmate he wanted to kill people." CNN. August 24, 2012. Accessed November 28, 2017. http://www.cnn.com/2012/08/24/justice/colorado-shooting/index.html.

"Public Service Loan Forgiveness." Federal Student Aid, U.S. Department of Education. 2017. Accessed November 15, 2017. http://studentaid.ed.gov/repay-loans/forgiveness-cancellation/charts/public-service#what-is-the-public.

"Quick Facts about Financial Aid and Community Colleges, 2007-08." Institute for College Access & Success. March 2009. Accessed July 2013. https://eric.ed.gov/?id=ED540078.

"Quick Guide: College Costs." Chart. The College Board. 2017. Accessed November 15, 2017. https://bigfuture.collegeboard.org/pay-for-college/college-costs/quick-guide-college-costs.

"Quitting Smoking Among Adults --- United States, 2001--2010." Centers for Disease Control and Prevention. November 11, 2011. Accessed November 30, 2017. https://www.cdc.gov/mmwr/preview/mmwrhtml/mm6044a2.htm?s_cid=mm6044a2_w.

"Rate My Professors - Review Teachers and Professors, School Reviews, College Campus Ratings." Ratemyprofessors.com. 2013. Accessed June 21, 2015. http://www.ratemyprofessors.com/.

Roeder, Oliver. "Releasing Drug Offenders Won't End Mass Incarceration." *FiveThirtyEight, ABC News Internet Ventures*. 2018. Accessed August 17, 2018. https://fivethirtyeight.com/features/releasing-drug-offenders-wont-end-mass-incarceration/.

"Reporting to Law Enforcement ." RAINN. 2016. Accessed November 27, 2017. https://www.rainn.org/articles/reporting-law-enforcement.

"Requirements for a Bachelors Degree." College of Liberal Arts & Sciences, The University of Iowa. July 18, 2016. Accessed July 2016. https://clas.uiowa.edu/students/handbook/requirements-bachelors-degree.

Substance Abuse and Mental Health Services Administration. *Results from the 2012 National Survey on Drug Use and Health: summary of national findings*. NSDUH Series H-46, HHS Publication No. (SMA) 13-4795. Rockville, MD: U.S. Dept. of Health and Human Services, Substance Abuse and Mental Health Services Administration, Center for Behavioral Health Statistics and Quality, 2013. https://archive.samhsa.gov/data/NSDUH/2012SummNatFindDetTables/NationalFindings/NSDUHresults2012.htm#ch2.2

Sullivan, Bob. "Know Your Rights on Bank Account Fraud." *NBCNews.com*. August 12, 2005. Accessed September 6, 2018. http://www.nbcnews.com/id/8915217/ns/technology_and_science-security/t/know-your-rights-bank-account-fraud/#.W5EwpyaWxjo.

"Salted Caramel Mocha Frappuccino® Blended Beverage." Starbucks Corporation. 2016. Accessed November 28, 2017. https://www.starbucks.com/menu/drinks/frappuccino-blended-beverages/salted-caramel-mocha-frappuccino-blended-beverage.

Schneider, Zola Dincin, and Norman G. Schneider. *Campus Visits & College Interviews: A Complete Guide for College-bound Students and their Families*. 3rd ed. New York, NY: College Board, 2012.

La Guía Comprensiva del Estudiante para la Universidad & Otras Lecciones de Vida

Scholarship America. "Get Money for College Through ROTC Programs." U.S. News & World Report. July 25, 2013. Accessed April 29, 2018. https://www.usnews.com/education/blogs/the-scholarship-coach/2013/07/25/get-money-for-college-through-rotc-programs.

Scott, Amy. "First generation college students go viral." Marketplace - Minnesota Public Radio. November 21, 2013. Accessed July 2015. http://www.marketplace.org/topics/wealth-poverty/first-family/first-generation-college-students-go-viral.

Shakespeare, William. *The Tragedy of Macbeth*. The Harvard Classics. Vol. XLVI, Part 4. New York, NY: P.F. Collier & Son, 1909–14. Bartleby.com, 2001. Accessed November 11, 2015. www.bartleby.com/46/4/.

Shakespeare, William. *Macbeth*. SparkNotes, LLC. 2013. Accessed November 24, 2017. http://www.sparknotes.com/shakespeare/macbeth/canalysis.html.

Sinozich, Sofi, and Lynn Langton. *Rape and Sexual Assault Victimization Among College-Age Females, 1995–2013.* Report no. NCJ 248471. Bureau of Justice Statistics, U.S. Department of Justice. December 2014. Accessed November 27, 2017. https://www.bjs.gov/content/pub/pdf/rsavcaf9513.pdf.

Sledge, Matt. "The Drug War And Mass Incarceration By The Numbers." The Huffington Post. April 08, 2013. Accessed November 28, 2017. https://www.huffingtonpost.com/2013/04/08/drug-war-mass-incarceration_n_3034310.html.

"Stafford Loans @ 2013." Chart. Scholarships.com. 2013. Accessed November 15, 2017. http://www.scholarships.com/financial-aid/student-loans/stafford-loans/.

Stalter, Kate. "8 Common Misconceptions About 529 Plans." U.S. News & World Report. November 24, 2014. Accessed April 29, 2018. https://money.usnews.com/money/personal-finance/mutual-funds/articles/2014/11/24/8-common-misconceptions-about-529-plans.

Stalter, Kate. "Everything You Need to Know About 529 College Savings Plans." U.S. News & World Report. August 28, 2017. Accessed November 17, 2017. https://money.usnews.com/529s.

"Steps to Admissions: The West Point Application Process." West Point Admissions, United States Military Academy, West Point. October 2016. Accessed October 29, 2016. https://www.usma.edu/admissions/SitePages/Steps.aspx.

Stewart, Anna M., Keith Bowman, Mitchell Graves, Catherine Landis, Neil Patterson, Yazmin Rivera, and Nicole Werner. "A Research Guide for Students and Teachers - SUNY-ESF." State University of New York, College of Environmental Science and

Forestry. 2009. Accessed November 22, 2017.
http://www.esf.edu/outreach/sciencecorps/documents/ResearchGuide_NSFGK12.pdf.

"Student Aid Deadlines." Federal Student Aid, U.S. Department of Education. 2018.
Accessed May 19, 2018. https://fafsa.ed.gov/deadlines.htm.

"Student Loan Calculator." *Bankrate.com*. 2018. Accessed August 16, 2018.
https://www.bankrate.com/calculators/college-planning/loan-calculator.aspx.

"Students with Criminal Convictions Have Limited Eligibility for Federal Student Aid."
Federal Student Aid, U.S. Department of Education. 2018. Accessed August 17, 2018.
https://studentaid.ed.gov/sa/eligibility/criminal-convictions.

"Study Abroad Vs Exchange." *Study Abroad Center, The University of Hawai'i at
Manoa*. 2018. Accessed June 24, 2018.
http://www.studyabroad.hawaii.edu/students/study-abroad-vs-exchange/.

"Subsidized and Unsubsidized Loans." Federal Student Aid, U.S. Department of
Education. 2015. Accessed February 15, 2015.
https://studentaid.ed.gov/sa/types/loans/subsidized-unsubsidized.

"Sugars, Added Sugars and Sweeteners." American Heart Association Inc. 2013.
Accessed July 17, 2015.
http://www.heart.org/HEARTORG/GettingHealthy/NutritionCenter/HealthyDietGoals/Su
gars-and-Carbohydrates_UCM_303296_Article.jsp.
"Table A-4. Employment status of the civilian population 25 years and over by
educational attainment." U.S. Bureau of Labor Statistics. November 03, 2017. Accessed
November 07, 2017. http://www.bls.gov/news.release/empsit.t04.htm.

"TESTUDO, Office of the Registrar." University of Maryland, College Park. 2017.
Accessed November 18, 2017. http://www.testudo.umd.edu/.

"Testudo, Schedule of Classes, Deadlines." University of Maryland, College Park. 2013.
Accessed June 10, 2015. http://www.testudo.umd.edu/acad_deadlines/fall_2013.html.

"Textbook Rentals." Amazon.com Help. 1996-2017. Accessed November 22, 2017.
http://www.amazon.com/gp/help/customer/display.html/?nodeId=200974570.

"The 50 Most Innovative Computer Science Departments in the U.S." Computer Science
Degree Hub. 2017. Accessed November 26, 2017.
http://www.computersciencedegreehub.com/50-innovative-computer-science-
departments/.

"The Articulation System for Maryland Colleges and Universities." Sunrise Software
Arts, Inc. 1996-2017. Accessed November 13, 2017.
http://www.acaff.usmh.usmd.edu/artweb/chgri.cgi.

La Guía Comprensiva del Estudiante para la Universidad & Otras Lecciones de Vida

"The Best Colleges in America, Ranked." U.S. News & World Report L.P. November 8, 2017. Accessed November 08, 2017. http://colleges.usnews.rankingsandreviews.com/best-colleges.

"The Honor Program - The Simon Center for Professional Military Ethic." United States Military Academy, West Point. 2014. Accessed November 10, 2015. https://www.usma.edu/scpme/SitePages/Honor.aspx.

"The Office of Extended Studies." Office of Extended Studies, University of Maryland, College Park. March 20, 2013. Accessed September 2015. http://oes.umd.edu/.

"The Pros and Cons of AP Classes." College Foundation of West Virginia. 2009. Accessed February 13, 2015. https://secure.cfwv.com/Home/Article.aspx?level=3XAP2FPAX6J7I3kztATGuYyXAP2 BPAXDahIQXAP3DPAXXAP3DPAX&articleId=VTv0Iu2AvHXAP2FPAXqUmR2EH LZXgXAP3DPAXXAP3DPAX.

"The Purdue OWL: Citation Chart." The Purdue OWL. October 2014. Accessed November 10, 2015. https://owl.english.purdue.edu/media/pdf/20110928111055_949.pdf.

"The Smart Student Guide to Financial Aid - Calculators." FinAid - Financial Aid Advice, Fastweb LLC. 2017. Accessed November 15, 2017. http://www.finaid.org/calculators/.

"The U.S. Department of Education Offers Low-interest Loans to Eligible Students to Help Cover the Cost of College or Career School." *Federal Student Aid, U.S. Department of Education.* 2018. Accessed August 17, 2018. https://studentaid.ed.gov/sa/types/loans/subsidized-unsubsidized#eligibility-time-limit.

Tilus, Grant. "100 Celebrities with College Degrees." Rasmussen College. May 9, 2012. Accessed November 26, 2016. http://www.rasmussen.edu/student-life/blogs/main/100-celebrities-with-college-degrees/.

Tilus, Grant. "Semester Vs. Quarter: What You Need to Know When Transferring Credits." *Rasmussen College.* September 27, 2012. Accessed August 28, 2018. https://www.rasmussen.edu/student-life/blogs/main/semester-vs-quarter-need-to-know-when-transferring-credits/.

"Time to degree: Table 3." Chart. Fast Facts - National Center for Education Statistics, U.S. Department of Education. 2011. Accessed June 2015. http://nces.ed.gov/fastfacts/display.asp?id=569.

Tizon, Christian. "Signature Report 6: Completing College: A National View of Student Attainment Rates – Fall 2007 Cohort." National Student Clearinghouse Research Center. December 15, 2013. Accessed November 21, 2016. http://nscresearchcenter.org/signaturereport6/#prettyPhoto.

"Transfer Agreements." Montgomery College. 2017. Accessed November 13, 2017. http://cms.montgomerycollege.edu/agreements/.

"Transfer Course Database." Transfer Credit Services, University of Maryland, College Park. 2013. Accessed November 2013. https://ntst.umd.edu/tce/.

"Transfer Course Database: Devry University-Arlington." Transfer Credit Services, University of Maryland, College Park. 2018. Accessed May 5, 2018. https://app.transfercredit.umd.edu/inst-select.html?searchType=master&searchString=devry&countryCode=US&stateCode=.

"Transfer Equivalency Databases." Montgomery College. 2017. Accessed November 13, 2017. http://cms.montgomerycollege.edu/EDU/Plain.aspx?id=50742.

Tretina, Kat. "5 Common Myths About Student Loan Consolidation." *Student Loan Hero*. May 16, 2017. Accessed August 21, 2018. https://studentloanhero.com/featured/student-loan-debt-consolidation-myths/.

Tuttle, Brad. "Cigarettes Taxes: States with Highest, Cheapest Prices." Money, Time Inc. April 20, 2017. Accessed November 29, 2017. http://time.com/money/4748310/smoking-costs-cigarette-taxes-expensive/.

"Types of Aid." Federal Student Aid, U.S. Department of Education. June 19, 2017. Accessed November 14, 2017. https://studentaid.ed.gov/sa/types.

"U.S. and World Population Clock." U.S. Census Bureau. January 1, 2014. Accessed November 2016. https://www.census.gov/popclock/.

"U.S. Department of Education Database of Accredited Postsecondary Institutions and Programs." Office of Postsecondary Education, U.S. Department of Education. 2017. Accessed November 09, 2017. http://ope.ed.gov/accreditation/.

"UMD Undergraduate Admissions." University of Maryland, College Park. 2017. Accessed November 09, 2017. https://www.admissions.umd.edu/.

"UMD Undergraduate Admissions - Student Organizations." University of Maryland, College Park. 2013. Accessed July 2015. http://www.admissions.umd.edu/student/ClubsAndOrganizations.php.

"Undergraduate Admissions." University of Wisconsin-Milwaukee. 2017. Accessed November 09, 2017. https://www4.uwm.edu/admission/new-freshmen.cfm.

"Undergraduate Catalog - Limited Enrollment Programs." Brigham Young University. 2017. Accessed November 21, 2017. https://catalog.byu.edu/about-byu/limited-enrollment-programs.

La Guía Comprensiva del Estudiante para la Universidad & Otras Lecciones de Vida

"Undergraduate Catalog 2016/2017 - Limited Enrollment Programs." University of Maryland, College Park, 2016-2017. 2016-2017. Accessed November 21, 2017. https://catalogundergraduate.umd.edu/files/2016-2017_Undergraduate_catalog.pdf.

"Unemployment rates by educational attainment in April 2015: The Economics Daily." U.S. Bureau of Labor Statistics. April 2015. Accessed November 23, 2016. http://www.bls.gov/opub/ted/2015/unemployment-rates-by-educational-attainment-in-april-2015.htm.

"*University of Maryland - College Park: Student Life – Crime.*" College Factual, Media Factual. 2018. Accessed May 6, 2018. https://www.collegefactual.com/colleges/university-of-maryland-college-park/student-life/crime/.

"University of Maryland TV." Montgomery County Government. 2016. Accessed November 2016. http://www.montgomerycountymd.gov/PEG/UMDTV/UniversityofMarylandTV.html.

Varsity Tutors. "Should I Join My College's Honors Program?." USA Today College. September 5, 2015. Accessed May 1, 2018, http://college.usatoday.com/2015/09/05/college-honors-program/.

Vazifdar, Lena. "Top Ten Poorest States in America 2012." TravelersToday. September 25, 2012. Accessed June 2015. http://www.travelerstoday.com/articles/3150/20120925/top-ten-poorest.htm.

Venable, Melissa A. "Mental Health Guide for College Students." OnlineColleges.net. October 22, 2013. Accessed March 7, 2015. http://www.onlinecolleges.net/for-students/mental-health-resources/.

"Victims of Sexual Violence: Statistics." RAINN. 2016. Accessed November 27, 2017. https://www.rainn.org/statistics/victims-sexual-violence.

"Virginia Tech Shootings Fast Facts." CNN. April 03, 2017. Accessed November 28, 2017. http://www.cnn.com/2013/10/31/us/virginia-tech-shootings-fast-facts/index.html.

"Visit Maryland Day." University of Maryland, College Park. 2017. Accessed November 09, 2017. https://www.admissions.umd.edu/visit/vmd.php.

Walsh, Dustin. "College credit transfer system examined." Crain's Detroit Business. April 06, 2011. Accessed October 26, 2016. http://www.crainsdetroit.com/article/20110403/SUB01/110409981/college-credit-transfer-system-examined.

"Welcome to Tutoring." Tutoring @ UMD, University of Maryland, College Park. 2016. Accessed October 27, 2016. http://tutoring.umd.edu/.

"What courses should I take? - FAQ: Admissions." The United States Military Academy – West Point®. 2013. Accessed July 2015. http://www.westpoint.edu/admissions/SitePages/FAQ_Admission.aspx.

"What is a credit score?" Bankrate.com April 22, 2010. Accessed November 18, 2017. http://www.bankrate.com/finance/credit-cards/what-is-a-credit-score.aspx.

"What Is an Associate's Degree?" *GetEducated.com*. 2018. Accessed September 2, 2018. https://www.geteducated.com/career-center/detail/what-is-an-associate-degree.

"What is profession? Definition and meaning." BusinessDictionary.com. 2013. Accessed July 2015. http://www.businessdictionary.com/definition/profession.html.

"What's Your Plan? College with a Mental Health Disorder." Mental Health America. February 04, 2016. Accessed October 27, 2016. http://www.mentalhealthamerica.net/whats-your-plan-college-mental-health-disorder.

"When it comes to paying for college, career school, or graduate school, federal student loans offer several advantages over private student loans - Summary of Federal and Private Loan Differences." Chart. Federal Student Aid, U.S. Department of Education. 2017. Accessed November 13, 2017. https://studentaid.ed.gov/sa/types/loans/federal-vs-private.

White, Martha C. "Students with private debt left out by Obama plan." NBCNews.com. October 28, 2011. Accessed November 14, 2017. http://business.nbcnews.com/_news/2011/10/28/8507854-students-with-private-debt-left-out-by-obama-plan.

Willsey, Marie. "How Stafford Loans Work." HowStuffWorks. 2013. Accessed February 13, 2015. https://money.howstuffworks.com/personal-finance/college-planning/financial-aid/stafford-loans.htm.

Winerip, Michael. "How to Assess a College's Mental Health Offerings." The New York Times. January 28, 2011. Accessed October 2, 2016. https://thechoice.blogs.nytimes.com/2011/01/28/mental-health/?_r=0 Web.

"Wolfram Alpha: Computational Knowledge Engine." Wolfram. 2017. Accessed November 25, 2017. http://www.wolframalpha.com/.

"Work Ethic Scholarship Program." *mikeroweWorks Foundation*. 2018. Accessed August 19, 2018. http://profoundlydisconnected.com/.

"Working In Groups - Writing and Speaking, Composing Processes: Drafting, Designing, and Revising." Writing@CSU, Colorado State University. 1993-2017. Accessed November 24, 2017. https://writing.colostate.edu/guides/guide.cfm?guideid=42.

"World of Math Online." Math.com. Accessed November 2016. http://www.math.com/.

La Guía Comprensiva del Estudiante para la Universidad & Otras Lecciones de Vida

"World Population Prospects: The 2017 Revision | Multimedia Library - United Nations Department of Economic and Social Affairs." United Nations. June 21, 2017. Accessed November 28, 2017. https://www.un.org/development/desa/publications/world-population-prospects-the-2017-revision.html.

"Writing Center." English Department, University of Maryland, College Park. 2013. Accessed September 24, 2014. http://www.english.umd.edu/academics/writingcenter.

"YouTube." YouTube LLC. 2017. Accessed November 25, 2017. http://www.youtube.com/.

Zelkadis, Elvi. "Just Explain It: Is America's Middle Class Recovering?" Yahoo! Finance. June 05, 2013. Accessed June 2015. http://finance.yahoo.com/blogs/just-explain-it/just-explain-america-middle-class-recovering-202502943.html?vp=1.

¡Tu opinion importa! Actúe ahora y publique una reseña de un libro en https:// www.amazon.com. Tu opinión ayudará a otros lectores a descubrir este autor y libro. Gracias.

Notas

1. Three good books among others that provide specific actions about staying in college are Bader, John B. *Dean's List: Eleven Habits of Highly Successful College Students.* Baltimore: The Johns Hopkins University Press, 2011; Gould, Jon B. *How to Succeed in College (while Really Trying): A Professor's Inside Advice.* Chicago: The University of Chicago Press, 2012; and Malone, Michael S. *The Everything College Survival Book: From Social Life to Study Skills—All You Need to Know to Fit Right In.* 2nd ed. Avon: Adams Media, 2005.

2. "Back to School Statistics," Fast Facts - National Center for Education Statistics, U.S. Department of Education, January 1, 2014, accessed February 6, 2015, http://nces.ed.gov/fastfacts/display.asp?id=372.

3. "Educational Attainment: 2012 - 2016 American Community Survey 5 - Year Estimates," American FactFinder - U.S. Census Bureau, 2016, accessed April 19, 2018, https://factfinder.census.gov/faces/tableservices/jsf/pages/productview.xhtml?pid=ACS_16_5YR_S1501&src=pt.

4. "Highest Educational Attainment Levels Since 1940: Adults 25 Years and Older with a Bachelor's Degree or Higher," US Census Bureau, March 30, 2017, accessed April 19, 2018, https://www.census.gov/library/visualizations/2017/comm/cb17-51_educational_attainment.html.

5. "A Stronger Nation 2016 ©2016," Lumina Foundation, April 2016, accessed November 2017, Translation from the original English content not provided by Lumina Foundation. http://strongernation.luminafoundation.org/report/2016/.

6. "Educational attainment of the labor force age 25 and older by race and Hispanic or Latino ethnicity, 2014 annual averages," chart, TED: The Economics Daily - U.S. Bureau of Labor Statistics, November 18, 2015, accessed November 26, 2016, http://www.bls.gov/opub/ted/2015/educational-attainment-and-occupation-groups-by-race-and-ethnicity-in-2014.htm.

7. "Quick Guide: College Costs," Chart, The College Board, 2017, accessed November 15, 2017, https://bigfuture.collegeboard.org/pay-for-college/college-costs/quick-guide-college-costs.

8. Elvi Zelkadis, "Just Explain It: Is America's Middle Class Recovering?" Yahoo! Finance, June 05, 2013, accessed June 2015, http://finance.yahoo.com/blogs/just-explain-it/just-explain-america-middle-class-recovering-202502943.html?vp=1.

9. Andrew Martin and Andrew W. Lehren, "Student Loans Weighing Down a Generation with Heavy Debt," The New York Times, May 12, 2012, accessed November 17, 2017.

http://www.nytimes.com/2012/05/13/business/student-loans-weighing-down-a-generation-with-heavy-debt.html?pagewanted=all&_r=0.
with Heavy Debt," The New York Times, May 12, 2012, accessed November 17, 2017.
http://www.nytimes.com/2012/05/13/business/student-loans-weighing-down-a-generation-with-heavy-debt.html?pagewanted=all&_r=0.
with Heavy Debt," The New York Times, May 12, 2012, accessed November 17, 2017.
http://www.nytimes.com/2012/05/13/business/student-loans-weighing-down-a-generation-with-heavy-debt.html?pagewanted=all&_r=0.

10. Lena Vazifdar, "Top Ten Poorest States in America 2012," TravelersToday, September 25, 2012, accessed June 2015, http://www.travelerstoday.com/articles/3150/20120925/top-ten-poorest.htm

11. Annie Murphy Paul, "What We Can Learn from First-Generation College Students," Time, Inc., April 11, 2012, accessed November 07, 2017, http://ideas.time.com/2012/04/11/what-we-can-learn-from-first-generation-college-students/.

12. Ibid.

13. Amy Scott, "First generation college students go viral," Marketplace - Minnesota Public Radio. November 21, 2013, accessed July 2015, http://www.marketplace.org/topics/wealth-poverty/first-family/first-generation-college-students-go-viral.

14. "10 Very Successful People without A College Degree," BuzzFeed, Inc., January 17, 2013, accessed June 2015, http://www.buzzfeed.com/suits/very-successful-people-without-a-college-degree.

15. "Academies of Louisville," *Jefferson County Public Schools*, 2017, accessed June 8, 2018, https://www.jefferson.kyschools.us/academies-louisville.

16. "Work Ethic Scholarship Program," *mikeroweWorks Foundation*, 2018, accessed August 19, 2018, http://profoundlydisconnected.com/.

17. Vivian Giang, "The 40 Highest-Paying Jobs You Can Get Without A Bachelor's Degree," Business Insider, August 07, 2012, accessed June 2015, http://www.businessinsider.com/the-40-highest-paying-jobs-you-can-get-without-a-bachelors-degree-2012-8.

18. "Leanna's Essentials - All Natural Products," Leanna's Essentials - All Natural Products, 2016, accessed October 3, 2016, http://www.leannasessentials.com/.

19. Laura Petrecca, "In tight job market, some teens start their businesses," USA Today, May 22, 2009, accessed October 2016, http://usatoday30.usatoday.com/money/smallbusiness/2009-05-18-teen-entrepreneurs-start-businesses_N.htm.

20. "Unemployment rates by educational attainment in April 2015: The Economics Daily," U.S. Bureau of Labor Statistics, April 2015, accessed November 23, 2016, http://www.bls.gov/opub/ted/2015/unemployment-rates-by-educational-attainment-in-april-2015.htm.

21. "Table A-4, Employment status of the civilian population 25 years and over by educational attainment," U.S. Bureau of Labor Statistics, November 03, 2017, accessed November 07, 2017, http://www.bls.gov/news.release/empsit.t04.htm.

22. Jennifer Ma, Matea Pender and Meredith Welch, "Education Pays 2016 © 2016: The Benefits of Higher Education for Individuals and Society." Trends in Higher Education Report 2016, The College Board, 2016, 17, accessed June 2018, Translation from the original English content in this publication is not provided, endorsed or approved by the College Board, https://trends.collegeboard.org/sites/default/files/education-pays-2016-full-report.pdf.

23. Brad Hershbein and Melissa S. Kearney, "Major Decisions: What Graduates Earn over Their Lifetimes," The Hamilton Project: Brookings Institution, September 29, 2015, accessed October 2017, http://www.hamiltonproject.org/papers/major_decisions_what_graduates_earn_over_their_lifetimes.

24. Anthony P. Carnevale, Stephen J. Rose, and Ban Cheah, "The College Pay Off: Education, Occupations, Lifetime Earnings," *Center on Education and the Workforce: Georgetown University,* 2014, 16-18, accessed May 8, 2018, https://cew.georgetown.edu/wp-content/uploads/2014/11/collegepayoff-complete.pdf.

25. "What is profession? Definition and meaning," BusinessDictionary.com, 2013, accessed July 2015, http://www.businessdictionary.com/definition/profession.html.

26. "What courses should I take? - FAQ: Admissions," The United States Military Academy – West Point, 2013, accessed July 2015, http://www.westpoint.edu/admissions/SitePages/FAQ_Admission.aspx.

27. Halle Edwards, "SAT / ACT Prep Online Guides and Tips," What's Better for You: IB or AP? College Expert Guide: PrepScholar, 2013-2018, accessed April 23, 2018, https://blog.prepscholar.com/whats-better-for-you-ib-or-ap.

28. "AP Course Ledger," The College Board, University of Oregon, 2002-2016, accessed February 13, 2015, https://apcourseaudit.epiconline.org/ledger/.

29. Edwards.

30. "The Pros and Cons of AP Classes," College Foundation of West Virginia, 2009, accessed February 13, 2015, https://secure.cfwv.com/Home/Article.aspx?level=3XAP2FPAX6J7I3kztATGuYyXAP2

La Guía Comprensiva del Estudiante para la Universidad & Otras Lecciones de Vida

BPAXDahIQXAP3DPAXXAP3DPAX&articleId=VTv0Iu2AvHXAP2FPAXqUmR2EH LZXgXAP3DPAXXAP3DPAX

31. Edwards.

32. "Practice and Be Prepared for ACCUPLACER," The College Board, 2017, accessed November 07, 2017, https://accuplacer.collegeboard.org/student/practice.

33. "PCC Compass Placement Test Review Packet," Portland Community College, accessed November 7, 2017, https://www.pcc.edu/resources/tutoring/sylvania/student-success/documents/total.pdf.

34. "Learning Links," Grays Harbor College, 2017, accessed November 07, 2017, https://www.ghc.edu/content/learning-center-learning-links.

35. "Free English Tests and Exercises Online for ESL, TOEFL, TOEIC, GRE, SAT, GMAT," EnglishTestStore, 2005-2016, accessed November 07, 2017, http://englishteststore.net/index.php?option=com_content&view=featured&Itemid=344.

36. "World of Math Online," Math.com, accessed November 2016, http://www.math.com/.

37. "High School Students and Teachers," American Mathematical Society, 2014, accessed July 2015, http://www.ams.org/programs/students/high-school/high-school.

38. Leah Y. Latimer, *Higher Ground: Preparing African-American children for College* (New York, NY: Avon Books, Inc., 1999), 267.

39. "Mathematics Placement Test Information," Department of Mathematics, University of Maryland, College Park, 2013, accessed February 2015, http://www-math.umd.edu/placement-test-information.html.

40. "Application Deadlines," The Campus Commons, University Language Services, 1998-2017, accessed November 09, 2017, http://www.universitylanguage.com/guides/us-university-and-us-college-application-deadlines/.

41. Susan Kannel, "A Consumer's Guide to Going to School: Types of colleges and universities," chart, Chicago, IL: Council for Experiential Learning, 2013, accessed October 25, 2017, Translation from the original English content not provided by CAEL. http://www.cael.org/pdfs/a_consumer-s_guide_to_going_to_school_-_cael.

42. Darcy Lewis, "Consider a College with a Focus on Minority Students," *U.S. News & World Report,* September 21, 2016, accessed August 18, 2018, https://www.usnews.com/education/best-colleges/articles/2016-09-21/consider-a-college-with-a-focus-on-minority-students.

43. "College Navigator," National Center for Education Statistics, U.S. Department of Education, 2013, accessed August 2015, http://nces.ed.gov/collegenavigator/.

44. "Find Your College - College Search," The Princeton Review: TPR Education IP Holdings, LLC, 2013, accessed February 2015, https://www.princetonreview.com/college-search?ceid=cp-1023919.

45. "Naviance by Hobsons," *Hobsons - Naviance.com,* 2016, accessed May 8, 2018, https://www.naviance.com/.

46. "America's Top Colleges," Forbes, 2014, accessed April 2014, http://www.forbes.com/top-colleges/list/.

47. "Compiling the Forbes/CCAP Rankings," Center for College Affordability and Productivity, accessed August 2015, http://centerforcollegeaffordability.org/uploads/2012_Methodology.pdf.

48. "The Best Colleges in America, Ranked," U.S. News & World Report L.P., November 8, 2017, accessed November 08, 2017, http://colleges.usnews.rankingsandreviews.com/best-colleges.

49. "Find a college that's right for you! - College Search," Peterson's, A Nelnet Company, 2017, accessed November 08, 2017, http://www.petersons.com/college-search.aspx.

50. "College Video Tours," It's Nacho, YOUniversityTV, 2017, accessed November 08, 2017, https://www.youniversitytv.com/category/college/.

51. "Accreditation: What does Accreditation Mean?" Digital Properties, LLC, 2013, accessed March 2015, https://www.50states.com/college-resources/accreditation.htm.

52. "Council for Higher Education Accreditation," Council for Higher Education Accreditation, 2013, accessed March 2015, http://www.chea.org/.

53. "U.S. Department of Education Database of Accredited Postsecondary Institutions and Programs," Office of Postsecondary Education, U.S. Department of Education, 2017, accessed November 09, 2017, http://ope.ed.gov/accreditation/.

54. "Accreditation - Institution Search, U.S. Department of Education Database of Accredited Postsecondary Institutions and Programs," Office of Post Secondary Education, U.S. Department of Education, 2017, accessed November 09, 2017, http://ope.ed.gov/accreditation/Search.aspx.

55. "Degree Mill and Accreditation Mills - Video," Council for Higher Education Accreditation/CHEA International Quality Group, 2013, accessed March 2015, http://www.chea.org/4DCGI/cms/review.html?Action=CMS_Document&DocID=208&MenuKey=main.

La Guía Comprensiva del Estudiante para la Universidad & Otras Lecciones de Vida

56. "Maryland Community Colleges," *Maryland Association of Community Colleges,* 2018, accessed August 20, 2018, https://mdacc.org/.

57. "Work Ethic Scholarship Program," *mikeroweWorks Foundation.*

58. "General Education Courses at MC and at UMCP," Montgomery College, 2013, accessed August 2015, http://cms.montgomerycollege.edu/EDU/Department2.aspx?id=26608.

59. Ibid.

60. "Transfer Equivalency Databases," Montgomery College, 2017, accessed November 13, 2017, http://cms.montgomerycollege.edu/EDU/Plain.aspx?id=50742.

61. "Transfer Agreements," Montgomery College, 2017, accessed November 13, 2017, http://cms.montgomerycollege.edu/agreements/.

62. Paul Fain, "Graduate, Transfer, Graduate," Inside Higher Ed., November 8, 2012, accessed July 2015, http://www.insidehighered.com/news/2012/11/08/high-graduation-rates-community-college-transfers.

63. Dustin Walsh, "College credit transfer system examined," Crain's Detroit Business, April 06, 2011, accessed October 26, 2016, http://www.crainsdetroit.com/article/20110403/SUB01/110409981/college-credit-transfer-system-examined.

64. Jeff Guo, "*Attention college students: You may have earned a degree without knowing it,*" Washington Post.com, Feb 10, 2015, accessed May 7, 2018, https://www.washingtonpost.com/blogs/govbeat/wp/2015/02/10/attention-college-students-you-may-have-earned-a-degree-without-knowing-it/?noredirect=on&utm_term=.0dbea3f4d454.

65. "Requirements for a Bachelors Degree," College of Liberal Arts & Sciences, The University of Iowa, July 18, 2016, accessed July 2016, https://clas.uiowa.edu/students/handbook/requirements-bachelors-degree.

66. "College Transfer Simplified," AcademyOne, Inc., 2017, accessed November 13, 2017, http://www.collegetransfer.net/Home/tabid/976/Default.aspx.

67. "College Transfer Timeline," Campus Explorer, 2015, accessed June 26, 2016, http://www.campusexplorer.com/college-advice-tips/0DF8B2E9/College-Transfer-Timeline/.

68. "Fast Facts - AACC," American Association of Community Colleges, 2017, accessed November 10, 2017, https://www.aacc.nche.edu/research-trends/fast-facts/.

69. Ibid.

70. Christian Tizon, "Signature Report 6: Completing College: A National View of Student Attainment Rates – Fall 2007 Cohort," Six-Year Outcomes by Starting Institution Type, National Student Clearinghouse Research Center, December 15, 2013, 5, accessed November 21, 2016, http://nscresearchcenter.org/signaturereport6/#prettyPhoto. The total cohort was 2,397,524 students.

71. Ibid.

72. Ibid.

73. "About MC," Montgomery College, 2016, accessed July 2016, http://www.montgomerycollege.edu/.

74. "College Navigator - Montgomery College," National Center for Education Statistics, U.S. Department of Education, 2016, accessed April 2016, https://nces.ed.gov/collegenavigator/?q=montgomery%20college&s=MD&id=163426#ge neral.

75. Ibid. "Total Enrollment (All Undergraduates)."

76. "Work Ethic Scholarship Program," *mikeroweWorks Foundation*.

77. "What Is an Associate's Degree?," *GetEducated.com*, 2018, accessed September 2, 2018, https://www.geteducated.com/career-center/detail/what-is-an-associate-degree.

78. John Marus, "Stopping the clock on credits that don't count," The Hechinger Report, Teachers College at Columbia University, April 22, 2013, accessed February 10, 2015, http://hechingerreport.org/stopping-the-clock-on-credits-that-dont-count/.

79. "What Is an Associate's Degree?," *GetEducated.com*.

80. Kim Clark, "Community college: How to choose the right school," CNNMoney. June 7, 2012, accessed July 2015, http://money.cnn.com/2012/06/07/pf/college/community-college/index.htm.

81. "College Navigator," National Center for Education Statistics, U.S. Department of Education.

82. "How does your community college stack up?" CNNMoney, accessed September 2015, http://money.cnn.com/pf/college/community-colleges/.

83. "College Rankings - Top 500 Ranked Community Colleges," StateUniversity.com, 2013, accessed July 2015, http://www.stateuniversity.com/rank/score_rank_by_commc.html.

84. Martin.

85. Kannel.

86. Marus.

87. "For-profit Colleges and Universities," National Conference of State Legislatures, July 3, 2013, accessed October 2013, http://www.ncsl.org/research/education/for-profit-colleges-and-universities.aspx.

88. Ibid.

89. "Closure of ITT Technical Institutes," Federal Student Aid, May 11, 2017, accessed November 09, 2017, https://studentaid.ed.gov/sa/about/announcements/itt.

90. Martha C. White, "Students with private debt left out by Obama plan," NBCNews.com, October 28, 2011, 3, accessed November 14, 2017, http://business.nbcnews.com/_news/2011/10/28/8507854-students-with-private-debt-left-out-by-obama-plan.

91. "High Hopes, Big Debts," The Project on Student Debt, May 2010, 2, accessed November 9, 2017, https://ticas.org/files/pub/High_Hopes_Big_Debts_2008.pdf.

92. Ibid.

93. Martin.

94. "High Hopes, Big Debts."

95. "College Navigator - DeVry University-Virginia," National Center for Education Statistics, U.S. Department of Education, 2018, accessed August 2018, https://nces.ed.gov/collegenavigator/?q=DeVry+university&s=VA&id=482653#expenses

96. Ibid, "Multiyear Tuition Calculator."

97. "College Navigator - University of Maryland-College Park," National Center for Education Statistics, U.S. Department of Education, 2018, accessed August 2018, https://nces.ed.gov/collegenavigator/?q=University+of+Maryland+College+Park&s=MD+VA&id=163286#expenses.

98. "College Navigator - DeVry University-Virginia," Cohort Default Rates – Fiscal Year 2014.

99. "College Navigator - University of Maryland-College Park," Cohort Default Rates – Fiscal Year 2014.

100. "College Navigator - DeVry University-Virginia."

101. "College Navigator - University of Maryland-College Park."

102. "Transfer Course Database: Devry University-Arlington," Transfer Credit Services, University of Maryland, College Park, 2018, accessed May 5, 2018, https://app.transfercredit.umd.edu/inst-select.html?searchType=master&searchString=devry&countryCode=US&stateCode=.

103. Zola Dincin. Schneider and Norman G. Schneider, *Campus Visits & College Interviews: A Complete Guide for College-bound Students and their Families, 3rd ed.* (New York, NY: College Board, 2012).

104. Ibid.

105. "Visit Maryland Day," University of Maryland, College Park, 2017, accessed November 09, 2017, https://www.admissions.umd.edu/visit/vmd.php.

106. "Quick Facts about Financial Aid and Community Colleges, 2007-08," Institute for College Access & Success, March 2009, accessed July 2013, https://eric.ed.gov/?id=ED540078.

107. "College Affordability and Transparency Center," U.S. Department of Education, 2015, accessed November 17, 2017, http://collegecost.ed.gov/catc/#. The website provides a method to generate reports about tuition and fees by school.

108. "College Navigator – Sarah Lawrence College," National Center for Education Statistics, U.S. Department of Education, 2018, accessed June 2018. https://nces.ed.gov/collegenavigator/?id=195304#expenses.

109. Ibid, "Multiyear Tuition Calculator."

110. "The Smart Student Guide to Financial Aid - Calculators," FinAid - Financial Aid Advice, Fastweb LLC, 2017, accessed November 15, 2017, http://www.finaid.org/calculators/.

111. "FAFSA4caster," Federal Student Aid, U.S. Department of Education, 2018, accessed August 7, 2018, https://fafsa.ed.gov/FAFSA/app/f4cForm?execution=e1s1.

112. "America's Top Colleges - University of Maryland, College Park," Forbes, 2016, accessed October 22, 2016, http://www.forbes.com/colleges/university-of-maryland-college-park/.

113. Ibid.

114. "College Data, College Profile - University of Wisconsin - Milwaukee," 1st Financial Bank, USA, 2013, Accessed October 22, 2016. http://www.collegedata.com/cs/data/college/college_pg01_tmpl.jhtml?schoolId=1702.

115. "College Affordability and Transparency Center," U.S. Department of Education, 2018, accessed August 10, 2018, https://collegecost.ed.gov/index.aspx.

116. "Costs," University of Maryland, College Park, 2016, accessed October 22, 2016, https://admissions.umd.edu/finance/costs.

117. "America's Top Colleges - University of Maryland, College Park," Forbes, 2016.

118. "Cost to Attend University of Wisconsin Milwaukee: Annual Costs," *CollegeCalc.org*, 2018, accessed May 19, 2018, http://www.cite.com/bibliography.html?id=5b007c70b9aa8fef618b4571.

119. "America's Top Colleges - University of Wisconsin, Milwaukee," Forbes, 2016, accessed October 22, 2016, http://www.forbes.com/colleges/university-of-wisconsin-milwaukee/.

120. "The Smart Student Guide to Financial Aid - Calculators," FinAid - Financial Aid Advice, Fastweb LLC, 2017, accessed November 15, 2017, http://www.finaid.org/calculators/.

121. "Compare Schools," *Consumer Financial Protection Bureau,* 2018, accessed August 2018, https://www.consumerfinance.gov/paying-for-college/compare-financial-aid-and-college-cost/.

122. Latimer, 241.

123. "Academic Scholarships and Merit Scholarships," *Scholarships.com*, 2018, accessed August 19, 2018, https://www.scholarships.com/financial-aid/college-scholarships/scholarships-by-type/academic-scholarships-and-merit-scholarships/. Scholarships.com is one such source for scholarship information.

124. "Avoiding Scams," Federal Student Aid, U.S. Department of Education, 2018, accessed August 8, 2018, https://studentaid.ed.gov/sa/types/scams.

125. Scholarship America, "Get Money for College Through ROTC Programs," U.S. News & World Report, July 25, 2013, accessed April 29, 2018, https://www.usnews.com/education/blogs/the-scholarship-coach/2013/07/25/get-money-for-college-through -rotc-programs.

126. Ibid.

127. Latimer, 74.

128. Kate Stalter, "Everything You Need to Know about 529 College Savings Plans," U.S. News & World Report, August 28, 2017, accessed November 17, 2017, https://money.usnews.com/529s.

129. Kate Stalter, "8 Common Misconceptions about 529 Plans," U.S. News & World Report, November 24, 2014, accessed April 29, 2018,

https://money.usnews.com/money/personal-finance/mutual-funds/articles/2014/11/24/8-common-misconceptions-about-529-plans.

130. Microsoft Office has features to print out thank you notes, and announcements on plain bond or colored paper. You can send high school graduation announcements via regular mail, e-mail, or using on-line free e-cards and e-invitations. Using a digital camera, you can take acceptable pictures of the graduate that you can attach or enclose with announcements and thank you notes.

131. Lilit Marcus, "Fundraising helps teen go from homeless to Howard U.," Today, NBCNews, August 19, 2013, accessed June 13, 2015, https://www.today.com/news/fundraising-helps-teen-go-homeless-howard-u-6C10945702.

132. Ibid.

133. "Quick Guide: College Costs," Chart.

134. Ibid.

135. "Types of Aid," Federal Student Aid, U.S. Department of Education, June 19, 2017, accessed November 14, 2017, https://studentaid.ed.gov/sa/types.

136. "Federal Work-Study Jobs Help Students Earn Money to Pay for College or Career School," *Federal Student Aid, U.S. Department of Education*, 2018, accessed August 17, 2018, https://studentaid.ed.gov/sa/types/work-study.

137. "Student Aid Deadlines," Federal Student Aid, U.S. Department of Education, 2018, accessed May 19, 2018, https://fafsa.ed.gov/deadlines.htm.

138. Katie Lobosco, "Too Poor to Pay for College, Too Rich for Financial Aid," *CNNMoney, Cable News Network, A WarnerMedia Company,* April 29, 2018, accessed August 17, 2018. https://money.cnn.com/2016/04/28/pf/college/college-financial-aid/index.html.

139. "Grants and Scholarships Are Free Money to Help Pay for College or Career School," Federal Student Aid, U.S. Department of Education, 2018, Accessed August 7, 2018, https://studentaid.ed.gov/sa/types/grants-scholarships, Other federal grants include the Federal Supplemental Educational Opportunity Grants, Teacher Education Assistance for College and Higher Education (TEACH) Grants, and Iraq and Afghanistan Service Grants.

140. "Federal Pell Grant Program – Federal Student Aid," U.S. Department of Education, 2018, accessed May 1, 2018, https://studentaid.ed.gov/sa/types/grants-scholarships/pell.

141. "New College Board Report Finds Millions in Financial Aid Go Unclaimed at Community Colleges," May 19th, 2010, The College Board, accessed November 2017,

La Guía Comprensiva del Estudiante para la Universidad & Otras Lecciones de Vida

http://press.collegeboard.org/releases/2010/new-college-board-report-finds-millions-financial-aid-go-unclaimed-community-colleges

142. Ibid.

143. Ibid.

144. "When it comes to paying for college, career school, or graduate school, federal student loans offer several advantages over private student loans - Summary of Federal and Private Loan Differences," chart, Federal Student Aid, U.S. Department of Education, 2017, accessed November 13, 2017, https://studentaid.ed.gov/sa/types/loans/federal-vs-private.

145. "Federal Student Loans for College or Career School Are an Investment in Your Future," *Federal Student Aid, U.S. Department of Education*, 2018, accessed August 14, 2018, https://studentaid.ed.gov/sa/types/loans.

146. "Choose the Federal Student Loan Repayment Plan That's Best for You," *Federal Student Aid, U.S. Department of Education*, 2018, accessed July 14, 2018, https://studentaid.ed.gov/sa/repay-loans/understand/plans.

147. Kat Tretina, "5 Common Myths About Student Loan Consolidation," *Student Loan Hero*, May 16, 2017, accessed August 21, 2018, https://studentloanhero.com/featured/student-loan-debt-consolidation-myths/.

148. "Federal Student Loans for College or Career School Are an Investment in Your Future," *Federal Student Aid, U.S. Department of Education*.

149. Marie Willsey, "How Stafford Loans Work," HowStuffWorks, 2013, accessed February 13, 2015, https://money.howstuffworks.com/personal-finance/college-planning/financial-aid/stafford-loans.htm.

150. "Subsidized and Unsubsidized Loans," Federal Student Aid, U.S. Department of Education, 2015, accessed February 15, 2015, https://studentaid.ed.gov/sa/types/loans/subsidized-unsubsidized.

151. "Stafford Loans @ 2013," chart, Scholarships.com, 2013, accessed November 15, 2017, Translation from the original English content in this publication is not provided, endorsed or approved by Scholarships.com, http://www.scholarships.com/financial-aid/student-loans/stafford-loans/.

152. "Interest Rates and Fees," Federal Student Aid, U.S. Department of Education, 2017, accessed November 17, 2017, https://studentaid.ed.gov/sa/types/loans/interest-rates.

153. "Deferment and Forbearance," Federal Student Aid, U.S. Department of Education, 2017, accessed November 17, 2017, https://studentaid.ed.gov/sa/repay-loans/deferment-forbearance.

154. *Private Loans: Facts and Trends,* report, The Institute for College Access & Success, June 2016, 2, accessed November 14, 2017, https://ticas.org/sites/default/files/pub_files/private_loan_facts_trends.pdf.

155. "The U.S. Department of Education Offers Low-interest Loans to Eligible Students to Help Cover the Cost of College or Career School," *Federal Student Aid, U.S. Department of Education,* 2018, accessed August 17, 2018, https://studentaid.ed.gov/sa/types/loans/subsidized-unsubsidized#eligibility-time-limit.

156. Ibid.

157. Dan Caplinger, "Graduates Keep Struggling With Private Student Loans," Daily Finance, AOL.com, September 1, 2014, accessed November 14, 2017, http://www.dailyfinance.com/2013/09/01/students-still-struggle-private-loan-college-debt/.

158. *Executive Summary – Mid-Year snapshot of private student loan complaints,* report, Consumer Financial Protection Bureau, July 2013, 1, accessed November 14, 2017, http://files.consumerfinance.gov/f/201308_cfpb_complaint-snapshot.pdf.

159. Christina Couch, "Six Things to Know About Private Student Loans | Fox Business," Personal Finance, Fox Business/Bankrate, Inc., August 2, 2012, accessed November 15, 2017, http://www.foxbusiness.com/features/2012/08/02/6-things-to-know-about-private-student-loans.html.

160. *Private Loans: Facts and Trends,* report.

161. *Executive Summary – Mid-Year snapshot of private student loan complaints,* 5.

162. "CFPB Ombudsman," *Consumer Financial Protection Bureau,* 2018, accessed August 19, 2018, https://www.consumerfinance.gov/.

163. "The Smart Student Guide to Financial Aid - Calculators," FinAid - Financial Aid Advice, Fastweb LLC, 2017, accessed November 15, 2017, http://www.finaid.org/calculators/.

164. "Student Loan Calculator," *Bankrate.com,* 2018, accessed August 16, 2018, https://www.bankrate.com/calculators/college-planning/loan-calculator.aspx.

165. Brianna McGurran, "When to Refinance Student Loans," *Nerdwallet.com,* July 26, 2018, accessed 2018. https://www.nerdwallet.com/blog/loans/student-loans/student-loan-refinancing-faq/.

166. Ibid.

167. Jay MacDonald, "Debt Payoff Debate: Pay Smallest Balance 1st? Or Highest Rate?" *CreditCards.com,* January 23, 2013, accessed June 22, 2018. https://www.creditcards.com/credit-card-news/paying-off-debt-study-smallest_balance-financially-wrong-1276.php.

168. Radhika Bodapati, "Overview of Military Education Benefits," Military.com, a Monster Company, 2017, accessed November 17, 2017, http://www.military.com/education/money-for-school/education-benefits-in-the-military.html.

169. "The U.S. Department of Education Offers Low-interest Loans to Eligible Students to Help Cover the Cost of College or Career School," *Federal Student Aid, U.S. Department of Education.*

170. Angela Colley, "Credit Unions vs. Banks - Differences, Pros & Cons," Money Crashers, July 13, 2011, accessed November 17, 2017, http://www.moneycrashers.com/why-credit-unions-are-better-than-banks/.

171. Dennis Paul Kimbro, *The Wealth Choice: Success Secrets of Black Millionaires* (The Napoleon Hill Foundation, 2013), 252.

172. "Credit vs. debit: Get the most from your cards," Better Money Habits, Bank of America Corporation, 2017, accessed November 17, 2017, https://bettermoneyhabits.bankofamerica.com/en/personal-banking/difference-between-debit-and-credit?cm_mmc=EBZ-CorpRep-_-Taboola-_-text_link_creditvsdebit-_-Taboola_Desktop_Textlink_CPC_CC_CreditVsDebit%25252525252520-%25252525252520fbid#fbid=REEvu9JkTe5.

173. Bob Sullivan, "Know Your Rights on Bank Account Fraud," *NBCNews.com,* August 12, 2005, accessed September 6, 2018, http://www.nbcnews.com/id/8915217/ns/technology_and_science-security/t/know-your-rights-bank-account-fraud/#.W5EwpyaWxjo.

174. "What is a credit score?" Bankrate, April 22, 2010, accessed November 18, 2017, http://www.bankrate.com/finance/credit-cards/what-is-a-credit-score.aspx.

175. Ibid.

176. Shari B. Olefson, *Financial Fresh Start: your five-step plan for adapting and prospering in the new economy* (New York, NY: American Management Association, 2013), 91.

177. "*Annual Credit Report.com,*" Central Source, LLC, 2018, accessed May 5, 2018, https://www. annualcreditreport.com/index.action.

178. Ibid.

179. "Bankrate.com Credit Card Minimum Payment Calculator -- How long will it take to pay off credit cards?" Bankrate.com, 2017, accessed November 17, 2017, https://www.bankrate.com/calculators/credit-cards/credit-card-minimum-payment.aspx.

180. "Intuit Mint: It's All Coming Together," *Intuit, Inc.,* 2018, accessed August 18, 2018, https://www.mint.com/.

181. Linda Landis Andrews, *How to Choose a College Major* (New York, NY: McGraw-Hill, 2006), 4.

182. Andrews, 16.

183. "Matching Careers to Degrees," chart, Big Future, The College Board, October 20, 2017, accessed October 20, 2017, https://bigfuture.collegeboard.org/explore-careers/careers/matching-careers-to-degrees.

184. Andrews, 197.

185. "Is Taking a Gap Year Before College Right For You?" *The Princeton Review,* 2018, accessed August 23, 2018, https://www.princetonreview.com/college-advice/deferred-admission.

186. "UMD Undergraduate Admissions," University of Maryland, College Park, 2017, accessed November 09, 2017, https://www.admissions.umd.edu/.

187. "Majors by College," University of Maryland, College Park, 2017, accessed November 18, 2017, https://www.admissions.umd.edu/explore/majors/majors-college.

188. "Program Requirements, Aerospace Engineering," University of Maryland, College Park, 2017, accessed November 18, 2017, http://www.aero.umd.edu/undergrad/program-req.

189. "TESTUDO, Office of the Registrar," University of Maryland, College Park, 2017, accessed November 18, 2017, http://www.testudo.umd.edu/.

190. "Advising Policies, Undergraduate Computer Science at UMD," University of Maryland, College Park, accessed November 17, 2013, http://undergrad.cs.umd.edu/advising-policies.

191. "Four Year Plans," College of Computer, Mathematical, and Natural Sciences, University of Maryland, College Park, October 12, 2012, accessed November 17, 2013, https://cmns.umd.edu/undergraduate/advising-academic-planning/academic-planning/four-year-plans.

192. Grant Tilus, "Semester Vs. Quarter: What You Need to Know When Transferring Credits," *Rasmussen College,* September 27, 2012, accessed August 28, 2018, https://www.rasmussen.edu/student-life/blogs/main/semester-vs-quarter-need-to-know-when-transferring-credits/.

193. "NCHC Online Guide," National Collegiate Honors Council, 2017, accessed November 14, 2017, http://www.nchcguide.com/nchc-directory/#more-52.

194. Varsity Tutors, "Should I Join My College's Honors Program?," USA Today College, September 5, 2015, Accessed May 1, 2018, http://college.usatoday.com/2015/09/05/college-honors-program/.

195. Kim Clark, "6 tips to help you pick the best community college," CNNMoney, June 7, 2012, Accessed November 13, 2017, http://money.cnn.com/2012/06/06/pf/college/best-community-college/index.htm.

196. "Phi Beta Kappa National Honor Society," Phi Theta Kappa, 2017, accessed November 14, 2017, https://www.ptk.org/default.aspx.

197. "Study Abroad Vs Exchange," *Study Abroad Center, The University of Hawai'i at Manoa*, 2018, accessed June 24, 2018. http://www.studyabroad.hawaii.edu/students/study-abroad-vs-exchange/.

198. "Testudo, Schedule of Classes, Deadlines," University of Maryland, College Park, 2013, accessed June 10, 2015, http://www.testudo.umd.edu/acad_deadlines/fall_2013.html

199. "The U.S. Department of Education Offers Low-interest Loans to Eligible Students to Help Cover the Cost of College or Career School," *Federal Student Aid, U.S. Department of Education.*

200. "Rate My Professors - Review Teachers and Professors, School Reviews, College Campus Ratings," Ratemyprofessors.com, 2013, accessed June 21, 2015, http://www.ratemyprofessors.com/

201. "General Education Program," University of Maryland, College Park, 2013, accessed September 24, 2015, http://www.gened.umd.edu/.

202. "Illiteracy Statistics," STATS, Statisticsbrain.com, July 22, 2017, accessed November 22, 2017, https://www.statisticbrain.com/number-of-american-adults-who-cant-read/.

203. Ibid.

204. "FAQ on Textbooks," National Association of College Stores, January 2014, accessed June 10, 2015, https://www.nacs.org/advocacynewsmedia/faqs/faqontextbooks.aspx.

205. "Department of Mathematics - Testbank," University of Maryland, College Park, 2016, accessed November 22, 2017, https://www-math.umd.edu/testbank.html.

206. "The Honor Program - The Simon Center for Professional Military Ethic," United States Military Academy, West Point, 2014, accessed November 10, 2015, https://www.usma.edu/scpme/SitePages/Honor.aspx.

207. Richard Byrne, "7 Resources for Detecting and Preventing Plagiarism," Free Technology for Teachers, August 24, 2010, accessed November 22, 2017, http://www.freetech4teachers.com/2010/08/7-resources-for-detecting-and.html.

208. "Free Online Proofreader: Grammar Check, Plagiarism Detection, and more," Paper Rater, 2014, accessed November 10, 2015, http://www.paperrater.com/.

209. "BibMe: Free Bibliography & Citation Maker - MLA, APA, Chicago, Harvard," BibMe, a Chegg Service, 2017, accessed November 22, 2017, http://www.bibme.org/.

210. "The Purdue OWL: Citation Chart," The Purdue OWL, October 2014, accessed November 10, 2015, https://owl.english.purdue.edu/media/pdf/20110928111055_949.pdf. The Citation Chart provides explanations to illustrate the different styles.

211. "Add a citation and create a bibliography: Word," Microsoft, 2017, accessed November 22, 2017, https://support.office.com/en-us/article/Add-a-citation-and-create-a-bibliography-17686589-4824-4940-9c69-342c289fa2a5.

212. William Shakespeare, *The Tragedy of Macbeth*, The Harvard Classics, vol. XLVI, Part 4, New York, NY: P.F. Collier & Son, 1909–14, Bartleby.com, 2001, accessed November 11, 2015, www.bartleby.com/46/4/.

213. Anna M. Stewart et al., "A Research Guide for Students and Teachers - SUNY-ESF," State University of New York, College of Environmental Science and Forestry, 2009, accessed November 22, 2017, http://www.esf.edu/outreach/sciencecorps/documents/ResearchGuide_NSFGK12.pdf. The pamphlet is a guide for conducting scientific research, which can be used by any new college student who has to write a research paper.

214. William Shakespeare, *Macbeth*, SparkNotes, LLC, 2013, accessed November 24, 2017, http://www.sparknotes.com/shakespeare/macbeth/canalysis.html. SparkNotes do not take the place of reading the book or play.

215. "How to Write a Thesis Statement," Writing Guides: Writing Tutorial Services, Indiana University, Bloomington, April 7, 2014, accessed November 24, 2017, http://www.indiana.edu/~wts/pamphlets/thesis_statement.shtml.

216. "Writing Center," English Department, University of Maryland, College Park, 2013, accessed September 24, 2014, http://www.english.umd.edu/academics/writingcenter.

217. "ELMS," Division of information Technology, University of Maryland, College Park, 2016, accessed October 27, 2016, http://www.elms.umd.edu/.

218. "Math Success Program, Frequently Asked Questions," Department of Resident Life, University of Maryland, College Park, 2016, accessed October 27, 2016, http://reslife.umd.edu/programs/math_success/faq/.

219. "Welcome to Tutoring," Tutoring @ UMD, University of Maryland, College Park, 2016, accessed October 27, 2016, http://tutoring.umd.edu/.

220. "Learning Assistance Service," Counseling Center, University of Maryland, College Park, 2015, accessed March 11, 2015, https://www.counseling.umd.edu/las/.

221. "Khan Academy," Khan Academy, 2017, accessed November 25, 2017, http://www.khanacademy.org/.

222. "Wolfram Alpha: Computational Knowledge Engine," Wolfram, 2017, accessed November 25, 2017, http://www.wolframalpha.com/.

223. "YouTube," YouTube LLC, 2017, accessed November 25, 2017, http://www.youtube.com/.

224. "Massive Open Online Courses (MOOCs)," EdX Inc, 2016, accessed November 25, 2017, http://mooc.org/.

225. "25 Colleges and Universities Ranked by Their OpenCourseWare," Learn.org, 2003-2017, accessed November 25, 2017, https://learn.org/articles/25_Colleges_and_Universities_Ranked_by_Their_OpenCourse Ware.html

226. "Coursera - Courses," Coursera Inc, 2017, accessed November 25, 2017, https://www.coursera.org/courses?languages=en.

227. "The 50 Most Innovative Computer Science Departments in the U.S.," Computer Science Degree Hub, 2017, accessed November 26, 2017, http://www.computersciencedegreehub.com/50-innovative-computer-science-departments/.

228. Ibid.

229. "*University of Maryland - College Park: Student Life – Crime,*" College Factual, Media Factual, 2018, accessed May 6, 2018, https://www.collegefactual.com/colleges/university-of-maryland-college-park/student-life/crime/.

230. "Campus Safety and Security," U.S. Department of Education, 2017, accessed November 28, 2017, https://ope.ed.gov/campussafety/#/institution/search.

231. "*City-data.com: Crime Rate in Washington, D.C.*," Advameg, Inc., 2018, accessed May 5, 2018, http://www.city-data.com/crime/crime-Washington-District-of-Columbia.html.

232. Ibid.

233. "Circle of 6," Tech 4 Good Inc, 2015, accessed June 26, 2016, http://www.circleof6app.com/.

234. "Friend Radar," Not Exactly Software LLC, 2009 - 2013, accessed October 10, 2015, http://www.notexactlysoftware.com/FriendRadar.

235. Colleen Curry, "Natalee Holloway Is Dead, Judge Decides," ABC News, January 12, 2012, accessed November 26, 2017, http://abcnews.go.com/News/judge-pronounces-natalee-holloway-dead/story?id=15346993.

236. Ibid.

237. "2016 NCIC Missing Person and Unidentified Person Statistics," FBI. gov, January 20, 2017, accessed November 26, 2017, https://www.fbi.gov/file-repository/2016-ncic-missing-person-and-unidentified-person-statistics.pdf/view.

238. Anne Marie Helmenstine, "Get Facts Rohypnol or Roofies," ThoughtCo, March 7, 2017, accessed November 26, 2017, https://www.thoughtco.com/rohypnol-or-roofies-fast-facts-606394.

239. Ibid.

240. "Birth Control Methods," Bedsider, 2013, accessed March 13, 2014, http://bedsider.org/methods.

241. John J. Macionis and Vincent N. Parrillo, *Cities and Urban Life*, 6th ed. (New Jersey: Pearson Education Inc, 2013), 282.

242. Mark Lino, "*The Cost of Raising a Child,*" U.S. Department of Agriculture, Jan 13, 2017, accessed May 6, 2018, https://www.usda.gov/media/blog/2017/01/13/cost-raising-child.

243. Tamar Lewin, "Unwed Fathers Fight for Babies Placed for Adoption by Mothers," The New York Times, March 19, 2006, accessed March 7, 2015, http://www.nytimes.com/2006/03/19/us/unwed-fathers-fight-for-babies-placed-for-adoption-by-mothers.html.

244. Kevin Dolak, "Yeardley Love's Family Worried About George Huguely's Violent Past," ABC News, September 20, 2012, accessed October 15, 2014, http://abcnews.go.com/US/yeardley-loves-family-worried-george-huguelys-violent-past/story?id=17278322.

245. American Civil Liberties Union, *Know Your Rights and Your College's Responsibilities: Title IX and Sexual Assault* (Women's Rights Project), accessed December 13, 2017, https://www.aclu.org/files/pdfs/womensrights/titleixandsexualassaultknowyourrightsandyourcollege%27sresponsibilities.pdf.

246. Cathy Meyer, "4 Things You Need to Know about Restraining Orders," LiveAbout, July 14, 2017, accessed November 27, 2017, http://divorcesupport.about.com/od/abusiverelationships/a/restrain_order.htm.

247. "Helping Victims with Safety. Helping States with Implementation," Cynthia L. Bischof Memorial Foundation, March 03, 2015, accessed November 27, 2017, http://www.cindysmemorial.org/.

248. "Victims of Sexual Violence: Statistics," RAINN, 2016, accessed November 27, 2017, https://www.rainn.org/statistics/victims-sexual-violence.

249. Sofi Sinozich and Lynn Langton, *Rape and Sexual Assault Victimization Among College-Age Females, 1995–2013,* report no. NCJ 248471, Bureau of Justice Statistics, U.S. Department of Justice, December 2014, 1, accessed November 27, 2017, https://www.bjs.gov/content/pub/pdf/rsavcaf9513.pdf.

250. Sinozich.

251. "FAQs for the Media: 'When Reporting a Crime, Who Should Students and Residents Located on Campus Call?'" *International Association of Campus Law Enforcement Administrators,* 2018, accessed August 18, 2018, https://www.iaclea.org/faqs-for-the-media.

252. Ibid.

253. Ibid.

254. "Reporting to Law Enforcement," RAINN, 2016, accessed November 27, 2017, https://www.rainn.org/articles/reporting-law-enforcement.

255. Ibid.

256. American Civil Liberties Union, *Know Your Rights and Your College's Responsibilities: Title IX and Sexual Assault* (Women's Rights Project).

257. Sinozich.

258. "National Junior College Athletic Association," National Junior College Athletic Association, 2017, accessed November 14, 2017, http://www.njcaa.org/.

259. "World Population Prospects: The 2017 Revision | Multimedia Library - United Nations Department of Economic and Social Affairs," United Nations, June 21, 2017, accessed November 28, 2017, https://www.un.org/development/desa/publications/world-population-prospects-the-2017-revision.html.

260. James Nichols, "Kids React to Gay Marriage," YouTube, November 03, 2013, accessed November 28, 2017, http://www.youtube.com/watch?v=8TJxnYgP6D8.

261. "Nutrition Services," University Health Center, University of Maryland, College Park, 2009, accessed November 28, 2017, http://www.health.umd.edu/nutritionservices.

262. "*College and University Food Bank Alliance,*" CUFBA National, 2018, accessed May 7, 2018, https://sites.temple.edu/cufba/about-us/.

263. "Salted Caramel Mocha Frappuccino® Blended Beverage," Starbucks Corporation, 2016, accessed November 28, 2017, https://www.starbucks.com/menu/drinks/frappuccino-blended-beverages/salted-caramel-mocha-frappuccino-blended-beverage.

264. "Sugars, Added Sugars and Sweeteners," American Heart Association Inc, 2013, accessed July 17, 2015, http://www.heart.org/HEARTORG/GettingHealthy/NutritionCenter/HealthyDietGoals/Sugars-and-Carbohydrates_UCM_303296_Article.jsp.

265. "What's Your Plan? College with a Mental Health Disorder," Mental Health America, February 04, 2016, accessed October 27, 2016, http://www.mentalhealthamerica.net/whats-your-plan-college-mental-health-disorder.

266. Michael Winerip, "How to Assess a College's Mental Health Offerings," The New York Times, January 28, 2011, accessed October 2, 2016, https://thechoice.blogs.nytimes.com/2011/01/28/mental-health/?_r=0 Web. The article addresses questions that parents and students should ask about prospective colleges' mental health services.

267. Leadership21 Committee, "Campus Mental Health: Know Your Rights," The Judge David L. Bazelon Center for Mental Health Law, 2008, 13, accessed March 7, 2015, http://www.bazelon.org/wp-content/uploads/2017/01/YourMind-YourRights.pdf.

268. "National Suicide Prevention Lifeline," *Substance Abuse and Mental Health Services Administration, Mental Health Association of New York City*, 2018, accessed June 8, 2018. https://suicidepreventionlifeline.org/.

269. Melissa A. Venable, "Mental Health Guide for College Students," OnlineColleges.net, October 22, 2013, accessed March 7, 2015, http://www.onlinecolleges.net/for-students/mental-health-resources/.

270. Leadership21 Committee, "Campus Mental Health: Know Your Rights."

271. "Prosecutors: Theater shooting suspect told classmate he wanted to kill people," CNN, August 24, 2012, accessed November 28, 2017, http://www.cnn.com/2012/08/24/justice/colorado-shooting/index.html.

272. "Commonly Abused Drugs Charts," National Institute on Drug Abuse, March 2011, accessed August 28, 2015, http://www.drugabuse.gov/drugs-abuse/commonly-abused-drugs/commonly-abused-drugs-chart.

273. Substance Abuse and Mental Health Services Administration, *Results from the 2012 National Survey on Drug Use and Health: summary of national findings*, NSDUH Series H-46, HHS Publication No. (SMA) 13-4795 (Rockville, MD: U.S. Dept. of Health and Human Services, Substance Abuse and Mental Health Services Administration, Center for Behavioral Health Statistics and Quality, 2013), 5, https://archive.samhsa.gov/data/NSDUH/2012SummNatFindDetTables/NationalFindings/NSDUHresults2012.htm#ch2.2.

274. Ibid.

275. "Before & After Drugs: The Horrors of Methamphetamines - Infographic," Rehabs.com, 2012, accessed May 2014, https://www.rehabs.com/explore/meth-before-and-after-drugs/infographic.php#.WhMkFyaWzIU.

276. "Marijuana as Medicine," National Institute of Drug Abuse, April 2017, accessed November 28, 2017, https://www.drugabuse.gov/publications/drugfacts/marijuana-medicine.

277. Oliver Roeder, "Releasing Drug Offenders Won't End Mass Incarceration," *FiveThirtyEight, ABC News Internet Ventures*, 2018, accessed August 17, 2018, https://fivethirtyeight.com/features/releasing-drug-offenders-wont-end-mass-incarceration/.

278. "Students with Criminal Convictions Have Limited Eligibility for Federal Student Aid," *Federal Student Aid, U.S. Department of Education*, 2018, accessed August 17, 2018, https://studentaid.ed.gov/sa/eligibility/criminal-convictions.

279. Matt Sledge, "The Drug War and Mass Incarceration by the Numbers," The Huffington Post, April 08, 2013, accessed November 28, 2017, https://www.huffingtonpost.com/2013/04/08/drug-war-mass-incarceration_n_3034310.html.

280. "Substance Abuse and Mental Health Services Administration, *Results from the 2012 National Survey on Drug Use and Health*, Illicit Drugs.

281. Ibid.

282. "Alcohol Facts and Statistics," National Institute on Alcohol Abuse and Alcoholism, U.S. Department of Health and Human Services, June 2017, 3, accessed November 29,

2017, https://www.niaaa.nih.gov/alcohol-health/overview-alcohol-consumption/alcohol-facts-and-statistics.

283. Ibid.

284. "Alcohol Policy Information System - Underage Drinking Maps & Charts," National Institute on Alcohol Abuse and Alcoholism, U.S. Department of Health and Human Services, 2016, accessed November 29, 2017, http://alcoholpolicy.niaaa.nih.gov/Underage_Drinking_Maps_and_Charts.html.

285. Meghan Gray and Rachel Mehlhaff, "UNT bans alcohol at fraternity events following student's fall," Dallas News, February 07, 2013, accessed November 29, 2017, https://www.dallasnews.com/news/denton/2013/02/07/unt-bans-alcohol-at-fraternity-events-following-students-fall.

286. "Alcohol Facts and Statistics," National Institute on Alcohol Abuse and Alcoholism.

287. "Harms of Cigarette Smoking and Health Benefits of Quitting," National Cancer Institute, December 3, 2014, accessed November 29, 2017, https://www.cancer.gov/about-cancer/causes-prevention/risk/tobacco/cessation-fact-sheet.

288. Ibid.

289 Brad Tuttle, "Cigarettes Taxes: States with Highest, Cheapest Prices," Money, Time Inc, April 20, 2017, accessed November 29, 2017, http://time.com/money/4748310/smoking-costs-cigarette-taxes-expensive/.

290. "Quitting Smoking Among Adults --- United States, 2001--2010," Centers for Disease Control and Prevention, November 11, 2011, 60(44); 1513-1519, accessed November 30, 2017, https://www.cdc.gov/mmwr/preview/mmwrhtml/mm6044a2.htm?s_cid=mm6044a2_w.

291. "NSLDS Student Access: National Student Loan Data System," *Federal Student Aid, U.S. Department of Education,* 2018, accessed July 14, 2018, https://www.nslds.ed.gov/nslds/nslds_SA/.

292. "How to Choose a Financial Planner," The Wall Street Journal, Dow Jones & Company, 2017, accessed December 13, 2017, http://guides.wsj.com/personal-finance/managing-your-money/how-to-choose-a-financial-planner/.

293. "Money 101: Personal Finance, Investing, Retirement, Saving," Time, Inc., 2017, accessed November 17, 2017, http://time.com/money/collection/money-101/.

294. John Csiszar, "12 Best Apps for First-Time Investors," GOBankingRates, July 26, 2017, accessed November 17, 2017, https://www.gobankingrates.com/investing/10-apps-timid-first-time-investors/.

La Guía Comprensiva del Estudiante para la Universidad & Otras Lecciones de Vida

295. "Feed The Pig: Tools to Invest, Save and Budget Your Money," Feed the Pig, American Institute of CPAs, 2006-2013, accessed November 17, 2017, https://www.feedthepig.org/.

www.ingramcontent.com/pod-product-compliance
Lightning Source LLC
Chambersburg PA
CBHW060306030426
42336CB00011B/960